Jasmuheen

Sanfte Wege zur Lichtnahrung

Jasmuheen

Sanfte Wege zur Lichtnahrung

**Von Prana leben und weiterhin
das Essen genießen**

KOHA

Wichtiger Hinweis

Die im Buch veröffentlichten Empfehlungen wurden von Verfasserin und Verlag sorgfältig erarbeitet und geprüft. Eine Garantie kann dennoch nicht übernommen werden. Ebenso ist die Haftung der Verfasserin bzw. des Verlages und seiner Beauftragten für Personen-, Sach- und Vermögensschäden ausgeschlossen.

**Aus dem Englischen
von Nayoma de Haën**

Titel der Originalausgabe:
The Food of Gods
Produced by Jasmuheen &
the Self Empowerment Academy

Deutsche Erstauflage erschien Oktober 2004
Deutsche Ausgabe: © KOHA-Verlag GmbH Burgrain

Alle Rechte vorbehalten
Lektorat: Daniela Schenker
Cover: Sabine Dunst / Guter Punkt, München
Ornamente: Shutterstock
Layout: Birgit-Inga Weber
Gesamtherstellung: Karin Schnellbach
Druck: CPI Books, Leck
ISBN 978-3-86728-247-5

Inhalt

2 Einstieg in die Lichtnahrung auf Stufe 3

Einführung

Als ich begann, die Informationen für dieses Buch zusammen-zutragen, erkannte ich, dass wir alle nach irgendetwas hungern und dass unser Mangel an sättigender Nahrung ein wesentlicher Grund für die Krankheiten und Disharmonien in unserer Welt ist. Mir wurde auch klar, dass mangelnde Bildung diesen Zustand von Krankheit und Disharmonie aufrecht erhält, weil die meisten Menschen einfach nicht wissen, wie sie sich an eine Nahrungsquelle anschließen können, die ihnen körperliche, emotionale, mentale und spirituelle Gesundheit gibt, jenes Glück, nach dem wir uns alle sehnen.

Über ausgewogene Ernährungsweisen und körperliche Gesundheit ist viel geforscht und veröffentlicht worden, aber es gibt nur wenige verfügbare Informationen über Nahrungsquellen, durch die wir unseren Hunger auf allen Ebenen – auch auf der Zell- und Seelenebene – stillen können. Außerdem gibt es nur wenige Informationen über einfache, praktische Techniken und Werkzeuge, durch die wir Erfüllung erlangen können.

Ich habe bereits zwei Bücher über die göttliche Ernährung geschrieben. Im vorliegenden Band möchte ich eine leicht verständliche Methode zur Stillung unseres gesamten Hungerspektrums anbieten und ein System vorstellen, das jeder nutzen kann, der bereit ist, sich in den richtigen Kanal einzuklinken, um vom Bedürfnis nach physischer Nahrung nach Wunsch frei zu werden. Die Formeln, Lebenshilfen und Meditationen dieses Buches können von jedem angewendet werden. Denjenigen, die lieber weiterhin physische Nahrung genießen möchten, empfehlen wir jedoch eine vegetarische Ernährung, da diese gesünder ist, unsere persönliche Sensibilität unterstützt und die Ressourcen besser schont.

Die Empfehlungen in »Sanfte Wege zur Lichtnahrung« sind für jeden nützlich, der nach Liebe, Gesundheit, Glücksgefühl, Frieden und/oder Wohlstand hungert. Ich ordne diese Art von Hunger der 1. Stufe des Programms zur göttlichen Ernährung zu. Auf der 2. Stufe stillen wir diesen Hunger und gewinnen an Gesundheit, Glücksgefühl, Frieden und Wohlstand. Die 2. Stufe befasst sich mit der Entwicklung und Anwendung von Techniken, um die Art von Nahrung zu erhalten, die wir brauchen, um diese Dinge in unser Feld zu holen. Auf der 3. Stufe des Programms zur göttlichen Ernährung lernen wir, uns von der Notwendigkeit der physischen Nahrungsaufnahme zu befreien und freier in der Welt des violetten Lichtspektrums der Theta-Delta-Welle zu leben. Im vorliegenden Buch werden beide Stufen mit allen dazugehörigen Techniken und Werkzeugen beschrieben.

Viele, die meine Geschichte verfolgt haben, wissen, dass ich nach einer lebenslangen Vorbereitung im Jahre 1993 mit meiner Forschungsarbeit auf dem Feld der göttlichen Ernährung begann. Ich war damals zwar schon seit 22 Jahren bewusst mit diesem Feld verbunden und empfing aus ihm einen endlosen Strom der Liebe und heilenden Beratung und Führung, aber das Geschenk der pranischen Ernährung war noch unerforscht. In den ersten beiden Büchern dieser Serie – »Lichtnahrung« und »Lichtbotschafter« – haben wir diese Reise ausführlich beschrieben.

In diesem Buch betrachten wir die göttliche Ernährung aus der Perspektive der dimensionalen Biofeld-Wissenschaft und sprechen natürlich über mein Lieblingsthema: Gott in uns allen – diese Kraft, die allmächtig, allliebend, allwissend und allgegenwärtig ist, deren Kraft uns atmen lässt, uns führt und alle Felder belebt, ernährt und erhält; eine Kraft, die sich auch als die Liebe der Göttlichen Mutter zum Ausdruck bringt – das sogenannte *Madonna-Frequenzfeld*. Dieser Kraft erweise ich meine Ergebenheit, ihr widme ich meine Liebe und meine Zeit, denn sie zu kennen heißt sie zu lieben, und im Eins-Sein mit ihr verschwinden alle Fragen, fühlt sich unser inneres Sein wahrhaft genährt und erfüllt.

Auf dieser Ebene ist die in diesem Buch beschriebene Reise vollkommen erfahrungsorientiert. Sie führt uns tief in das dimensionale Biofeld, welches die Yogis die »ultimative Wirklichkeit« nennen – einen Zustand jenseits unseres logischen Verstands. Das Biofeld ist das aurische Strahlungsfeld, welches alles Lebendige umgibt und das Feld, welches entsteht, wenn sich zwei oder mehr Systeme zueinander hingezogen fühlen.

Ich sehe meine persönliche Aufgabe in diesem Forschungsbereich folgendermaßen:

1. Ich möchte auf diese Weise leben und mir selbst beweisen, dass mein Körper ausschließlich von Prana oder göttlicher Nahrung gesund existieren kann.
2. Ich möchte frei von allen Zweifeln vor den Skeptikern und in den Kontroversen (die ich damals nicht erwartet hatte) für meine Überzeugung einstehen können.
3. Ich möchte alle Daten und Fakten sammeln, die mich und andere auf dieser Reise unterstützen und sie einfacher machen kann.
4. Es soll eine Lösung für den Welthunger und die Weltgesundheit gefunden werden.
5. Ich möchte weiterhin die Bereiche der Metaphysik mit der allgemein anerkannten Wissenschaft und Medizin zusam-

menbringen, indem ich alle neuen Forschungsergebnisse veröffentliche.

6. Ich wünsche mir, interessierten Menschen einen sicheren, praktikablen und einfachen Weg anzubieten, um mehr Freiheit zu gewinnen – mehr Freiheit von der Notwendigkeit, viele Ressourcen dieser Welt zu verbrauchen oder zu verschwenden; mehr Freiheit von Krankheiten, Entscheidungsfreiheit, Freiheit vom Hunger und mehr Freiheit von unserer emotionalen, mentalen und spirituellen Magersucht.

In den ersten beiden Büchern dieser Reihe habe ich die ersten vier Punkte erörtert. An dieser Stelle möchte ich mich mit den Themen der nachfolgenden Punkte befassen. Es ist übrigens keine Voraussetzung, dass du meine anderen Bücher gelesen hast, um den Inhalt dieses Buches zu verstehen.

Ich möchte betonen, dass oben genannte Aufgaben nicht von einer einzelnen Person bewältigt werden sollen. Das Vereinen der verschiedenen Welten ist eine globale Aufgabe unserer Evolution. Jeder von uns spielt eine bestimmte Rolle im Leben und jeder von uns trägt ein Teilchen eines umfassenden Veränderungsprogramms in sich, welches selbst wiederum Teil unserer Evolution ist. Im Laufe der Zeit werden alle Neuentdeckungen in diesem Bereich Allgemeingut sein. Der Weg dahin entwickelt sich aus dem Zusammenwirken von individuellem Ausprobieren und regulärer wissenschaftlicher Erforschung dieser Bereiche durch Menschen, die dafür offen sind. All dies sollte mit Achtung und im Dienste des Allgemeinwohls erfolgen. Wenn wir alle uns respektvoll verhalten und nach Lösungen streben, die für uns selbst, unsere Mitmenschen und den Planeten gewinnbringend sind, dann kann sich unsere Welt zu einer echten Zivilisation entwickeln, in der solche Themen wie Hunger, Armut, Krieg und Gewalt der Vergangenheit angehören.

Im vorliegenden Buch sind sowohl intuitiv aus dem Theta-Delta-Feld empfangene Informationen (von denen manche nur von Menschen bestätigt werden können, die selbst Zugang zu diesen Ebenen haben) als auch hoffentlich ausreichend Basisinformationen über das Biofeld enthalten, um diese Welten miteinander zu verknüpfen.

Wie lange es dauern wird, bis unsere Aussagen wissenschaftlich bewiesen sind, liegt in den Händen der Wissenschaftler. Der eigentliche Beweis liegt jedoch darin, es zu leben, und je mehr von uns sich aus dem Kanal der göttlichen Liebe nähren lassen, desto schneller werden unsere inneren und äußeren Welten Frieden finden.

Psychologen und Metaphysiker haben umfangreiche Literatur über verschiedene Arten von Hunger und seine Hintergründe verfasst. Im vorliegenden Buch soll der Fokus daher auf Techniken und Fakten bezüglich der reinsten uns verfügbaren Nahrungsquelle liegen – der göttlichen Nahrung. Dies ist immer noch ein brandneues und bislang hauptsächlich auf Erfahrungen basierendes Forschungsgebiet.

Um tiefer in das Thema einzudringen, müssen wir folgende Annahmen vorausstellen:

∽ Wir gehen davon aus, dass du an eine Kraft glaubst, die allwissend, allmächtig, allliebend und in jedem von uns allgegenwärtig ist. Ohne diesen Glauben kann vieles des hier Dargestellten ziemlich weit hergeholt erscheinen, auch wenn es dir einige Denkanstöße vermitteln könnte.
∽ Wir nehmen an, dass du offen dafür bist, mehr über diese Kraft zu erfahren und dich gleichzeitig vertrauensvoll auf die Urteilskraft deiner inneren Stimme zu verlassen. Bei

manchen Themen, die hier behandelt werden, wird dir nur deine Intuition sagen können, ob etwas Wahres daran ist.

Alle hier vorgestellten Meditationen und Programmierungen sind sicher und können dem Anwender nur nützlich sein. Mit diesem Buch möchte ich praktische Anweisungen vermitteln, wie das menschliche Biosystem mit dem Kanal der göttlichen Nahrung verbunden werden kann. Einige Grundlagen aus meinen anderen Büchern werden dafür zur Ergänzung wiederholt.

Beim Schreiben dieses Buches war ich hin und her gerissen – einerseits zwischen dem Wunsch, ein einfaches Rezept für die Ernährung auf der zweiten Stufe zu verfassen, das allen Gesundheit und Zufriedenheit garantiert, und andererseits der Idee, die Diskussion über die göttliche Ernährung noch weiter zu vertiefen – inklusive der pranischen Ernährung der dritten Stufe – und mich etwas mehr in die wissenschaftliche Welt hinein zu begeben. Seit ich diese Reise begann, sehne ich mich danach, die Welten der Wissenschaften und der Metaphysik miteinander zu verbinden und ich hoffe, dass mein Hunger danach es mir ermöglichen wird, beiden Bereichen gerecht zu werden. Doch in der heutigen Zeit besteht immer noch das Problem, dass die moderne Wissenschaft zu wenig informiert ist, um der metaphysischen Welt gegenüber die notwendigen Zugeständnisse zu machen. Ein Wissenschaftler muss zunächst sein eigenes Bewusstsein erweitern und die Quantenwissenschaften müssen sich noch etwas weiter entwickeln und mehr Anerkennung finden, bevor die Bereiche der Metaphysik verstanden werden können. Außerdem sind diese Felder nicht stabil, sondern in ständigem Wandel begriffen. Selbst die Beobachtung eines Ereignisses bewirkt bereits seine Veränderung, weil ein Beobachter vorhanden ist.

Die Wissenschaft der dimensionalen Biofelder ist die Wissenschaft von Verständnis des Lebens in all seinen Dimensionen – der ersten, zweiten, dritten, vierten, fünften und so weiter. Die menschliche Lebenswelle existiert als göttliche Form in allen Dimensionen gleichzeitig, auch wenn viele sich nur als dreidimensionale Modelle begreifen. Für alle, die nach mehr Erkenntnis hungern und die mehr sein wollen – dieses Buch ist für euch.

Namaste
Jasmuheen

1

Die verschiedenen Arten der menschlichen Ernährung

1. Jeder hungert nach irgendetwas

Jeder hungert nach irgendetwas, ob er es beschreiben kann oder nicht. Der Hunger der meisten Menschen ist jedoch relativ leicht zu erkennen. Viele hungern nach Liebe, andere hungern nach Wohlstand. Der Hunger nach Gesundheit und Glück dominiert unsere Gesellschaft. Manche Menschen hungern nach Vergeltung, während andere nach Harmonie und Frieden hungern, nach dauerhafter Gerechtigkeit und Güte, damit sie ihre Lieben nicht in den Krieg schicken müssen.

Manche Menschen hungern nach sinnlicher Befriedigung, während der Hunger derer schwieriger zu erklären ist, die nach Spirituellem streben, bereit, Erleuchtung genauso zu essen wie andere ihr täglich Brot. Hunger zeigt sich auf so viele Arten, je nach Intensität und dem dahinter stehenden Verlangen. Um welches Problem es sich im Leben auch handeln mag: Wenn wir ein bisschen an der Oberfläche kratzen, erkennen wir, dass jemand hungrig ist.

Der Hunger nach Macht führt zur Überwältigung anderer, der Hunger nach Wissen dagegen führt zu Wachstum. Der Hunger nach Reichtum führt zur Ausbeutung anderer, während der Hunger nach Selbstlosigkeit zur Umverteilung der Güter führt. Hunger nach Kommunikation führt zur Vereinigung mit anderen, während Hunger nach wahrer Nahrung oft unseren Mangel deutlich macht. Hunger nach Weisheit führt uns dazu, tief in uns selbst zu gehen, denn das Leben verlangt von uns, unsere Weisheit auch anzuwenden. Hunger nach Wahrheit führt zu der Erkenntnis, dass der Heilige Gral in uns selbst liegt, gefüllt mit dem Elixier des Geistes.

Hunger nach dem göttlichen Geist offenbart uns *das Göttliche Eine in uns selbst* (Divine One Within = DOW, eine Abkürzung, die ich in diesem Buch verwende) als einen meisterhaften Computer-Kontrolleur eines hochkomplexen Biomechanismus. Dieser Kontrolleur strahlt lebenserhaltende Felder aus – es ist ein Mechanismus mit über sechs Milliarden Zellen, der in einer bestimmten Geschwindigkeit schwingt, was wiederum die verschiedenen Wirklichkeiten bestimmt, die wir im Laufe unseres Lebens erfahren.

Die Befriedigung dieses vielgestaltigen riesigen Hungers hat die Gedanken und die Zeit vieler Führer, Weiser und Neugieriger bestimmt, auch wenn sich nur selten jemand die Zeit nimmt oder auch nur das Bedürfnis danach hat, sich dieses Spiel einmal genauer zu betrachten. Die meisten sind zu beschäftigt damit, den Hunger nach Überleben zu stillen, als dass sie genug Nahrung finden könnten, um sich zu entwickeln. Diejenigen, die es tun, sind entweder dafür vorprogrammiert oder stolpern durch irgendwelche Umbrüche in ihrem Leben über die Erkenntnis der wahren Ernährung.

Diejenigen, die nach der vollkommenen Ernährung streben, entdecken bald, dass sich, sobald ein Hunger gestillt wurde, sofort der nächste zeigt, Schicht für Schicht. Die Befriedigung all unserer Hungergefühle wird so zu einer zeitraubenden Beschäftigung und zu einer Kunst. All unsere Arten von Hunger zu stillen braucht Zeit, Aufmerksamkeit, Willenskraft, Verlangen, Fokus, Träume, Geld, Energie, Kooperation und Vereinigung mit anderen, Kommunikation und Programmierung. Für all dieses braucht man einiges an Fähigkeiten.

Eine erfolgreiche Sättigung, in der wir wirklich auf allen Ebenen frei sind von Hungergefühlen, erfordert eine ganzheitliche Bildung, denn um uns wahrhaft satt zu machen müssen wir verstehen, wer wir wirklich sind. Wenn wir irgendeinen Teil unseres Seins mit über sechs Milliarden Zellen übersehen, dann ist das so, als ob wir in Dunkelheit leben und unseren Sehsinn ignorieren würden. Wenn wir nie etwas gesehen haben, dann vermissen wir auch nichts, aber im anderen Fall bedürfte das einiger Anpassung. Tatsache ist, dass unser DOW – unser *göttliches Selbst* – will, dass wir es erkennen, denn ES ist die Kraft hinter dem Mechanismus, der uns atmet und uns am Leben erhält.

Unser DOW ist zwar die schöpferische Frequenz, die unsere Zellen und Atome durchdringt und allem zugrunde liegt, doch seine Präsenz ist oft recht schwach, weil im Bereich der dimensionalen Biofelder das an Kraft gewinnt, worauf wir uns konzentrieren. Weil wir den »Chef« unseres Systems so lange außer Acht gelassen haben, während wir mit dem Stillen unseres Hungers auf der materielleren Ebene beschäftigt waren, hat sich sein Energiefeld auf einen Ruhemodus eingestellt. In diesem Ruhemodus atmet es uns, lauscht unseren Gedanken und lässt uns im Allgemeinen herumspielen, ausprobieren und leiden, während wir wachsen und lernen. Es verhält sich so lange ruhig und bleibt in seinem Potenzial ungenutzt, bis wir es mit Fragen in unser Leben einladen, wie beispielsweise »Wer bin ich? Warum bin ich hier? Gibt es einen höheren Sinn im Leben? Ist Frieden für alle möglich?« oder »Wie können wir besser miteinander auskommen?«

Gütigerweise ist jedes menschliche Biosystem mit seinem eigenen vollkommenen, uneingeschränkten Versorger ausgestattet, denn unser DOW vermag all unseren Hunger zu stillen. Wenn wir bewusst mit der Macht des DOW und dem daraus hervorgehenden Strom der Gnade zusammenarbeiten, dann wird unser Leben ein stromlinienförmiger Fluss der Freude und Leichtigkeit, in dem nichts als Problem erscheint und alles in vollkommener Harmonie und im Gleichgewicht mit dem Ganzen ist.

Wir können zwar unseren Hunger nach Liebe, Wohlstand oder Gesundheit stillen, doch erst wenn wir unseren natürlichen Hunger nach der Erkenntnis unseres DOW befriedigt haben, werden wir Erfüllung erfahren. Jedes Wesen ist darauf programmiert, sein DOW kennenzulernen, denn unser DOW ist der intelligente Schöpfer unseres Biosystems, jene Macht, die manche Gott nennen, und erst wenn wir uns ihrer erinnern und bewusst mit ihr verschmelzen, sind wir erfüllt. Die alten Weisen nannten diese Art des Genährtwerdens den »Zugang zur wahren Nahrung der Götter«.

Identifikation unserer verschiedenen Arten von Hunger

All unsere Arten von Hunger lassen sich in vier Kategorien zusammenfassen:

- ∽ Körperlicher Hunger
- ∽ Emotionaler Hunger
- ∽ Mentaler Hunger
- ∽ Spiritueller Hunger

Darüber hinaus gibt es dann noch die verschiedenen Arten von Hunger auf der kollektiven und globalen Ebene.

Es ist eine Tatsache, dass wir so lange rast- und ruhelos sein werden, bis all diese Arten von Hunger gestillt sind. Als Menschen sind wir auf der Zellebene sowohl mit dem Wissen als auch mit den Werkzeugen dafür ausgestattet, auf allen Ebenen satt zu werden. Wir kommen also bereits mit allem Nötigen versehen hier an und sind eigentlich Selbstversorger. Die Aktivierung dieser Fähigkeiten und dieses Wissens geschieht durch die Reise unseres Lebens, durch bestimmte Handlungen und bestimmte Sehnsüchte.

Der körperliche Hunger ist der offensichtlichste. Wir spüren ihn als leeres Gefühl im Magen, welches erst verschwindet, wenn wir Nahrung zu uns nehmen. Die Art der Nahrung entscheidet dann darüber, ob der Körper gesund und regenerationsfähig bleibt oder ob er Überstunden machen muss, weil er mit den Giften aus unnatürlichen Nahrungs- oder Genussmitteln fertig zu werden versucht. Über angemessene physische Ernährung ist schon viel geforscht worden, deshalb wollen wir uns in diesem Buch mit einer anderen Art von Nahrungsquelle befassen, durch die der Körper sich gesund erhalten kann. Die gute Nachricht ist, dass diese Art von Nahrung gleichzeitig auch unseren emotionalen, mentalen und spirituellen Hunger stillt, denn in unserem DOW liegt der Schlüssel zur unendlichen Fülle.

Die Gründe für unseren Hunger sind so vielgestaltig wie wir selbst. Manche gehen auf unerfüllte frühere Erfahrungen zurück, manche auf das Gefühl, nie genug bekommen zu haben, wie zum Beispiel ein Mensch, der sich als Kind nicht geliebt gefühlt hat und deswegen nach Liebe und Anerkennung hungert. Genauso kann auch manche Mutter, die wegen der kleinen Kinder zuhause bleibt, nach mentaler Anregung hungern, während andere sich nach einer schöpferischen Pause sehnen. Jugendliche hungern oft nach all den Erfahrungen des Lebens, während Menschen an ihrem Lebensabend vielleicht nach der Kraft der Jugend hungern. Auch auf der metaphysischen Ebene hungern manche Seelen nach den Erfahrungen des Lebens in der dichten Welt der Beta-Frequenz, während andere danach lechzen, ihr zu entkommen.

Es gibt unzählige Arten von Hunger und Gründe für Hunger. Um das zu verstehen, ist es sinnvoll, sich anzuschauen, warum wir unsere Fähigkeit der Nahrungsaufnahme blockieren. Dann können wir die natürlichen Zyklen des menschlichen Bewusstseins erforschen, die uns den Informationen dieser Buchreihe gegenüber eine offene oder ablehnende Haltung einnehmen lassen. Des Weiteren können wir die unterschiedlichen Nahrungsquellen betrachten, die ich nachfolgend in konventionelle und unkonventionelle Nahrungsquellen unterteile.

Bevor wir mit dem Programm zur göttlichen Ernährung fortfahren, wollen wir die von mir entwickelten drei Ernährungskategorien noch einmal genauer betrachten. Ich mag eigentlich keine Kategorien, weil sie uns immer weiter voneinander trennen, doch für den Zweck dieses Buches ist diese Einteilung nützlich.

1. Stufe des Göttlichen Ernährungsprogramms (GEP)

Das Biosystem der 1. Stufe ist hungrig. Es leidet unter physischem, emotionalem, mentalem und spirituellem Unwohlsein und Krankheiten, und der Zustand seiner Gesundheit und Zufriedenheit, seines Friedens und Wohlstands fluktuiert. Es stirbt im Alter von ungefähr siebzig Jahren und durchlebt in den Jahrzehnten davor einen allmählichen Zusammenbruch seines Systems. Menschen der 1. Stufe verlassen nur selten die Beta-Frequenz.

2. Stufe des GEP

Biosysteme auf der 2. Stufe fühlen sich auf allen Ebenen satt genug, um anhaltende und erfüllende Erfahrungen von Gesundheit, Zufriedenheit, Frieden und Wohlstand zu erleben. Diese Menschen bleiben mit ihrer Gehirnfrequenz meistens im Alpha und Theta-Bereich.

3. Stufe des GEP

Diese Individuen sind frei von der Gier nach den vielen Ressourcen dieser Erde und können – wenn sie wollen – ohne physische Nahrung weiterleben und dabei vollkommen gesund bleiben. Manche Menschen der 3. Stufe haben sich auch von der Notwendigkeit des Alterns und Sterbens befreit. Sie bedienen sich ihrer paranormalen Kräfte und bleiben mit ihrer Gehirnfrequenz meistens im Theta-/Delta-Bereich.

2. Göttliche Ernährung, Gehirnwellen- muster und paranormale Kräfte

Um die »Sanften Wege zur Lichtnahrung« besser zu verstehen, müssen wir uns zuerst mit den Frequenzbereichen unserer Gehirn- wellenmuster befassen. Nach jahrelanger Forschung habe ich festgestellt, dass es genau zwei Dinge gibt, die über den erfolg- reichen Zugang zu dieser Ebene entscheiden. Das erste ist unsere persönliche Frequenz, die durch unseren Lebensstil bestimmt wird und das zweite – welches auch auf das erste wirkt – ist das Feld unserer Gehirnwellenmuster. Die Amplitude und die Zyklen pro Sekunde unserer Gehirnwellen können darüber ent- scheiden, wie gut wir im Leben genährt werden und, wenn gut eingestimmt, uns für eine andere Nahrungsquelle öffnen, die in der westlichen Welt noch recht unerforscht ist.

Während eines Besuches in Indien im Jahre 2002 traf ich Dr. Sudhir Shah und seine Forschungsgruppe. Sie gaben mir einen wichtigen Baustein zum Verständnis der Reise zur gött- lichen Ernährung. Ich hatte bereits angefangen, dieses Buch mit dem Schwerpunkt zukünftiger Forschungsanregungen zu schreiben, als die Forschungsarbeiten von Dr. Shah eine neue Ebene des Verständnisses in mir auslösten. Um die Nahrung der Götter als eine Quelle reiner Nahrung zu akzeptieren, müssen wir mehr über die Funktionen unseres Körpers und unseres Gehirns wissen.

Gehirnwellenmuster
und das Göttliche Ernährungsprogramm

Es gibt vier grundlegende Gehirnwellenmuster:

- das Beta-Wellenmuster mit 14–30 Zyklen pro Sekunde
  = 1. Ebene
- das Alpha-Wellenmuster mit 8–13 Zyklen pro Sekunde
  = 2. und 3. Ebene
- das Theta-Wellenmuster mit 4–7 Zyklen pro Sekunde
  = 2. und 3. Ebene
- das Delta-Wellenmuster mit 3–5 Zyklen pro Sekunde
  = 3. Ebene

Es gibt zwar inzwischen Forschungsarbeiten über die unterschiedlichen Gehirnaktivitäten bei Yogis im Vergleich zu Menschen, die ihre Gehirnaktivitäten nicht bewusst zu steuern gelernt haben, doch bislang sind verschiedene Fragen unbeantwortet geblieben. Was ist in einem menschlichen System möglich, wenn seine Gehirnaktivität über einen längeren Zeitraum hinweg zwar in einer langsameren Frequenz, jedoch in einer größeren Amplitude verläuft? Anders gesagt: Was passiert mit einem Menschen, der sich über längere Zeit in der Theta-Frequenz verankert? Wie könnte solch eine Verankerung stattfinden? In diesem Buch wirst du zahlreiche Informationen zu diesem Thema erhalten. Zunächst wollen wir jedoch die Vorteile auflisten, die ein Leben im Theta-Bereich mit sich bringen kann.

Göttliche Ernährung und paranormale Kräfte

Die Forschung hat festgestellt, dass bei anhaltender Theta-/Delta-Frequenz folgende Eigenschaften im Leben eines Menschen auftreten (man bezeichnet sie auch als paranomale Fähigkeiten):

- Der sogenannte »siebte Sinn« – die Fähigkeit, etwas zu erahnen, was geschehen wird
- Telepathie – die Fähigkeit, ohne Worte auf der mentalen Ebene zu kommunizieren
- Bilokation – die Fähigkeit, an zwei Orten gleichzeitig zu sein oder eine holographische Projektion der eigenen Person an einen anderen Ort zu senden
- Empathie – die Fähigkeit zu spüren, was andere empfinden
- Hellsehen – die Fähigkeit, mit dem dritten Auge zwischen den Welten zu sehen
- Heilungskräfte – die Fähigkeit, durch Handauflegen oder aus der Entfernung zu heilen.

Im Theta-Delta-Bereich sind unsere ruhenden paranormalen Fähigkeiten zuhause. Wenn wir Zugang dazu haben, fließen unsere Quellen der göttlichen Nahrung. Aus metaphysischer Sicht sind die Kräfte, über die ein Mensch verfügt, oft durch die Rolle bedingt, die er oder sie in unserer Evolution zu spielen eingewilligt hat. Wenn die Theta- und Delta-Frequenz aufrechterhalten wird, dann lüftet sich nicht nur der Schleier zwischen dem Bewusstsein und dem Unterbewusstsein, was eine viel effektivere Umprogrammierung des gesamten Systems ermöglicht, sondern wir beginnen auch mit anderen Ebenen der Wirklichkeit in Kontakt zu kommen, wodurch folgende Themen realer für uns werden:

- Göttliche Ausstrahlung – die Steigerung oder Minderung unserer aurischen Ausstrahlung, wodurch unsere Gegenwart andere Menschen auf gesunde Art und Weise nährt.
- Göttliche Absichten – ein Verständnis der Macht unserer Absichten und Willenskraft im kokreativen Prozess. Die Weisheit, sie zum Allgemeinwohl einzusetzen und so von mächtigen, nährenden, universellen Kräften unterstützt zu werden.
- Göttliche Führung – Zugang zu inneren Ebenen zuverlässiger Hilfe.
- Göttlicher Wohlstand – Zugang zu all der Fülle, die uns auf allen Ebenen erfüllt sein lässt.
- Göttliche Übertragungen – der Genuss gegenseitiger Kommunikation mit Wesen, die ständig im Theta-/Delta-Bereich verankert sind, sei es durch telepathische oder empathische Übertragung.
- Göttliche Kokreation – die Fähigkeit und Ausübung einer Schöpfungskraft, die die höchsten Potenziale freisetzt und manifestiert.
- Göttliche Gnade – eine unbeschreibliche Energie, die zu erleben eine unglaubliche Erfahrung ist. Gnade ist das Öl, welches das Getriebe des Lebens schmiert.
- Göttliche Kommunikation – die Kommunion mit Gott im Innen und mit der inneren Ebene der Heiligen.
- Göttliche Manifestation – die Fähigkeit, den Willen des Schöpfers zu erkennen und dem göttlichen Plan entsprechend zu manifestieren, was zu unserer bewussten Mit-Schöpfung des Paradieses auf Erden führt.
- Göttliche Seligkeit – wahre emotionale, mentale und spirituelle Sättigung.
- Göttliche Nahrung durch Prana mit all den daraus entstehenden Freiheiten.
- Göttliche Offenbarung – der Bereich des wahren Wissens jenseits eingrenzender Vorstellungen und Wirklichkeiten.

Dies sind einige der Dinge, die einem zuteil werden, wenn man sich an den Kanal der göttlichen Nahrung anschließt. Später werden wir auf die einzelnen Punkte noch näher eingehen. Ich nenne diese Frequenz, von der wir diese Geschenke erhalten, die *Madonna-Frequenz*. Sie ist eine Frequenz der göttlichen Liebe und des göttlichen Mitgefühls. Die *Madonna-Frequenz* übermittelt die wahre Nahrung der Götter, denn (und diese Erklärung ist absolut unwissenschaftlich) es ist eine metaphysische Tatsache, dass diese Energie nur als reine Liebe bezeichnet werden kann. Durch sie können wir vollkommen genährt werden und gesund bleiben – ohne unbedingt physische Nahrung oder Vitamine zu uns nehmen zu müssen. Ich bin davon überzeugt, dass diese Göttliche Liebe automatisch fließt, wenn ein Mensch seine Gehirnaktivität im Theta- und Delta-Bereich hält.

Ich bin einmal einem Mann begegnet, der zu mir sagte: »Warum reden Sie dauernd vom Göttlichen? Sie sagen immer ›Göttliches dies‹ und ›Göttliches das‹, und dass wir göttliche Wesen sind. Vielleicht trifft das auf Sie ja auch zu, aber ich bin ganz sicher nicht göttlich!« Ich hätte ihm mit Johannes 14:2 antworten können, wo Jesus mit den Worten zitiert wird: »Im Hause meines Vaters gibt es viele Wohnungen. … Ich gehe, um euch einen Platz zu bereiten. An jenem Tage werdet ihr erkennen, dass ich in meinem Vater bin und ihr in mir und ich in euch.« Aber das hätte nur bei einem Christen Eindruck gemacht. Was ist mit den Buddhisten, die eher an eine höhere Intelligenz als an einen Gott nach unserer Vorstellung glauben? Und was hat das mit der wissenschaftlichen Untersuchung von Gehirnwellenmustern und göttlicher Nahrung zu tun?

Wenn die Wohnung gut vorbereitet ist, dann fließt die göttliche Nahrung und wird in uns freigesetzt, vor allem wenn wir unsere Gehirnwellen bewusst auf das Theta-/Delta-Feld einstellen. Und

Göttlichkeit? Göttlichkeit ist ein Zustand, eine Erfahrung, ein Gefühl der Ehrfurcht, des Erkennens und des Staunens und der Begeisterung in der Gegenwart von etwas wahrhaft Erhabenem. Existiert es? Können wir das alle erfahren? Das hängt von unserer Bestimmung und unserer Wahrnehmungsfähigkeit ab, doch erstaunlicherweise offenbart sich das Göttliche, wenn wir daran glauben und es darum bitten und ihm auf halbem Weg entgegenkommen, indem wir uns bewusst auf die Theta-Frequenz einschwingen, in der es sich offener zeigt.

Ich liebe das Spiel der Logik, ich liebe das Spiel von Glauben und Vertrauen, ich liebe das Quantenspiel, demzufolge wir ein Ereignis durch unsere Perspektive beeinflussen und mir gefällt die Tatsache, dass wir die Vorstellung überprüfen können, Götter zu sein, die Gestalt angenommen haben. Es gefällt mir, dass wir überprüfen können, dass wir alles, woran wir nur genügend glauben, durch unseren Fokus ins Leben rufen und damit die Felder verändern können. Mir gefällt die Idee, dass dies bedeutet, dass wir durch unseren kollektiven Fokus alles Denkbare auf dieser Erde mit erschaffen können. Mir gefällt auch die Erfahrung der Unendlichkeit der Schöpfung – das Wissen, dass Gott überall ist, und dass auch wir dazu gehören und dass dadurch alles auf natürliche Weise göttlich ist. Der moderne Metaphysiker braucht nur noch die rechte Nahrung zu sich zu nehmen, um die Menschheit darin zu unterstützen, als das göttliche Wesen zu handeln. Mir gefällt auch die Tatsache, dass mit der rechten Ernährung der Genuss unserer paranormalen Fähigkeiten zu einem alltäglichen Aspekt des Lebens wird.

Es ist interessant, sich darüber Gedanken zu machen, was als »normal« gilt und zurzeit akzeptabel ist. Heutzutage gilt es als normal, unter Krankheiten, Zusammenbrüchen des Biosystems und Verfallserscheinungen zu leiden. Es ist normal, im Alter von etwa 70 Jahren zu sterben und emotionale Hochs und Tiefs zu durchleben. Gewalt gilt als ein alltägliches Phänomen, genauso wie das Leiden von Kindern. Ich persönlich stelle mir gerne vor, dass diese Dinge immer weniger normal sind, je weiter wir uns dem inneren Nahrungsfluss öffnen. Dazu brauchen wir die entsprechende Bildung, um unser Verständnis von der Welt neu zu inspirieren. Es wird leichter für uns, Entscheidungen zu treffen, die uns unterstützen, wenn wir die Zyklen des menschlichen Bewusstseins besser verstehen.

3. Zyklen des menschlichen Hungers und Bewusstseins

Wie viele der Metaphysiker dieser Welt wurde ich bereits mit dem Hunger nach dem Theta-Feld des Lebens geboren, obwohl die meisten Menschen um mich herum solches Verlangen unbegreiflich fanden. Es gibt in der metaphysischen Welt jedoch Gründe und natürliche Zyklen unseres Hungers, die am Ende dieses Teils in einer Abbildung dargestellt werden. Man kann sie auch als Stufen betrachten, und wer sie versteht, kann mit seinen Sehnsüchten besser umgehen.

Stufe 1

Lebt im Beta-Feld und ist immer auf irgendeiner Ebene hungrig. Entspricht der 1. Stufe des GEP.

Dies ist der Zustand des größten Teils des menschlichen Bewusstseins. Es ist der »Ich muss hier überleben«-Zustand des Strebens nach dem ersten Platz. In der westlichen Welt, wo wir mehr Entscheidungsmöglichkeiten haben, sind wir völlig mit solchen Fragen beschäftigt, wie »Wo werde ich arbeiten?«, »Wo werde ich leben?«, »Wen werde ich heiraten?«, »Soll ich Kinder kriegen?«, »Wie viele?« und so weiter. Wenn wir dann in die Ausführung dieser Dinge gehen, folgt dem die Sorge um unsere Familie und uns selbst. Wir mühen uns vielleicht mit dem Überleben ab – vor allem, wenn wir zu den mindestens drei Milliarden Menschen gehören, die von weniger als einem Dollar pro Tag leben

– oder wir überleben ganz gut – vielen Dank auch – und tragen trotzdem ein Gefühl einer gewissen Leere in uns.

In diesem Zustand schwingen unsere Gehirnwellen auf der Beta-Frequenz von 14–30 Zyklen pro Sekunde und unser Fokus ist meistens ganz von der »Ich, mich, meins«-Mentalität durchdrungen. In dieser Frequenz erscheint uns die Idee der göttlichen Ernährung und dem Leben aus diesem Licht meist unsinnig, unmöglich oder mindestens als ferner Zukunftstraum, in dem wir alle Yogis und Heilige sind. Als reale Alternative erscheint es uns unvorstellbar und gehört einfach nicht in unsere Welt.

Stufe 2

Entdeckt das Alpha-Feld und ist manchmal hungrig.
Entspricht der 1. und 2. Stufe des GEP.

Wenn unser Hunger nach Überleben gestillt wurde und manchmal auch während wir noch danach streben, sehnt sich ein Mensch vielleicht nach Wachstum statt reinem Überleben. Diese nächste Stufe entsteht oft aus einem Mangel an emotionaler, mentaler und/oder spiritueller Nahrung oder durch eine Nahtoderfahrung. Dann stellen wir Fragen wie: »Wer bin ich?«, »Warum bin ich hier?« oder »Es muss doch noch mehr im Leben geben als Rechnungen bezahlen und Kinder großziehen?«

Solche Fragen stammen von dem Teil von uns, der grenzenlos ist, allwissend und der hier als göttliches Wesen eine menschliche Erfahrung durchlebt. Dieser Teil von uns möchte, dass wir aufwachen und bewusster werden. Mit solchen Gedanken stimulieren wir die Alpha-Frequenzen in unserem Gehirn und entwickeln ein besonneneres, meditatives Bewusstsein, welches oft eine Tür zum höheren Wissen öffnet.

In diesem Zustand bewegen wir uns auch in die »Ich und die anderen«-Sicht der yogischen Dualität, in der wir erkennen, dass wir nicht der Mittelpunkt des Universums sind, sondern dass es auch andere Menschen mit eigenen Bedürfnissen gibt, mit denen wir harmonisch oder disharmonisch zusammenleben können. In diesem Bewusstseinszustand beginnen wir, die Konsequenzen unserer Entscheidungen zu ahnen und wir ahnen auch, dass wir nicht Opfer, sondern Meister unseres Schicksals sind. Auf dieser zweiten Stufe sind unsere Gehirnwellenaktivitäten im Alpha-Bereich von 8–13 Zyklen pro Sekunde verankert, auch wenn wir ab und zu in den Beta-Zustand abrutschen, wenn wir uns von Stress beeinträchtigen lassen. Dieser Stress wird unangenehmer, wenn er uns in die Beta-Frequenz zurückzieht. Wir erleben außerdem, dass wir durch Meditation, Ruhezeiten und andere Entscheidungen jederzeit wieder in die angenehme Alpha-Frequenz zurückkehren können.

In diesem Zustand ist uns meistens bewusst, wie sehr wir von gesunden frischen Nahrungsmitteln profitieren und wir essen vielleicht sogar fleischlos. Wir spüren die Vorteile von Yoga und regelmäßiger Meditation, von Zeiten der Stille und des Rückzugs und vielleicht spüren wir sogar, wie es uns nährt, freundlich und mitfühlend mit uns selbst und anderen umzugehen.

In diesem Zustand beginnen wir zu verstehen, dass das Leben ein Spiegel unseres Bewusstseins ist und dass wir im Zusammenhang mit Fragen des persönlichen Wachstums auch eine gewisse Kontrolle über die Reise unseres Bewusstseins haben. Auf dieser Stufe spielen Aufrichtigkeit, Selbstprüfung und Fragen wie: »Bin ich wirklich glücklich?« und »Wenn nicht, warum?«

und »Wie kann ich das ändern?« eine entscheidende Rolle. Wie bereits erwähnt kann der Eintritt in die Alpha-Frequenz sogar durch eine Midlife-Crisis ausgelöst werden. In diesem Zustand haben wir meistens das Gefühl oder die Erfahrung erlebt, von einer höheren Macht geführt zu werden oder waren Teil von unerklärlichen, synchron ablaufenden Geschehnissen.

Stufe 3

Entdeckung des Theta-Feldes, seltener Hunger.
Entspricht der 2. und 3. Stufe des GEP.

Je mehr Zeit unsere Gehirnwellenaktivität in der Alpha-Frequenz in dem Bewusstsein verbringt, dass wir voller Mitgefühl mit anderen zusammen existieren und mit ihnen harmonisch leben können, desto friedvoller und erfüllter fühlen wir uns selbst – vor allem, wenn wir gelernt haben, auf unsere innere Stimme zu hören, unseren sechsten Sinn, auf die Führung durch unser authentisches Selbst – unser DOW.

In diesem Zustand haben wir uns in das Feld des vereinigten Bewusstseins begeben, in dem wir uns vielleicht sogar Eins mit allem fühlen, als kleine Zelle im Körper eines göttlichen Organismus, der von mitfühlendem, intelligentem und liebevollem Bewusstsein durchdrungen scheint. In diesem Zustand haben wir erkannt, dass das, womit wir unsere Zeit verbringen und worauf wir achten, einen direkten Einfluss auf die Art von Erfahrung hat, die wir in unser Leben ziehen. Wir sind uns der wirklichkeitserzeugenden Macht unserer Gedanken bewusst geworden und wählen daher Gedanken, die die Art von Leben erschaffen, in dem wir das Gefühl haben zu wachsen und im Einklang mit dem großen Spiel zu sein. Auf der 3. Stufe haben wir uns bei-gebracht, Gott in allem Lebendigen zu sehen und die Vollkom-menheit der Schöpfung und der natürlichen Lebenszyklen zu erkennen. Wir spüren, dass sich das Tantra des Lebens und alle Gefühle der Dualität und der Getrenntheit auflösen. Wir erken-nen, dass unser DOW ewig ist und der Tod nur eine Illusion.

In diesem Zustand sind unsere Gehirnwellen fest in der Theta-Zone von 4–7 Zyklen pro Sekunde verankert. Göttliche Offen-barungen und heilige Visionen sind in diesem Zustand nicht selten, genauso wie Begegnungen mit heiligen Wesen der inneren Welten, zu denen wir durch die Aktivierung unseres sechsten Sinnes (Intuition) und siebten Sinnes (inneres Wissen) Zugang bekommen. Durch die Kraft des Programmierens sowie die bewusste Steuerung unseres Willens und unserer Absicht stim-men wir uns auf sie ein. Der Erfolg dieser Verbindung hängt von der Reinheit unseres Herzens ab.

Je mehr Zeit wir in diesem Feld verbringen, desto mehr möch-ten wir »etwas zurückgeben«, anderen dienen, uns für das All-gemeinwohl nützlich machen, damit unsere Präsenz einen positiven Beitrag in dieser Welt darstellt. Im Theta-Feld ent-wickelt der Schamane als Meister der Ekstase oder der Yogi als Schüler des Göttlichen seine wahre Kraft. Und angesichts der Unendlichkeit der Schöpfung erkennen wir, dass wir, je mehr wir meinen zu wissen, eigentlich nur wenig wissen.

Stufe 4

Das Sein im Delta-Feld, niemals hungrig.
Entspricht der 3. Stufe des GEP.

In diesem Zustand verflüchtigen sich alle unsere Fragen, während unser Inneres mit derart kraftvoller Nahrung durchflutet wird, dass wir endlich satt sind. Unser physischer Körper ist so von Liebe, Licht, Freude und göttlicher Ekstase erfüllt, dass jede Zelle in der Frequenz des wahren, formgewordenen Gottes vibriert. In diesem Zustand ist unser emotionaler Körper so stark von einer bedingungslos liebenden Präsenz erfüllt, dass wir ein Gefühl tiefen Wissens und Staunens über all die Schönheit, Vollkommenheit und Unermesslichkeit der Schöpfung erfahren. Unser mentales Sein mag sich seine Bewusstheit in diesem Feld bewahren oder auch nicht – je nachdem wie tief wir in den Delta-Bereich eintauchen – doch der Aufenthalt in diesem Feld verändert uns auf jeden Fall unwiderruflich und auf so tiefen Ebenen, dass wir diese Erfahrung nicht mit Worten beschreiben können.

In diesem Zustand schwingen wir oft zwischen der Theta- und der Delta-Frequenz hin und her, da es schwierig sein kann, weiter in der physischen Welt sein zu wollen, wenn wir uns im Delta-Feld befinden. In dieser Frequenz verschwindet meistens unsere Wahrnehmung der äußeren Welt. Dies ist das Reich des »Alles-was-ist«, des vollkommenen Bewusstseins, die Heimat der Götter mit ihrem unendlichen Strom der reinen Nahrung und der schöpferischen Möglichkeiten.

Die Götter-Speise ist ein zeitloses Geheimnis, welches unserem System enthüllt wird, wenn unsere Gehirnwellen tief in Delta schwingen. Wie bereits gesagt, ist dies eine Art von Nahrung, die unsere Seele genauso nährt wie unsere Zellen. Spirituell ausgedrückt ist die Energie des Delta-Feldes in seiner Essenz Liebe. In den Begriffen des dimensionalen Biofeldes ist sie einfach ein Gehirnwellenmuster, welches innere Türen öffnet. Wenn wir diese Muster programmieren, können sie unsere Atome mit einer Art höchster Energie versorgen, die wir göttliche Nahrung nennen.

Diese auch als Manna, Prana, Chi oder universelle Lebenskraft bekannte Energie der Delta-Essenz manifestiert sich im alchemistischen Sinne auch durch eine Welle der Gnade, in deren harmonischem und synchronem Fluss Magie und zufälliges Zusammentreffen existieren. Wenn wir uns auf diese Welle der Gnade einstimmen und sie erleben, erreichen wir im Leben jene Ebene, auf der wir mit allem versorgt werden, was wir brauchen.

Stufe 5

Freiheit. Entspricht der 3. Stufe des GEP, der ich hier noch eine weitere Stufe hinzufügen möchte – die Stufe der wahren Freiheit.

Wenn wir die Vorzüge der Stufen 1 bis 4 erforscht und erfahren haben, ereignet sich Folgendes:

- ∞ Zuerst lernen wir, frei zu sein von allem, was den Fluss der göttlichen Nahrung hemmt.
- ∞ Falls wir unsere Aufgaben an dieser Stelle noch nicht beendet haben, werden wir dann intuitiv dahin geführt, uns tief im Theta-Feld zu verankern und auf eine Art zum leuchtenden Beispiel makelloser Meisterschaft zu werden, die den Rest der Welt nährt. Von diesem Mittelpunkt aus lernen

wir wieder, mitfühlend zu dienen. Das »Ich« verschwindet und wird durch das »Wir« ersetzt.

∞ Wenn dann die Arbeit getan ist, die wir auf dieser Seins-Ebene übernommen haben, sind wir schließlich fest im Theta-Delta-Feld verankert und erhalten vielleicht die Möglichkeit, zu gehen. Ich habe immer gewitzelt, dass Gott uns zu diesem Zeitpunkt seine kosmische Limousine schicken würde, um uns abzuholen und dass wir uns bis dahin nur zu entspannen und mit den erfüllenden Dingen weiterzumachen brauchten, um derentwillen wir hierher gekommen sind. Es ist jedoch eher so, dass wir so von Licht und Liebe – der wahren Nahrung der Götter – erfüllt werden, dass wir überwältigt sind und mit diesem Band der reinen magnetischen Liebe verschmelzen, welches uns von unserem Körper weglockt. Anders gesagt haben wir die Möglichkeit, in einen Bereich reinen Lichtes aufzusteigen und unsere physische Form hinter uns zu lassen.

Zyklen menschlicher Gewahrseins- und Bewusstseinsentwicklung

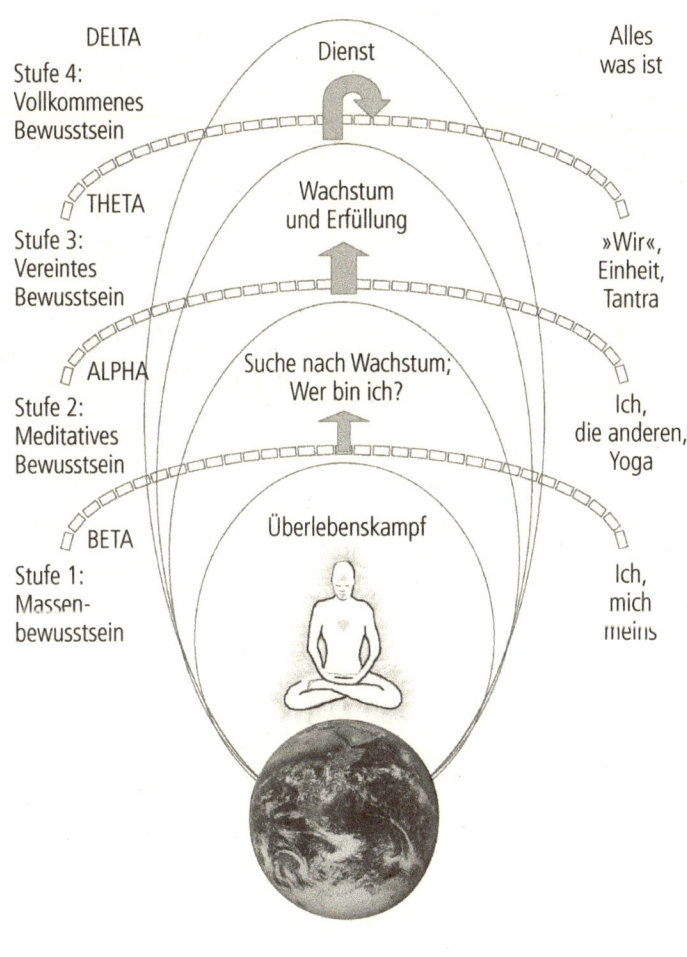

DELTA

Stufe 4:
Vollkommenes
Bewusstsein

Dienst

Alles
was ist

THETA

Stufe 3:
Vereintes
Bewusstsein

Wachstum
und Erfüllung

»Wir«,
Einheit,
Tantra

ALPHA

Stufe 2:
Meditatives
Bewusstsein

Suche nach Wachstum;
Wer bin ich?

Ich,
die anderen,
Yoga

BETA

Stufe 1:
Massen-
bewusstsein

Überlebenskampf

Ich,
mich
meins

Abbildung 1

4. Blockaden unserer Ernährung – die Atrophie des Lebens

In seinem Buch »Self Matters« (kann übersetzt werden mit: »Persönliche Angelegenheiten« oder »Nur das eigene Selbst zählt«; Anm. d. Übers.) schreibt der zeitgenössische TV-Guru Dr. Phil McGraw, dass nur Menschen, die auf ihr authentisches Selbst hören (also ihr DOW), Erfüllung finden. Unser »fiktives« Selbst – jener Aspekt von uns, der von unserer Kultur und unseren Konditionierungen geprägt ist – hat nicht die Kraft, uns das zu geben, wonach wir uns sehnen. Er sagt, dass wir oft vollkommen den Kontakt mit unserem wahren Sein verlieren, weil unser fiktives Selbst so damit beschäftigt ist, die Erwartungen unserer Umgebung zu erfüllen. Ich glaube, dass die kontinuierliche Missachtung dieses authentischen Selbst zu einem Zustand emotionaler, mentaler und spiritueller Magersucht führt, die das Niveau der Gesundheit und der Zufriedenheit in unserem Leben verkümmern lässt. Die Missachtung unseres authentischen Selbst ist heutzutage die Krankheitsursache Nummer Eins, und unser Mangel an ganzheitlichem Bewusstsein und/oder unser fehlendes Vertrauen in die Kraft unseres authentischen Selbst verhindern, dass es uns gut ernähren kann.

Es gibt viele Faktoren im Leben, die unseren Zugang zum Kanal der göttlichen Nahrung verhindern. Neben der Ernährung unseres Körpers mit giftigen Substanzen, die chemisch nicht zu unseren Bedürfnissen passen, gibt es auch durch Angst und Vorurteile ausgelöste Blockaden, die genauso zum Vergiftungsprozess beitragen. Die Angst vor dem Tod, die Angst vor Veränderung, die Angst vor dem Anders-Sein oder die Verurteilung unserer selbst und anderer – all diese Dinge verringern den Fluss der bedingungslosen Liebe, der von unserem authentischen Selbst ausgeht.

Mangelhafte Ernährung bedeutet immer einen Tanz mit dem Tod, denn Mangel fördert die Atrophie im Leben und wenn es an menschlichem Kontakt und Liebe mangelt, kann unser göttliches Selbst nicht sein volles Potenzial entfalten. Wir sind uns der Kraft und der Bedeutung unseres authentischen Selbst nicht bewusst und blenden daher unsere innere Stimme mit ihrem Nahrungsangebot aus, indem wir es entweder vergessen oder es wie einen äußeren Gott behandeln, der nur mit den Priestern spricht und nicht Teil von uns selbst ist. Wir missachten es durch unseren Fokus auf die materielle Welt, wir bitten es um Antworten, wenn wir in Not sind und schicken es dann wie einen wenig beachteten Freund wieder in die Tiefen unseres Bewusstseins zurück, obwohl einfach ein Bad in der Theta-/ Delta-Frequenz es aus dem Gefängnis unserer Geringschätzung befreien könnte. Wir wählen eine Lebensführung, die Krankheit und Tod fördert, als wäre das Leben kein kostbares Geschenk einer liebevollen Quelle, die ewiges Leben atmet.

Die Atrophie unseres Körpers, unseres Geistes und des fröhlichen Wesens in uns entsteht sowohl durch unsere Vernachlässigung als auch durch die Vorauswahl unserer Erfahrungen – oder zumindest ihres Ergebnisses. Anders gesagt kann sogar unsere Unwissenheit eine Nahrungsquelle sein, denn Unwissenheit lässt uns oft Entscheidungen treffen, aus denen großes Leiden und dann großes Lernen entsteht.

Der Zyklus des Lebens und wir mitten drin; der Zyklus der Erde, die von der Sonne lebt; die Zyklen der Sonne, die von der Zentralsonne lebt; die Zyklen der inneren und äußeren Galaxien und die Zyklen der bestehenden Universen und der sich entfaltenden Universen – all dies sind nur Zyklen der Zeit. Ein göttliches Herz schlägt, ein göttlicher Atem erzeugt Klänge und Worte und magische Rhythmen des Lebens, und so geht es alles weiter mit Menschen, die Antworten auf oberflächliche Fragen suchen, während andere nach Nahrung für ihre Zellen und Seelen streben. Manche blockieren den Ruf der wahren Nahrung, andere erblühen und öffnen sich und das Spiel geht weiter – einfach nur Zyklen in der Zeit. Alles entfaltet sich vollkommen, ohne Richtig oder Falsch – nur andere Rhythmen des Lebens, und jeder Rhythmus spiegelt unser Bewusstsein. Im Gesamtzusammenhang ist es recht unwichtig, wie wir uns als Individuen ernähren lassen – es ist unser Leiden und unser Lernen oder der Mangel desselben – es ist unser Schmerz. Doch für uns ist es sehr wohl relevant, denn wir sind jetzt hier, lebendig und fähig, durch alle Tiefen hindurchzutauchen.

Es ist leicht, uns und andere zu kritisieren und zu fragen, warum wir uns wohl von der Quelle abschneiden, die uns alle versorgen kann. Ist es Ignoranz, Arroganz oder einfach Sprachlosigkeit? Liegt es an dem Mangel an ganzheitlicher Bildung? Und wer will behaupten, dass all die Krankheiten und Tode, die wir erleben, nicht ein perfekter Teil des Lernkreises sind, den wir Leben nennen? Vielleicht sind unsere Sinne vom Beta-Feld schon so eingelullt, dass wir den wahren Ruf des Lebens nicht mehr hören. Doch je mehr von uns sich der Quelle erinnern, desto klarer werden unsere Entscheidungen – dann können wir ihre Kraft atmen und in ihr erblühen oder sie ignorieren und unser »normales« Leben der Atrophie und des Todes fortführen.

Der Totentanz

Ich begann im Jahre 2003 mit vielen solcher Fragen im Kopf, denn der Tod klopfte an meine Tür. So viele meiner Lieben gingen langsam hinüber – ein geliebtes Haustier lag im Sterben, mein Vater lag im Sterben, meine Ehe lag im Sterben, mein Leben lag im Sterben. Das klingt alles sehr schwierig, doch es gab auch genug Gründe für Dankbarkeit, denn ich war Zeugin einer Fülle von Veränderungen, von menschlichen Emotionen und Kontrollbemühungen, von Überprüfungen und Erkenntnissen, von Infragestellungen und der Anforderung, mit all dem fertig zu werden. Wenigstens hatte ich einen Sack voller Techniken, um all das zu bearbeiten – Werkzeuge, mit deren Hilfe ich mich mit minimalen Nebenwirkungen durch diese Zeit bewegen konnte, und die ich in diesem Buch weitergebe.

Zu viel Melancholie und vor allem Angst sind nicht gut für die Seele. Angst vor Veränderung oder vor dem Unbekannten löst in uns einen klassischen Beta-Zyklus aus, auf dem wir fast wie auf einem Scheiterhaufen aus den dunklen Kapiteln unserer Geschichte brennen. Doch Tod kann zu Wiedergeburt führen, wenn wir wirklich loslassen, uns mit der Veränderung einverstanden erklären und weitergehen. Ehen können wie etwas Lebendiges wiedergeboren werden, wenn wir sie angemessen ernähren – aber nur, wenn die zwei Menschen auf ihr authentisches Selbst hören, können die Beziehungen wirklich aufblühen.

Der erste Schritt zu einer guten Versorgung unserer selbst besteht darin, zu erkennen, wann wir nicht gut genährt werden. Dann müssen wir den Mut haben, etwas zu verändern und den notwendigen Übergängen nicht im Weg zu stehen – denn dem Tod folgt immer eine Wiedergeburt.

Es kann eine große Freude sein, Zeuge der innigeren Verbindungen zu werden, die zu einer Zeit des Sterbens entstehen können. Es ist eine Zeit der Unverstelltheit, der Ehrlichkeit, der Überprüfung, der Neuorientierung, Bewertung und des Händefaltens – denn den wahren Tanz des Sterbens und der Wiedergeburt tanzen wir immer allein.

Die Angst vor Verlust und die Angst vor dem Tod können unsere Liebe behindern, was wiederum unsere Ernährung behindert. Vor ein paar Jahren begruben wir liebevoll unsere erste Hausratte, zu der meine jüngste Tochter eine sehr enge Beziehung entwickelt hatte. Meine Tochter erklärte, sie wolle nie wieder ein Haustier haben! »Die sterben ja immer nur und das tut mir zu weh!« Ich wusste jedoch, dass auf diese Weise der Verlustschmerz ihr Herz zusammenziehen und schrumpfen lassen würde, was die Aufnahme der bedingungslosen Liebe behindert. Also besorgte ich noch am gleichen Tag zwei neue Rattenkinder zum Liebhaben.

Meine eigene Hausratte Mondi war eine loyale und liebevolle Freundin. Wir waren vom ersten Augenblick an voneinander fasziniert. »Hi!«, sagten ihre Augen und Schnurrhaare. »Meine Güte ist das wunderbar, dich zu treffen!« Das war jedenfalls das Gefühl, welches sie mir übermittelte und mein inneres Kind kicherte vor freudiger Anteilnahme. Ich wusste, wir würden gute Freundinnen werden und so kam es auch.

Es gibt Zeiten im Leben, in denen eine gewisse Würde von uns verlangt wird. Der Tanz der Sterbenden ist solch eine Zeit. Es berührt mich tief in der Seele, wenn Mondi im hohen Alter von über neunzig Rattenjahren mit ihrem angegrauten Fell durch die Gegend wackelt und ihre Augen mir sagen, dass sie müde ist. Wenn ich dann meine Liebe in ihre kleine Gestalt fließen lasse, spüre ich, wie ihr Körper wieder an Kraft gewinnt. Es ist erstaunlich zu beobachten, wie meine Liebe sie nährt, fast vampirartig, aber auf sanfteste Art. Ein dicker Schwall Liebe scheint ihr Leben um (Ratten-)Jahre zu verlängern. Wie könnten wir denen, die wir lieben, wahre Nahrung verweigern? Sie kuschelt sich in meine Hand und ich stütze ihr mit der anderen Hand den Rücken, so dass ich ihr über die Stirn streichen kann und ich erinnere mich daran, wie kostbar all dies ist – diese Verbindung zwischen Mensch und Tier. Es ist die reine Freude der Verbundenheit und des Spielens im Feld eines anderen intelligenten Wesens, denn Ratten sind unglaublich intelligent. Die Ratte ist als erstes Tier dem Ruf des Buddha gefolgt.

Für jeden, der mit einem anderen intelligenten Lebewesen in Kontakt treten möchte oder einfach ein wenig mehr von der bedingungslosen Liebesnahrung des Lebens kosten möchte, kann es eine gute Idee sein, sich eine kleine Ratte zum Freund zu nehmen. Sie sind großartige Beispiele für das Spielen und Arbeiten, für das Suchen und Finden, Reagieren und Spaß haben, denn sie sind immer zum Spielen aufgelegt. Mondi liebt es, wenn ich sie verkehrt herum halte, sie auf dem Rücken liegt und ich sie kitzele und streichle. Ich bin sicher, ihr Bauch zittert vor Begeisterung unter meinen Fingern, während sie sich aus ihnen mit nährender Chi-Energie vollsaugt. Unsere Hände können so heilig und heilend sein, wie wir wollen, das gilt es manchmal zu erinnern und verwenden, denn auch unsere Hände können Kanäle für die wahre Nahrung der Götter sein.

Ich halte Mondi an mein Herzchakra und öffne es noch weiter. Ich durchflute ihre Felder wie mit dem Strahl eines riesigen Leuchtturms. Mondi sitzt da und lässt sich damit volllaufen, während ich leise mit ihr rede, sie frage wie ihr Tag gewesen ist, ihr von unserem neuen Zuhause am Strand erzähle, in dem ich meine Zeit des Rückzugs verbringe, denn meine sterbende Ehe und mein hungriges Selbst werden in einer Ruhezeit am Meer wiedergeboren.

Weit weg von aller Technologie empfinde ich diese Zeit der Zurückgezogenheit als Segen und mein Herz strahlt wieder Freude aus. Ich weiß, dass auch Mondi etwas Strandluft und mehr Zeit mit mir gebrauchen kann, während sie sich über ihre nächsten Schritte klar wird. Ist der Tod Verhandlungssache? Vielleicht ja. Doch wenn man jemandem bei seinem Sterbetanz zuschaut und weiß, dass man nichts weiter tun kann als ihn zu lieben und zu unterstützen, dann ist das eine wertvolle Erfahrung. Wenn wir sensibler dafür werden, wie wir andere mit dem versorgen können, was sie brauchen, entwickeln wir auch die Fähigkeit, uns selbst besser zu nähren.

Der Tod meines Vaters

Während ich mich über das Bett meines sterbenden Vaters beuge, schauen wir uns liebevoll in die Augen und erkennen die Spiegelung unserer Seelen. Es ist gut zwischen uns gewesen, irgendwie kostbar, vor allem seit meine Mutter gestorben war und wir viel mehr Zeit miteinander verbracht haben und eine starke Vater-Tochter-Beziehung entwickelten. Die Gegenwart meiner Mutter hatte seine Augen immer mit Licht erfüllt und als sie von uns ging, ging ein Teil von ihm mit ihr und ließ ihn unvollständig zurück. Die Begegnung mit seiner zweiten Frau schenkte ihm noch ein paar glückliche Jahre, doch er sehnte sich danach, weiterzugehen und betete, bat und verhandelte mit seinem Gott. Jetzt war seine Zeit gekommen.

»Ich bin ganz ruhig«, sagte er. »Und sie auch.« Er schaute liebe-voll seiner Frau nach, die aus dem Zimmer schlurfte.

»Die Klinik ist gut.« Wir waren uns alle einig und auf diese nächste Runde vorbereitet, auch wenn es nicht klar war, wie die Würfel fallen würden.

»Der Doktor will morgen mit euch reden. Ich kann euch nicht mehr sagen, aber ich weiß Bescheid und ich bin ruhig.« Er seufzte, als wäre er froh über die absehbare Zeit – eine Zeit der Vorbereitung. »Es tut nicht weh, hat der Doktor gesagt, und ich bleibe klar.«

»Ja, ich bin ganz deiner Meinung. So ist es viel besser. Sonst würde dein System einfach nur immer schwächer.«

Wir nickten in stillem Einverständnis. Die Testergebnisse hatten uns nicht überrascht. Später fragte ich: »Willst du nicht dage-gen kämpfen? Ich bin sicher, er könnte auch wieder schrump-fen und verschwinden.« Ich deutete auf den tennisballgroßen Tumor, der seinen Mageneingang versperrte und jetzt auch die Speiseröhre angriff.

»Nein, ich bin zufrieden und ich bin ruhig«, antwortete er.

»Ein neues Abenteuer ...«, sagten wir beide wie aus einem Munde und kicherten wie die Kinder.

»Bist du aufgeregt?«, fragte ich.

»Nein, ich werde sie alle wiedersehen ... deine Mutter, Paul und Nina.«

»Und deine Mutter und deine Schwester auch.«

»Ja«, grinste er.

»Hast du Angst?«, fragte ich und fuhr fort: »Es ist nur ein Los-lassen.«

»Nur vor dem Feuer«, antwortete er. Ich wusste, er meinte nicht das Fegefeuer, denn an so etwas glaubte er nicht.

»Also gut, ich verspreche es dir.«

»Was?«, fragte er.

»Ich werde nachsehen, ob deine Augenlider flackern, bevor sie dich in das Krematoriumsfeuer schieben.« Wir lachten beide und sagten einstimmig: »Abgemacht!«

Ich sah die Krankenschwester aus meinem Augenwinkel. Vielleicht wunderte sie sich etwas, doch wir hatten uns jahrelang auf diese Zeit vorbereitet.

Wie kann eine müde, hungrige Seele die menschliche Form verlassen? In dem zivilisierten Spiel des Sterbens geht ein Lama in Meditation und geht dann, wann er will. Wir dagegen verfallen körperlich im Laufe der Zeit, so wie alles im Laufe der Zeit verfällt, wenn es nicht mit einer Nahrung versorgt wird, die es am Leben erhält. Manchmal sind die zugestandene Zeit und die Lernspiele so synchron wie in einem Buch, dessen Botschaften sich im Laufe der Seiten mitgeteilt haben und das irgendwann zu Ende ist und geschlossen werden kann.

Ich habe über die Stufen des Lebens nachgedacht, unsere persönlichen Zeitzyklen, und wie die Last uns manchmal niederdrückt. Oder es kann sein wie bei einem Kapitel, welches verdaut wurde und uns offen sein lässt für neues Leben, wo wir genährt wurden und sagen können: »Ich bin zufrieden mit dem, wer ich bin und was ich erschaffen habe.«

»Wie lange hat er noch?«, frage ich den Arzt, als er uns später die verschiedenen Möglichkeiten erläutert. »Drei bis vier Monate, je nachdem, wie er sich entscheidet – wir müssen ihn ernähren und den Gewichtsverlust ausgleichen, sonst welkt er schnell dahin und das bringt andere Komplikationen mit sich.«

Als ich später meinen Vater küsse und umarme, um ihm beim Aufsitzen zu helfen, damit er seinen abgekühlten Cappucino genießen kann, schaut er mich an und lächelt.

»Nächsten Monat, ich würde gerne nächsten Monat gehen. Ja, ich glaube, es wird nächsten Monat sein.«

»Ich frage mich, ob wir das bestellen können? Oder ob es einen Kalender gibt, auf dem steht: Das ist Arnie, er könnte jeden Tag so weit sein. Wann ist er eingetroffen? Ah ja. Und wann soll er gehen? Oh. In dreißig Tagen? In vierzig Tagen? Das klingt doch zivilisiert, als würde man seine Kündigung wegen Personalabbau abholen.«

Mein Vater gluckste vor sich hin und schloss die Augen, um zu ruhen.

Also beobachte ich und warte, und mein Vater beobachtet und wartet, und jeden Tag wird er ein bisschen schwächer. Manchmal ist er zu Späßen aufgelegt und hat das vertraute Zwinkern in den Augen, manchmal grummelt er auch nur so vor sich hin, während er auf seinen müden, alten Beinen durch die Gegend schlurft, die auch schon bessere Tage gesehen haben. Ich schau ihn mir an und denke an den stolzen, großen Mann, der er einmal war, ein Wikinger, der mich jede Nacht ins Bett trug, wenn ich beim Hören klassischer Musik auf unserem alten Grammophon eingeschlafen war. Wie ein sanfter Riese deckte er mich zärtlich zu und küsste mich auf die Stirn, als wäre ich ein seltsames, kostbares Wesen, dieses jungenhafte Mädchen, das so unerwartet seinen Lenden entsprungen war, denn nach der Geburt meiner älteren Schwester wollten sie eigentlich keine Kinder mehr haben.

Und so sehe ich einen fürsorglichen Mann, der in monatelanger Arbeit ein rostiges gebrauchtes Fahrrad in ein funkelndes, neues Geschenk zu meinem 7. Geburtstag verwandelt hat. Ich erinnere mich an seine wunderbare Tenorstimme, mit der er so viel sang, dass die Wände seiner Werkstatt noch davon erklangen, wenn er meilenweit weg war, als ob die Ziegelsteine Sinn für Opernmusik hätten.

Ich habe viel Zeit mit solchen Erinnerungen verbracht, während ich auf dem Balkon meiner neuen Strandwohnung sitze und schreibe. Die göttliche Nahrung ist mein Fokus und ich suche nach wahrer Nahrung. Wenn ein mit Liebe zubereitetes Essen besser schmeckt und nahrhafter ist, wie muss es dann mit reiner Liebe sein? Reine bedingungslose Liebe ist doch sicherlich die nahrhafteste Nahrung von allem.

Und welchen Unterschied macht es wohl im Leben eines Menschen, wenn jemand sich von Lebensmitteln und Liebe ernährt oder wenn jemand nur von Lebensmitteln lebt? Was ist mit den Speisen fürs Herz? Was ist mit den Speisen für den Verstand? Und was ist mit Speisen für die Seele? Seelen und Zellen, gibt es die perfekte Ernährung für beide? Diese Fragen gehen mir durch den Sinn, während ein sanfter Meereswind über mein Gesicht streicht und ich seufze vor Dankbarkeit für diese Zeit, in der ich einfach denken und sein kann und nicht mehr tun muss.

Das Verlangen nach Nahrung beginnt lange vor unserer Geburt. Wir tragen es durch die Umordnung der Moleküle zu einer neuen Gestalt aus einer anderen Zeit in dieses Leben hinein. Die alten Weisheitslehren sagen, dass ungefähr die Hälfte aller Atome in jedem neuen Leben aus unseren vorherigen Formen stammen, so wie alte Kleider, die eine Zeit lang abgelegt waren und dann wieder angezogen werden.

Ob es nun wahr ist oder nicht – vom Augenblick unserer Geburt an treibt uns unser Verlangen danach, mit Nahrung versorgt zu werden – mit der Liebe unserer Mutter gefüttert zu werden, mit der Milch aus ihrem Körper gestillt zu werden, von ihren Berührungen, vom Klang ihrer Stimme und von ihrem Geruch genährt zu werden. Allmählich erwachen dann alle unsere Sinne, um die Nahrung der Welt zu absorbieren und oft braucht es

Jahrzehnte, bis wir entdecken, was uns wirklich nährt und was uns schwächt, was uns emotional altern und erkalten lässt.

Es gibt so viele widersprüchliche Signale in der Welt. Die erste wirkliche Nahrung entsteht aus dem Unterscheidungsvermögen und dem Lauschen auf das innere »Ich weiß«. Wenn wir zuhören, werden wir genährt, wenn wir es missachten, hungern wir und bei den meisten von uns in dieser Beta-Welt beginnt das Sterben mit der Geburt.

Der Eintritt eines neuen Lebens in diese Welt ist ein segensreicher Anblick und viele Mütter haben mit staunendem, ehrfürchtigem Blick dieses Wunder betrachtet, voller Liebe in ihren Herzen und Seelen, genährt vom Brutpflegebedürfnis, welches Mutter Natur uns geschenkt hat.

Und es kann ebenso segensreich sein, jemandem beim Sterben zuzuschauen. Vieles findet einen Abschluss und ein Ende und macht damit Raum für neue Anfänge und seelen-nährende Erfahrungen, denn die wahre Nahrung der Seele liegt darin, das Leben zu leben, mit all dem Miteinander, das es uns bringt.

Der Verstand ernährt sich von den Antworten auf unsere Fragen, egal wie bedeutend oder unbedeutend sie sein mögen. Das Herz ernährt sich von jenen Wellen der Liebe, die uns tief genug durchfluten, um die wahre Gabe unserer Seele freizusetzen – denn die Seele ist darauf programmiert, sich innerhalb von Wellen der Liebe zu offenbaren, denn Gleich und Gleich gesellt sich gern und unsere Herzen und Seelen sind beide darauf programmiert, von Liebe genährt zu werden.

Wenn der Tod wie Urlaub ist und das Leben wie Schule, dann ist der Tod auch nährend, denn er gibt uns eine Ruhepause, die

Gelegenheit, einen Schritt zurückzutreten – unabhängig von aller Form – um das Spiel des Lebens zu überdenken und die nächste Runde zu planen. Wahre Nahrung bietet uns sowohl chemische Substanzen als auch Einsichten, die uns die Kraft zum Wachstum verleihen. Die Nahrung der Götter kennt keine Trennung, denn sie nährt alle Aspekte unseres Seins. Daher gilt es, alle Quellen anzuerkennen, aus denen wahre Nahrung fließen kann und unsere Wahrnehmung auszudehnen auf das, was wirklich nährt.

Die Erweiterung unseres Denkens, die Entwicklung vom beschränkten Denken zum lateralen und unbegrenzten Denken nährt unseren Geist, denn der Geist des Menschen hat immense Kapazitäten und die Qualität seiner Nahrung bestimmt die Ebene, auf der er funktioniert. Viele Menschen sind von unbewussten Bedürfnissen getrieben, wissen nie so recht, wer sie sind und halten auch nicht an, um sich zu fragen, warum sie das tun, was sie tun. Viele werden von unbewussten Wirklichkeiten getrieben, von einem Hunger, der gestillt werden will. Nur selten absorbieren wir genug von der Götter-Speise, um in den Bereich des Super-Geistes zu gelangen, es sei denn, wir sind selbstlos und haben uns auf den Kanal der Güte und des Mitgefühls eingestimmt. Die höheren Ebenen unseres emotionalen Spektrums wie Barmherzigkeit, Mitgefühl, Güte, Selbstlosigkeit, bedingungslose Liebe usw. gehen nämlich Hand in Hand mit den höheren Aspekten unseres Denkens. Dort finden wir dann Gedanken wie: Warum bin ich hier? Können wir in Harmonie miteinander leben? Können wir in Frieden miteinander leben? Können wir miteinander auskommen? Und wenn wir es wirklich wissen wollen, dann gibt uns das uns umgebende intelligente Universum die Nahrung, die wir brauchen, um all dies zu verwirklichen und zu wachsen. Dies sind die Gedanken, die auch unser DOW aufwecken und nähren.

Geistesbeherrschung versus Schubladendenken

In meinen Zwanzigern begegnete ich einem indischen Guru und im Laufe der nächsten Jahrzehnte besuchte ich ihn oft, da ich nicht nur nach dem hungerte, was er zu sagen hatte, sondern auch nach der Energie, die von ihm ausstrahlte. Es war ein unsichtbares Kraftfeld, welches meine Seele berührte und nährte. Ich begriff jedoch im Laufe der Zeit, dass er immer das Gleiche sagte, nur in unterschiedlichen Parabeln und Gleichnissen. Die Nahrung der Götter ist genauso, sie kann in unterschiedlicher Verpackung und Gestalt daherkommen, je nach unseren Bedürfnissen; doch echte Weisheit ist genau wie die sich wiederholenden Botschaften eines Gurus immer einfach, und wenn wir sie erst mal erfasst haben, dann wissen wir Bescheid.

Im Alter von zwei Jahren hungerte ich nach physischer Nahrung, die keine Schwingungen der Angst in sich trug. Die Tiere für das Fleisch auf unserem Tisch wurden jedoch ohne jene Achtung oder Segnung geschlachtet, an die ich von dort, wo ich herkam, gewöhnt war. Ich konnte diese Abneigung natürlich noch nicht erklären und reagierte so wie jedes Kind reagiert. Ich versuchte, mich durchzusetzen, doch meine Mutter meinte, dass meine Gesundheit davon abhinge, Fleisch zu essen, weil ich sonst dahinsiechen und sterben würde. Mangelndes Wissen über alternative Eiweißquellen hielt unseren Konflikt aufrecht und da sie auf etwas bestand, was meinem authentischen Selbst widersprach, begann mit meinem ungestillten spirituellen Hunger ein langsamer Tod auf einer anderen Ebene. Die Missachtung unseres DOW führt immer zu spiritueller Unterernährung.

Während ich weiter aufwuchs, nährte mich meine Familie in meiner Kreativität und Intellektualität. Meine zärtliche Mutter war immer mit nährender Berührung und Liebe für mich da, doch ich hungerte immer nach mehr. Ich brauchte Jahrzehnte, um herauszufinden, wonach ich hungerte, denn als Jugendliche schien mir nichts zu fehlen. Ich hatte eine liebevolle Familie, einen gesunden Körper, gute Schulnoten, ich war beliebt und hatte Freunde, einen schnellen Verstand, viel Freiheit und sogar reichlich Liebe. Ich brauchte eine Weile, um herauszufinden, wo dieser Hunger herkam. Ich arbeitete mich durch die Maya des religiösen Minenfeldes und fand heraus, dass der Hunger aus meiner Seele stammte. Es schien so, als hätte meine Seele eine Stimme, die mir in der Stille zurief: »Da ist mehr! Da ist mehr! Und ich will, dass du das kriegst, ich brauche es, du brauchst es!«

Nachdem ich endlich herausfand, wie ich alle Aspekte meines Seins durch die in diesem Buch dargestellten Nahrungsquellen versorgen kann, wurde ich Zeugin der verbreiteten Tendenz zum Selbstmord. Beispiel: Es ist mentaler Selbstmord, unserem Geist zu erlauben, ständig in Negativität, Verurteilungen und Schubladendenken zu schwelgen, mit all der Enttäuschung, die sich einstellt, wenn unsere Erwartungen nicht erfüllt werden. Es ist das Gleiche, als ob man ein Glas immer als halb leer statt als halb voll betrachtet. Man kann es als emotionalen Selbstmord betrachten, wenn sich jemand entscheidet, sich gestresst und von den Lebensumständen überwältigt zu fühlen, statt sich durch Meditation in die Alpha-Theta-Schwingung zu begeben, was eine gelöstere Haltung erlaubt. Auch die ständige Interpretation der Ereignisse des Lebens auf eine ärger-, aggressions- oder angsterzeugende Weise ist emotionaler Selbstmord. Unseren Körper mit Nahrungsmitteln vollzustopfen, die nachgewiesenermaßen krebserzeugend sind und unser Leben verkürzen, kann auch als eine Art Selbstmord angesehen werden.

Natürlich kann man all das Obengenannte als Verurteilung betrachten und wir verfügen alle über einen freien Willen und die Entscheidung, wie wir denken, fühlen oder handeln wollen, wenn uns die Alternativen bekannt sind. Der Schlüssel liegt in der Bildung. Wir müssen darüber informiert sein, dass wir mehr sind als unsere Körper und Gefühle, wir müssen lernen, dass unsere Körper einfach nur angemessene Nahrung brauchen und wie wir diese Nahrung auf eine respektvolle Weise bekommen können. Wenn wir darüber informiert wurden und auch die entsprechenden Techniken und Werkzeuge kennen, dann gibt es keine Entschuldigung mehr, dann liegt es an uns als formgewordenen Göttern, uns zu entscheiden und das Leben zu erschaffen, das wir uns wünschen. Dabei gilt es, sowohl unsere persönlichen als auch unsere globalen Bedürfnisse zu berücksichtigen.

Vierzig Jahre lang habe ich nach Erleuchtung gehungert, nach jenen Erfahrungen, die den Heiligen bekannt waren. Die Erfahrungen, die ich bei meinem Streben durchlebt habe, sind nicht selten und viele fühlen sich von solchem Hunger getrieben und verstehen es selbst kaum. Ich habe zwar erfolgreich alle meine verschiedenen Hungergefühle gestillt, doch die Konsequenz daraus war, dass ich in eine Schublade gesteckt wurde, weil ich zu sehr von der Norm abwich. Wenn wir noch nicht ganz in unserer Kraft sind, kann dieses Gefühl des Verurteilt-Werdens in unserem Feld wie eine Vergiftung wirken, so dass wir uns isoliert fühlen, minderwertig oder unwohl, was wiederum unseren persönlichen Fluss der göttlichen Nahrung blockiert. Daher werden wir später darauf eingehen, wie man diese projizierten Energien ablenken und zerstreuen kann.

Ausstrahlung und Absorption

Der nährende Fluss kann auch dadurch ins Stocken geraten, dass unser Biosystem durch die Absorption äußerer Frequenzen überwältigt und geschwächt statt genährt wird. Wenn wir ständig auf den Kanal der göttlichen Nahrung eingestimmt bleiben wollen, dann müssen wir uns Gedanken darüber machen, wie wir mit der äußeren Welt umgehen wollen. Als energetische Systeme findet durch Ausstrahlung und Absorption ein ständiger Austausch zwischen unseren inneren und äußeren Welten statt. Wenn wir lernen wollen, effektiv in den verschiedenen Energiefeldern und Dimensionen zu leben, tauchen viele Fragen auf.

Beispiel: Wenn alles Lebendige Energie ausstrahlt,

1. müssen wir dann die zufälligen und häufig einschränkenden Eindrücke aus der Beta- und vielleicht sogar der Alpha-Welt notwendigerweise in uns aufnehmen? Nein.
2. ist es einem Menschen möglich, in Kenntnis der Vorzüge des Theta- und Delta-Feldes vollständig in diesen Frequenzen zu existieren, während der Rest der Welt in der Beta-Frequenz bleibt? Ja.
3. ist es auch möglich, in irgendeinem Feld zu leben, ohne sich davon überwältigen zu lassen? Ja.
4. können wir die Frequenzen, die wir aus der Welt absorbieren möchten, auf positive Weise absorbieren? Ja.
5. ist es leichter, einen konstanten Energiestrom in die Welt fließen zu lassen, der alles umwandelt, was er berührt, als zufällige Energien zu nutzen und sie in uns selbst zu verwandeln? Ja.

Wie ist das alles möglich? Mit Hilfe der in diesem Buch vorgestellten Techniken und Werkzeuge – denn die gute Nachricht ist, dass wir durch die Techniken des dimensionalen Biofeldes kontrollieren und entscheiden können, was wir in einem Feld absorbieren oder ausstrahlen wollen. Gibt es dafür Beweise? Ja sicher, denn wenn wir diese Wissenschaft in unserem Leben anwenden, wird es sich zum Besseren wenden. Das ist eine greifbare persönliche Erfahrung, welche leicht alle Zweifel ausräumt.

Wenn immer mehr von uns sich an diese göttlichen Nahrungskanäle anschließen, wird außerdem auch das globale Feld immer besser genährt und diese Veränderung kann mit Hilfe der Schumann-Frequenz gemessen werden. Hier finden wir den Beweis, dass sich das alte Beta-Feld des Massenbewusstseins – also die Erdschwingung selbst – bereits verändert hat und jetzt im Alphabereich von etwa 7,4 Zyklen pro Sekunde gemessen wird. Das bedeutet zum einen, dass die Frequenz der Erde jetzt eine nährende Grundlage für die Menschheit darstellt, in der wir baden und mit der wir uns in Einklang bringen können. Zum anderen bedeutet es, dass all die Erdheilungsarbeit der Geomantiker und Lichtarbeiter im Laufe der letzten Jahrzehnte Früchte trägt. Wir müssen nur die Augen dafür öffnen.

Diese Veränderungen wurden auch durch einige andere Faktoren gefördert. So haben zum Beispiel die Mitglieder der Organisation von Maharishi diesen Prozess durch Meditationen und durch eine Lebensführung unterstützt, die die Tore zu den Alpha-Theta- und Delta-Frequenzen offen hält. Dadurch wurde das Beta-Feld mit reinen Alpha-, Theta- und Delta-Frequenzen durchflutet, je nachdem, wie stark der jeweilige Biofeldtechniker fähig war, die Felder zu beeinflussen. Die Fähigkeiten der einzelnen Biofeldtechniker, Felder bewusst zu verändern, variieren je nach ihrem Lebensstil.

Die meisten Menschen auf dieser Erde leben jedoch nach wie vor in einer Mischung aus Beta und Alpha. Mit Hilfe von einfachen, garantiert wirksamen Techniken und Werkzeugen können wir es jedoch schaffen, einen Bereich des Theta und Delta aufrechtzuerhalten, in dem wir existieren und wachsen können. Das erste Werkzeug zur Kontrolle unseres Feldes ist unsere innere Haltung. Wir können diese verändern, indem wir uns fragen: »Möchte ich absorbieren oder ausstrahlen?« Jedes Lebewesen strahlt Energie aus. Wenn wir diese Energien ausnahmslos absorbieren, verändert sich unsere Grundtonart – manchmal auf eine stärkende und manchmal auf eine schwächende Weise. Die Entscheidung liegt bei uns, wie stark wir davon beeinflusst werden und was wir aufnehmen möchten.

Wenn wir zu viel mentale, emotionale oder physische Umweltgifte aufnehmen, fühlen wir uns gestresst, werden krank oder erschöpft und fühlen uns meistens unwohl. Selbst wenn wir nur selektiv aufnehmen und dabei auf eine bestimmte, meistens einschränkende Art leben, können wir uns immer noch im Ungleichgewicht fühlen, weil unser inneres Feld zu sehr von der Beta-Welt beeinflusst wird, die eigentlich nicht mehr zu uns passt. Auch wenn wir gut auf das Alpha-Feld eingeschwungen sind, können wir uns noch hungrig fühlen, weil unsere Kapazität sich erweitert hat und wir dadurch natürlicherweise nach mehr von den Frequenzen und Wirklichkeiten des Theta-Feldes verlangen.

Unsere Kapazität für diese Frequenzen verändert sich ständig und erweitert sich, wenn wir uns erst einmal physisch, emotional, mental und spirituell aus unseren selbstauferlegten Zwängen befreit haben. Zum Beispiel hat ein Mensch, der jeden Tag Sport treibt, eine viel größere körperliche Kapazität als jemand, der nur einmal im Jahr sportlich aktiv wird. Ein Mensch, der jeden Tag meditiert, verfügt über eine weit größere Sensiblität und Anziehungskraft für Alpha-, Theta- und Delta-Wellen, als jemand, der ständig mit Beta-Aktivitäten beschäftigt ist und niemals anhält. Deswegen wird ein Mensch aus dem Beta-Bereich, der nie meditiert hat und nie die Wellen der Liebe seines eigenen göttlichen Seins in sich gespürt hat, das Spiel der göttlichen Ernährung und Lichtnahrung viel schwerer begreifen.

Das Beta-Feld ist die Welt der Armut, Gewalt, der sozialen Ungerechtigkeiten, der emotionalen Höhen und Tiefen, eben eine Welt des selbsterzeugten Chaos. Ein Mensch aus dem Beta-Feld kann jedoch einfach durch eine veränderte Lebensführung mit Meditation, Geistesbeherrschung und vielleicht Yoga seine Fähigkeiten des Sehens, Hörens und Fühlens verbessern und an den Geschenken der anderen Zonen teilhaben.

Das Alpha-Feld offenbart den Zen des Lebens. Es verschafft uns Zeiten der Entspannung, in denen wir den Kurs unseres Lebens überprüfen, unsere Ungleichgewichte erkennen und sie hoffentlich ausgleichen können. Zeiten im Alpha verbessern unsere Gesundheit und unser Wohlbefinden und sind ein guter Schritt zur bewussten und direkten Ernährung unserer Seele.

Das Theta-Feld führt zu Koinzidenzen (= das Zusammentreffen scheinbar zufällig zusammenpassender Ereignisse), die nicht mehr zufällig erscheinen. Wenn wir im Theta Zeit verbringen, ziehen wir Ereignisse in unser Leben, die voller Symbolik und bedeutungsvoller Möglichkeiten stecken, denn dies ist das Reich des unendlichen schöpferischen Potenzials, ein Feld der Gnade, der reinen Nahrung und der Liebe. Durch dieses Feld ist alles Heilige zu uns gekommen, alle heiligen Boten und alle heiligen Bücher.

Und die Delta-Felder geben uns dann alles, denn aus ihnen stammt das Paradies und der »Garten Eden« des biblischen

Gottes. Die Deltazone ist auch das Reich der Elohim, der Erzengel und der reinen Liebe.

Das Öffnen der inneren Türen und das Verbinden des Herz- und Kronen-Chakras in unseren Meditationen stimmt unsere inneren Felder energetisch ständig auf Delta und Theta ein und gibt uns so eine tragfähige Grundlage, damit sich die Elemente um uns sammeln und antworten können (siehe auch GEP-Techniken 12 und 16).

Wenn diese inneren Türen erst einmal geöffnet sind und das System angeschlossen ist, beherrscht eine neue, kraftvolle Strahlung das Spiel. Dann gehen wir mit der Haltung durchs Leben, eine Übertragungsstation für göttliche Liebe, göttliche Weisheit und göttliche Kraft zu sein und dies durch jede Zelle, Pore und durch jedes Atom unseres Körpers auszustrahlen.

Wenn alles in den Feldern des Lebens durch eine energetische Matrix (feiner als Spinnweben) verbunden ist, und uns bewusst ist, dass wir das Thema unterstützen, auf das wir unseren Fokus richten, dann ist unsere innere Einstellung und Haltung sehr entscheidend, wenn wir uns an den Fluss der göttlichen Nahrung anschließen und ihn aufrechterhalten wollen. Ich möchte an dieser Stelle hinzufügen, dass die Reinheit des Herzens einer der Schlüsselaspekte für den Zugang zum Theta-Delta-Feld ist. Das bedeutet, dass unser emotionales Feld in Aufrichtigkeit, Demut, Hingabe und Mitgefühl schwingt – lauter Tugenden, die nur in der Schule des Lebens gelernt werden können – durch unser menschliches Miteinander. Leider kann dieses Miteinander auch unsere Herzen verschließen und uns mit Emotionen erfüllen, die den göttlichen Nahrungsfluss eher hemmen, da er auf dem Gesetz der Resonanz beruht (siehe auch Abbildung 2).

Der Nahrungsfluss aus den Theta- und Delta-Feldern verlangt eine feine Einstimmung und hängt stark von den eigenen Sehnsüchten und der persönlichen Bestimmung ab. Wie bereits erwähnt, ist es dabei auch wichtig, wie offen unsere Felder sind und welcher Teil von uns hungrig ist, denn göttliche Nahrung kann aus vielen Quellen zu uns kommen. Angesichts der Tatsache, dass wir immer noch in einer männlich dominierten Welt leben, kann die ausgleichende Nahrung für unsere physischen, emotionalen, mentalen und spirituellen Aspekte nur aus dem *Madonna-Frequenz*-Bereich kommen. Es wird so lange Kriege, Gewalt und Chaos in unserer Welt geben, bis wir auf all diesen Ebenen gesättigt sind.

Doch egal wie unsere Welt im Augenblick aussieht: Wir können unser eigenes Feld kontrollieren. Wir können entweder durchs Leben gehen und alles aufnehmen, was unseren Weg kreuzt, bis wir ein wilder Eintopf von Energien sind, oder wir können unser Feld reinigen, uns an den Kanal der göttlichen Nahrung anschließen und die Frequenzen göttlicher Liebe und Weisheit ausstrahlen. Absorbieren oder Ausstrahlen ist nur eine Frage der Entscheidung. Die in diesem Buch aufgeführten Techniken und Werkzeuge dienen der Unterstützung dieser Entscheidung.

Im weiteren Verlauf dieses Buches erfährst du auch, wie du dich mit Hilfe von Bioschilden vor Frequenzen schützen kannst, die du nicht mehr als nährend empfindest. Wir werden auch zeigen, wie man ein Feld »weben« kann, d.h. bestimmte Arten von nährenden Energiefeldern erzeugt oder bereits existierende Felder »umbaut«, so dass wir in ihnen die Vorzüge der Theta- und Delta-Wellen besser empfangen können.

Wie Feldsignale unsere Aufnahme göttlicher Nahrung
verhindern. Was wir speichern, strahlen wir in die uns
umgebenden Felder aus. Da sich die Energie dieser
Felder ausdehnt und zusammenzieht, ziehen sie ähnliche Frequenzen erneut an, die dann zu ihrer
Quelle – nämlich uns – zurückkehren.

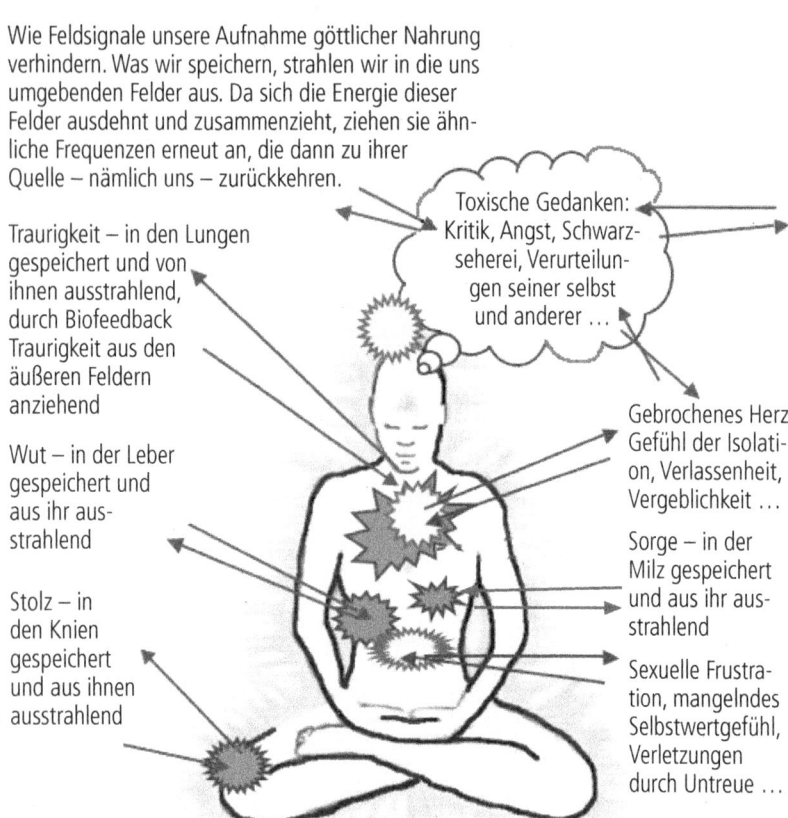

Toxische Gedanken:
Kritik, Angst, Schwarz-
seherei, Verurteilun-
gen seiner selbst
und anderer …

Traurigkeit – in den Lungen
gespeichert und von
ihnen ausstrahlend,
durch Biofeedback
Traurigkeit aus den
äußeren Feldern
anziehend

Wut – in der Leber
gespeichert und
aus ihr aus-
strahlend

Stolz – in
den Knien
gespeichert
und aus ihnen
ausstrahlend

Gebrochenes Herz,
Gefühl der Isolati-
on, Verlassenheit,
Vergeblichkeit …

Sorge – in der
Milz gespeichert
und aus ihr aus-
strahlend

Sexuelle Frustra-
tion, mangelndes
Selbstwertgefühl,
Verletzungen
durch Untreue …

Abbildung 2

Je mehr unserer Zellen und Organe mit unerlösten toxischen Emotionen erfüllt sind und je länger wir in einem ständigen Strom vergifteten Denkens leben, desto mehr blockieren wir unsere Fähigkeit, die für unsere emotionale, mentale und spirituelle Gesundheit
notwendigen Nahrungsebenen anzuziehen und aufrechtzuerhalten. Die Wahl positiver Denkmuster und die Durchflutung unseres Biosystems mit violettem Licht wird unsere Zellen wieder auf
ein nährenderes Feld einstimmen. Dabei unterstützen uns die in
diesem Buch beschriebenen GEP-Techniken.

5. Nahrung aus Prana –
sich ernähren wie die Götter

Alles Neue hat seine Geschichte und manchmal erscheint etwas als neu, was eigentlich uralt ist. So verhält es sich auch mit dem Weg der göttlichen Nahrung und all ihren Gaben. Man sagt, dass neue Informationen erst als lächerlich betrachtet werden, dann bekämpft und schließlich allgemein akzeptiert werden. Unsere Reise der Verbreitung dieses Weges ist genauso verlaufen, und wir haben weitergemacht, da wir sicher waren, dass das, was wir mitzuteilen haben, das Potenzial in sich trägt, das der Menschheit erlaubt, echte Freiheit zu erleben – Freiheit von der Notwendigkeit zu essen, zu trinken, zu schlafen, zu altern oder krank zu werden.

Dies ist die zweite Stufe des Göttlichen Ernährungsprogramms (GEP). Das volle Potenzial des Theta- und Delta-Feldes ist noch längst nicht erforscht. Ich bin sicher, dass darin noch eine Unzahl anderer Geschenke auf uns wartet, vor allem, wenn das Massenbewusstsein stärker darauf eingestimmt ist.

Ich schaue auf die letzten zehn Jahre und auf all die Menschen zurück, die mich herausgefordert oder inspiriert haben, diesen Weg weiter zu erforschen, tiefer in mich hineinzuschauen und mehr über göttliche Ernährung und die Kräfte des Prana zu erfahren. Ihnen allen gilt mein herzlicher Dank.

Im Rückblick erscheint vieles einfacher. »Wenn ich nur damals gewusst hätte, was ich heute weiß, wenn ich nur dies getan oder jenes gelassen hätte oder besser vorbereitet gewesen wäre.« Solche

Gedanken können uns bis in unsere Träume verfolgen. Wenn ich gewusst hätte, welcher Weg mir im Bereich der göttlichen Nahrung bestimmt war, hätte ich zuerst Medizin und dann Theologie studiert. Beides wäre im Umgang mit dieser skeptischen Welt sehr nützlich gewesen. Doch manchmal ist es genau die Naivität des reinen Glaubens, die uns den Zugang zu der 3. Stufe der göttlichen Nahrung vermittelt. Vielleicht verschließt ein Zuviel an intellektuellem Wissen die Türen unseres Herzens.

Die Pioniere unserer Welt brauchten immer Mut, Vertrauen und Glauben, um trotz aller Widerstände die Grenzen zu erweitern und den Status quo in Frage zu stellen und dabei ihr persönliches Gleichgewicht und ihre Integrität aufrechtzuerhalten. Diese anspruchsvolle Aufgabe ist nur etwas für tapfere oder für naive Menschen. Als ich mit meinen Experimenten der dritten Ernährungsstufe an die Öffentlichkeit ging, sagten manche, dass meine Naivität mich geschützt hätte und im Nachhinein glaube ich, dass sie recht hatten. Festes Vertrauen lässt uns so manche Welle des Lebens nehmen, ohne uns der darunter befindlichen Widerstände bewusst zu werden.

Rückblickend war meine Reise von Anfang an klar darauf ausgerichtet, den Fokus zurück zum Göttlichen zu bringen, denn die göttliche Nahrung bietet sehr viel mehr als die Freiheit von der physischen Nahrungsaufnahme. In der öffentlichen Reaktion auf das Phänomen der Lichtnahrung wurde vielfach leider übersehen, dass der Kanal der göttlichen Nahrung auch Liebe, Heilung und Führung vermittelt.

Im vorliegenden Buch will ich all das in die rechte Perspektive rücken und gleichzeitig allen Interessierten ein sicheres Schritt-für-Schritt-Programm für das Einklinken in den Kanal der göttlichen Nahrung anbieten.

Möglicherweise gibt es auch einen einfacheren Weg. In diesem Buch möchten wir beschreiben, was wir bisher verstanden haben, auch wenn uns das Wissen in diesem Bereich noch nicht in seinem ganzen Umfang zur Verfügung steht. Wir wünschen uns auf jeden Fall, dass auf diesem Gebiet experimentelle, wissenschaftliche und medizinische Forschungsarbeiten noch mehr unterstützt werden. Als Pioniere einer neuen Art des Seins sind wir sicher nicht vollkommen. Die meisten von uns sind einfach Menschen, die im Laufe ihres Weges lernen wollen, die offen dafür sind, die Geheimnisse des Lebens zu erforschen und deren Wille und Herzen stark genug sind, einen nur wenig erkundeten Weg einzuschlagen.

Viele Menschen sagen, wie gut es doch wäre, den ganzen Plan mit allen Fakten, Zielen und Ergebnissen zu kennen, bevor man sich auf eine Aufgabe einlässt. Doch wenn Eingeweihte das Göttliche erforschen, verläuft das selten so. Im Leben jedes spirituellen Kriegers gehen Vertrauen und Glauben Hand in Hand und der Schlüssel zu den höheren Reichen der Götter liegt in einer energetischen Mischung aus Aufrichtigkeit, Demut und Hingabe. Dies sind Tugenden, die wir nur durch Lebenserfahrung erwerben können. Darüber hinaus brauchen wir die Sehnsucht nach mehr und die Disziplin, sich immer wieder auf den Kanal der göttlichen Nahrung einzustimmen, aber der Gewinn ist der Mühe wert.

Manche sagen, dass es so etwas wie Schicksal nicht gibt, dass das Leben das ist, was wir daraus machen und dass es immer unsere Entscheidung ist, aus dem, was unseren Weg kreuzt, etwas zu machen, sei es zu unserem persönlichen oder zum allgemeinen Wohle. Doch das bewahrt diejenigen, die reinen Herzens sind, nicht vor dem Ärger, der Missachtung oder Verwirrung jener Menschen, die sich von einer neuen oder klareren Sichtweise in

Frage gestellt fühlen. So ist es, so war es immer und vielleicht wird es auch so bleiben.

Daher ist die hier vorgestellte Information sowohl für die Schulmedizin und Nahrungsmittelindustrie als auch für die ganzheitlichen Heilbetriebe eine Herausforderung, denn wenn wir uns wirklich an dieses nährende Feld anschließen, verschwinden Krankheiten und Disharmonien. Wenn dieser Weg allgemein größere Akzeptanz fände, würden viele Menschen in diesen Bereichen arbeitslos werden, weil ihre Dienste einfach weniger in Anspruch genommen würden. Dies ist ein natürlicher Weg unserer Evolution und ein Beweis für unsere innere Intelligenz, die uns lernen und wachsen lässt.

Eine der Freuden des Lebens liegt darin, dass wir alle lernen und Dinge verbessern können. Die Tatsache, dass manche Menschen mit der im ersten Buch dargestellten Einweihung Schwierigkeiten hatten, sei es aus mangelnder Vorbereitung oder aus anderen Gründen, hat mich dazu veranlasst, nach einfacheren Programmen zu suchen, die den Menschen einen wirksamen Zugang zum Feld der göttlichen Nahrung ermöglichen. Bevor ich die verschiedenen Arten der Nahrung darstelle, die uns zur Verfügung stehen, möchte ich den Unterschied zwischen Lichtnahrung und göttlicher Nahrung erläutern.

Diesen kann man wie folgt zusammenfassen:
Der wichtigste Unterschied besteht darin, dass die göttliche Nahrung uns auf allen Ebenen nährt und dass wir ihre Vorzüge auch genießen können, wenn wir uns entscheiden, weiterhin das Essen zu genießen. Diesen nährenden Strom zunehmend in unser System fließen zu lassen, nährt uns emotional, mental und spirituell. In diesem Sinne helfen die hier vorgestellten Techniken und Werkzeuge, uns von unserer emotionalen, mentalen und

spirituellen Magersucht zu heilen. Dies nenne ich die 1. Stufe des Göttlichen Ernährungsprogramms.

Mein eigentlicher Fokus in dieser Welt liegt darin, genau dafür die passenden Werkzeuge anzubieten und Forschungen anzustellen, denn ich weiß, dass unser Planet zu einem Paradies erblühen wird, wenn wir nur lernen, uns ausreichend aus reineren und freien Quellen zu ernähren. Das Thema des »Essens oder Nichtessens« ist mir viel zu begrenzt, besonders nachdem ich gesehen habe, was mit Hilfe des Kanals der göttlichen Nahrung eigentlich möglich ist.

Wenn wir die Intensität dieses Flusses gestärkt und so gesteuert haben, dass er für uns zu einer immerwährenden Quelle der emotionalen, mentalen und spirituellen Nahrung geworden ist, dann können wir uns entscheiden, ein weiteres Geschenk dieses Stroms anzunehmen, nämlich seine Fähigkeit, unsere Zellen auch physisch zu ernähren. Doch nur wenige fühlen sich zu dieser Entscheidung hingezogen. Für mich ist dies nur ein kleiner Aspekt der göttlichen Nahrung. Ich meine, dass wir mehr auf alle ihre Geschenke schauen sollten.

Vielleicht ist die oben genannte Entscheidung in Zukunft auch größeren Teilen der Menschheit zugänglich, doch im Augenblick stehen wir hier in der westlichen Welt noch am Anfang dieser Entwicklung und brauchen noch viel mehr Erfahrungen. In jeder Art von Pionierarbeit braucht man Versuchskaninchen. Vielleicht fühlst du dich ja dazu berufen, eine solche Versuchsperson zu werden.

Die Energien, die wir Prana, universelle Lebenskraft oder Chi nennen, tragen alle reines Licht und reine Liebe als Grundfrequenz in sich. Wenn diese Schwingungen unser System durchfluten, bewirken sie, dass genau diese Qualitäten freigesetzt werden. Dies sind die Frequenzen, die uns physisch, emotional, mental und spirituell nähren und erhalten.

Um herauszufinden, wie wir auf allen Ebenen unseres Seins gesättigt werden können, müssen wir allgemein zugängliche konventionelle und unkonventionelle Nahrungsquellen untersuchen. Aus diesen Quellen kann sich jeder Interessierte sowohl auf der 1. als auch auf der 2. Stufe dieses Programms ernähren. Für eine erfolgreiche Ernährung auf der 3. Stufe müssen jedoch die Empfehlungen in Teil 2 befolgt werden.

6. Konventionelle Nahrungsquellen und Ernährungsarten

Es gibt eine Reihe von Quellen, aus denen sich ein menschliches Biosystem ernähren kann, um seine physische, emotionale, mentale und spirituelle Gesundheit aufrechtzuerhalten und sich wohlzufühlen. Manche dieser Quellen sind eher konventionell, andere unkonventionell. Eine konventionelle Nahrungsquelle wird von der Allgemeinheit unmittelbar verstanden und gilt in unserem gesellschaftlichen Kontext als »normal«. Die unkonventionellen Nahrungsquellen, auf die wir uns hier mehr konzentrieren wollen, werden eher von Metaphysikern und Anhängern der alten Mysterienschulen genutzt. Die unten aufgeführten Nahrungsquellen ordne ich der 1. und 2. Stufe des Göttlichen Ernährungsprogramms zu.

Offensichtliche Nahrungsquellen der 1. und 2. Stufe sind:

Physische Nahrungsmittel

Ernährung durch konventionelle physische Nahrung. Wie die Wissenschaftler nachgewiesen haben, sollte unsere physische Nahrung eine ausgewogene Mischung von Vitaminen und Mineralien enthalten, damit unser Körper stabil bleibt. Das unkonventionelle Gegenstück dazu ist die Lichtnahrung. Dies ist die Fähigkeit, sich aus einer inneren Quelle des göttlichen Lichts und der göttlichen Liebe zu ernähren. Dazu sind viele der hier aufgeführten Techniken hilfreich.

Liebe

Ernährung durch Liebe. Diese Nahrung sättigt unseren Emotionalkörper. Sie stammt oft aus dem direkten Kontakt in einer liebevollen, zärtlichen Beziehung – meistens mit einem geliebten Partner. Studien haben bewiesen, dass Säuglinge, die neben dem Füttern noch viel zärtlichen Körperkontakt bekommen, schneller wachsen als Kinder, die nur gefüttert werden.

Die unkonventionelle Variante dieser Ernährungsart ist die bedingungslose Liebe. Ich nenne sie unkonventionell, weil die Fähigkeit in menschlichen Beziehungen unkonventionell zu lieben noch recht selten ist. Bedingungslose Liebe ist jedoch die nahrhafteste Nahrung überhaupt.

Viele Menschen finden es leichter, ihre Haustiere oder Freunde bedingungslos zu lieben als ihre Partner. Ein Mangel an bedingungsloser Liebe kann dazu führen, dass unsere unerfüllten Erwartungen und Urteile den Strom der göttlichen Nahrung behindern.

Familie

Ernährung durch die Familie. Die konventionelle Art ist die nährende Energie, die uns aus unserer Blutsverwandtschaft zufließt. Der weit verbreitete Mangel an echter Nahrung aus der Familie ernährt seit vielen Jahren die Therapeuten. Aus metaphysischer Sicht kommt die Nahrung, die wir aus unserer Familie erhalten, meist in Form von Lernerfahrungen, durch die wir emotional, mental und spirituell wachsen. Zum Beispiel: Eine Person, die als Kind ignoriert wurde, drängt es vielleicht in die Unterhaltungsbranche. Von der Bühne aus kann sie durch ihre Präsenz

Millionen von Menschen nähren und ihr inneres Kind labt sich gleichzeitig an der Bewunderung und dem Respekt der Masse, was den Mangel aus der Kindheit ausgleichen kann.

Die unkonventionelle Nahrungsquelle stammt hier aus der Beziehung zu unserer globalen Familie. Das bedeutet, mit jedem Mitmenschen so umzugehen, als könnte er so nährend und wichtig für uns sein wie unsere eigenen Verwandten. Das ist die Geschichte mit der Nächstenliebe, die Jesus gemeint hat. Heutzutage bedeutet es die Vereinigung mit der gesamten Menschheit.

Jeder weiß, wie nährend es sein kann, wenn man sein Familiengefühl auf seine Freunde ausdehnt und alle Menschen und auch Tiere so behandelt, als wären sie geliebte Brüder und Schwestern. Das verlangt jedoch einiges an geistiger Flexibilität, denn dabei gilt es, sich unserer Unterschiede zu erfreuen statt zu sagen: »Wenn du nur so wie ich denken und handeln würdest, dann könnte ich dich verstehen und netter zu dir sein.«

Erfolg

Ernährung durch Erfolg. Die konventionelle Art, sich vom Erfolg nähren zu lassen, stammt aus dem daraus gewonnenen Wohlstand und Status, welcher unser Biosystem auf emotionaler und mentaler Ebene sättigt. In den letzten Jahrzehnten herrschte in der Geschäftswelt die Devise »jeder kämpft für sich allein« und »nimm, was du kriegst und behalte es für dich« und »achte nicht so genau auf die allgemeinen Auswirkungen, die dein Tun hat«. Der gegenwärtige Gegenangriff des Terrorismus beruht auf dem Welthunger nach Mitgefühl und ist ein Zeichen für die Auswirkungen dieses Spiels des »reichen großen Bruders«.

Die unkonventionelle Nahrung des Erfolgs stammt aus einem ausgeglicheneren Weg und der Erkenntnis, dass wahrer Erfolg neben dem Wohlstand auch Gesundheit, Zufriedenheit, Frieden und Freude hervorbringt, und zwar auf eine Weise, die alle satt macht.

Sex

Ernährung durch Sex. Die konventionellen Arten des sexuellen Austauschs erzeugen Wohlbefinden und können Leben hervorbringen, doch sie nähren das Biosystem längst nicht so sehr wie die unkonventionellere Ernährung durch Heiligen Sex. Wir gehen später noch tiefer darauf ein, wie nährend es sein kann, der sexuellen Energie Liebe und Spiritualität hinzuzufügen.

Ich habe oft erwähnt, dass die vier größten Götter des Westens der Gott des Geldes, der Gott des Ruhms, der Gott der Macht und der Gott der Sexualität sind. Diese vier Götter werden täglich von jenen Millionen aufs Innigste verehrt, die sich eigentlich den Bauch mit Sicherheit, Liebe, Frieden und Zufriedenheit vollschlagen möchten. Das Problem ist jedoch, dass diese Götter nicht die Nahrung liefern können, nach der wir lechzen. Deshalb leiden wir und dieser ganze Planet an emotionaler, mentaler und spiritueller Magersucht.

7. Unkonventionelle Nahrungsquellen

Unser Körperbewusstsein möchte, dass wir fit, gesund und stark sind, denn unser Biosystem war eigentlich für die Selbstregeneration, Gesundheit und Langlebigkeit konstruiert und programmiert. Die Steuerungsdrüsen unseres Körpers, die Zirbeldrüse und die Hypophyse produzierten einst nur lebenserhaltende Hormone, doch wie alle Zellen hören sie ständig darauf, was wir denken und gehorchen uns als dem Meister ihres Biosystems.

So haben sie im Laufe der Zeit angefangen, das Todeshormon auszuschütten – als Reaktion auf unseren Glauben, sterben zu müssen. Wir sind im ersten Buch dieser Reihe ausführlich darauf eingegangen. Die physische Unsterblichkeit ist zwar ein Nebenprodukt eines gut genährten Lebens, doch darauf liegt hier nicht unser Hauptaugenmerk. In diesem Buch möchte ich einfach einen Weg vorstellen, der uns alle persönlich und global gut ernähren kann.

Die größte Quelle unserer physischen, emotionalen, mentalen und spirituellen Ernährung liegt in unserem Alltag. Körperliche Gesundheit, Fitness und Stärke hängt von mehreren Faktoren ab. Dieser Bereich ist recht gut erforscht. So ist es gut für uns, reines Wasser zu trinken, frische, möglichst vegetarische Nahrung zu uns zu nehmen, uns ausreichend zu bewegen und zu meditieren, wenn wir mental oder emotional unter Stress stehen. Als Metaphysiker wissen wir auch, dass eine Zeit der Stille in der Natur, Selbstkontrolle und Umprogrammierungen unseres Biosystems zu unserer mentalen und emotionalen Gesundheit beitragen, genauso wie Mantra-Gesänge und devotionale Musik. Wenn wir noch täglichen Dienst am Nächsten und Gebete hinzufügen, haben wir ein zuverlässiges Rezept für einen gesunden und freudvollen Lebensstil.

Nachfolgend möchte ich unkonventionelle Nahrungsquellen, nämlich die Techniken des Göttlichen Ernährungsprogramms (GEP), ausführlicher beschreiben. Mit ihrer Hilfe können wir uns bewusst auf das Theta-/Delta-Feld einschwingen. Diese unkonventionellen Nahrungsquellen stehen all jenen zur Verfügung, die sich einfach der Gesundheit, des Glücks, des Friedens und des Wohlstands erfreuen möchten, die automatisch eintreten, wenn wir wahrhaft gut genährt sind. In Teil 2 wird dann erläutert, wie wir unser Leben gestalten müssen, um uns von der Notwendigkeit der physischen Nahrungsaufnahme zu befreien.

Unser Herz-Chakra, unsere innere Tür zum Kanal der göttlichen Nahrung

Verbunden mit einer unendlichen Quelle strahlt die Liebe in die Welt hinaus

Abbildung 3

Atmung

Die Liebesatem-Meditation und die heilige vedische Atmung: Beide Techniken verstärken das Chi oder Prana im Körper und erweitern die Kapazität unserer Zellen, Chi aus dem Theta-/Delta-Bereich anzuziehen und auszustrahlen.

Unser Atem ist eines der machtvollsten Werkzeuge, die wir zur Ernährung und Ausrichtung unseres Biosystems haben. Er kostet nichts und steht uns immer zur Verfügung. Wir können mit allen möglichen Atemtechniken verschiedenste Ergebnisse erzielen, von der Beruhigung des Biosystems bis zum Verlassen des Körpers durch die innere Ebene (Bi-Lokation und Astralreisen). Wir können über den Atem unsere Energiefelder so einstimmen, dass wir die Gesellschaft der heiligen Wesenheiten genießen können und vieles mehr. Für das Göttliche-Ernährungs-Programm (GEP) empfehle ich jedoch besonders die folgenden beiden Techniken:

GEP-Technik 1:
Liebesatem-Meditation

Sie hilft uns, uns auf die Göttliche Liebe einzustimmen, aus welcher die Nahrung der Götter fließt. Ich nenne sie die »Liebesatem-Meditation«. Betrachte die Abbildung 3 und praktiziere dann die unten aufgeführten Schritte. Tue dies jeden Morgen und Abend fünf bis zehn Minuten lang oder bis du das Gefühl hast, nur noch Liebe zu sein und nur aus Liebe heraus zu handeln. Achte darauf, wie es dir geht, wenn du diese Übung etwa einen Monat lang praktiziert hast …

- Stell dir vor, dass du auf den inneren Ebenen mit einem Strahl reiner Liebe verbunden bist, der vom Herzen der göttlichen Mutter zu deinem Herz-Chakra strömt.
- Atme diese Liebe tief ein und singe dabei immer wieder aus vollem Herzen »Ich bin Liebe«.
- Atme diese Liebe langsam aus und in deinen Körper hinein und singe dabei aus vollem Herzen »Ich liebe«, während du dir vorstellst, wie diese Liebe jede einzelne Zelle erfüllt und dann aus deinem Aurafeld in die Welt hinausströmt.
- Sage dabei deinem Körper immer wieder »Ich liebe dich, ich liebe dich«, bis es überall kribbelt (siehe auch GEP-Technik 3).

Diese Technik öffnet deine Zellen und Atome, so dass sie für die reine Liebe der Göttlichen Mutter empfänglicher werden. Sie stärkt dein göttliches Herz und deine Fähigkeit, Liebe anzuziehen, zu halten und in die Welt auszustrahlen. Sie verändert auch deine Gehirnwellenmuster von Beta-Alpha zu Theta-Delta.

Mit der nächsten, über fünftausend Jahre alten vedischen Atemtechnik kannst du in Kontakt mit deinem DOW kommen, dem »Divine One Within« (dem Göttlichen Einen in dir), welches hier ist, um eine menschliche Erfahrung zu machen und dafür unsere physischen, mentalen und emotionalen Körper benutzt. Eigentlich atmet uns das DOW. Ohne seine Energie können wir nicht existieren und wenn wir unseren Atemrhythmus dem seinen angleichen, bekommen wir eine Ahnung von seiner Kraft. Mit Hilfe dieser Atemtechnik sagen wir eigentlich ständig zu unserem DOW: »Bist du da? Ich möchte dich dringend spüren!«

GEP-Technik 2:
Vedische Atemtechnik

- Sitze einige Augenblicke lang da und ruhe in der Stille.
- Atme dann ohne Unterbrechung langsam und tief durch die Nase ein und aus, so dass das Einatmen und Ausatmen fließend ineinander übergehen.
- Wenn dein Atemrhythmus gleichmäßig geworden ist, lenke deine Aufmerksamkeit auf die Energie hinter deinem Atem. Spüre und beobachte dabei einfach deinen Atemrhythmus.
- Konzentriere dich jetzt auf die innere Kraft, die DICH atmet. Wenn du deinen Rhythmus gefunden hast, wirst du die Wellen der Liebe spüren, die von dieser Kraft ausgehen.
- Nach einer Weile ist deine Konzentration nicht mehr auf den ununterbrochen fließenden Atem gerichtet, sondern du spürst, wie es DICH atmet.

Mit ein wenig Übung kannst du dich in vier bis fünf Atemzügen mit der seligen Liebe deines DOW verbinden. Stell dir nur vor, wie es wäre, wenn du immer so schnell eine solche Seligkeit empfinden könntest!

Die in Meditation Geübteren können die beiden oben beschriebenen Techniken auch einmal unter besonders chaotischen Umständen praktizieren, zum Beispiel im Berufsverkehr. Eigentlich ist dies eine Konzentrations-Übung, denn in der stillen Schönheit der Natur ist es nicht schwer, wie ein Yogi zu meditieren. Viele von uns leben jedoch im Chaos der Großstadt, wo es schwierig sein kann, den inneren Frieden ständig zu pflegen. Der moderne Yogi muss lernen, unter allen Umständen seine Meisterschaft zu leben. (Ein Yogi ist ein Mann auf dem Weg des Yoga. Eine Frau auf diesem Weg wird als Yogini bezeichnet.

In diesem Buch wählen wir der Verständlichkeit halber nur den Begriff Yogi und beziehen uns damit auf Männer und Frauen.)

Lächeln

Das Innere Lächeln ist die taoistische Meisterübung. Diese Technik bereitet unsere Organe und unser Biosystem darauf vor, sich mit dem Theta-/Delta-Feld zu verbinden und verbunden zu bleiben, indem wir uns auf die Frequenz bedingungsloser Liebe einschwingen.

GEP-Technik 3:
Das Innere Lächeln

- Setze dich ruhig hin.
- Stell dir vor, du befindest dich in deinem Körper und siehst deine Lungen direkt vor dir.
- Schenke deinen Lungen ein strahlendes Lächeln.
- Denke daran, wie dankbar du deinen Lungen für all das bist, was sie Laufe deines Lebens für dich geleistet haben, inklusive deiner Versorgung mit Chi oder Prana.
- Sage zu deinen Lungen immer und immer wieder »Ich liebe euch, ich liebe euch, ich liebe euch …«, während du sie dabei anlächelst, und dann »Danke, danke, danke...« sagst.
- Wiederhole diesen Prozess mit deinem Gehirn, deinem Herzen, deinen Nieren, deiner Leber und deinen Geschlechtsorganen, bis du allen Organen zugelächelt hast.
- Wenn du das täglich tust, werden deine Organe beginnen,

sich geschätzt und geliebt zu fühlen und schnell auf die neuen Programmierungen eingehen.

Körperliebe

Die Technik der Körperliebe ist ein Weg, unsere Atome und Zellen dahin zu erweitern, dass sie mehr göttliche Nahrung in ihrer reinsten Form – der Liebe – aufnehmen können.

GEP-Technik 4:
Körperliebe

∞ Nimm dir jeden Morgen und jeden Abend fünf Minuten Zeit, um deinem Körper zu sagen, dass du ihn liebst, indem du es ihm immer und immer wieder vorsingst. »Körper, ich liebe dich, Körper, ich liebe dich, Körper, ich liebe dich …«

∞ Wenn du dies mit aller Aufrichtigkeit sagst und deinen Körper dabei wirklich vom Kopf bis zu den Zehen wertschätzen kannst, wird dein Körper nach einer Weile zu kribbeln beginnen, als wollte er sagen: »Wirklich? Tust du das wirklich?« Worauf du natürlich antwortest: »Aber sicher!«

Dies ist eine sehr einfache Technik, doch sie gehört zu den wirkungsvollsten, um die Kooperation des physischen Biosystems für Gesundheit und Wohlbefinden zu fördern. In der Metaphysik ist die Liebe die Grundlage aller Arten von Veränderung und Wachstum.

Köstlicher Lebensstil

Das Programm des *Köstlichen Lebensstils* dient einer perfekten physischen, emotionalen, mentalen und spirituellen Ernährung. Unter anderem setzen wir Wasser, frische Lebensmittel und Sport ein, um unser Biosystem zu befähigen, sich auf die Theta-/Delta-Schwingungen gut einzustellen und diese Energien zu kontrollieren, ohne dass »die Sicherungen durchbrennen«.

GEP-Technik 5:
Köstlicher Lebensstil

Dieses Programm umfasst die folgenden Punkte:

1. Meditation
2. Gebete
3. Mentaltechniken
4. Vegetarische Ernährung
5. Körperbewegung
6. Selbstloses Dienen
7. Zeit der Stille in der Natur
8. Gesänge der Hingabe und Mantras

1. Die in diesem Buch vorgestellten Meditationen reichen aus, damit du dich emotional, mental und spirituell wirkungsvoll und zielgerichtet auf die Kanäle der Ernährung aus dem Theta-/Delta-Feld ausrichten kannst. In der Meditation findest du die Stille, in der du die Kraft des DOW erfahren kannst. Bete.
2. Gebete heilen nicht nur, sondern diese tägliche Kommunikation mit dem kosmischen Computer, den wir Gott nennen, hält den Fluss des Prana aufrecht. Nach dem universellen

Gesetz zieht Gleiches Gleiches an. Durch unseren Fokus auf das Göttliche wird durch unsere Aufmerksamkeit alles genährt, was göttlich ist.

3. Mentaltechniken und Programmierungen gehören zu den komplexesten Teilen des *Köstlichen Lebensstils*. Aus der Sicht der dimensionalen Biofelder arbeiten wir mit Lichtstrahlen als Hardware, die von der Software unserer Gedanken, unseres Willens und unserer Absicht gesteuert wird. Eine grundlegende Tatsache der dimensionalen Biofeld-Wissenschaft ist, dass alle dem Gemeinwohl dienlichen Gedanken, Worte und Taten von den reinsten und kraftvollsten Feldern unterstützt werden. Die Kontrolle unserer Gedanken und die Ausrichtung unserer Wahrnehmung der Welt ist von entscheidender Bedeutung für den Erfolg unserer Bemühungen.

4. Eine vegetarische Ernährung stimmt uns auf die Felder der Güte und des Mitgefühls ein, die natürlicherweise zum Theta-/Delta-Feld gehören. Sie verbessert auch unsere Gesundheit und mindert die Ausbeutung der natürlichen Ressourcen, denn es werden für tierische Produkte zwanzigmal so viele Ressourcen benötigt wie für pflanzliche. Wenn das unnötige Abschlachten weiter unterstützt wird, kann das den Fluss der göttlichen Nahrung blockieren.

5. Körperübungen kräftigen unsere physischen Felder und ermöglichen es uns, mehr Theta-/Delta-Frequenzen anzuziehen, zu halten und auszustrahlen. Wir werden dadurch ein stärkerer Sender und hinterlassen einen kraftvolleren Eindruck in der Welt.

6. Der Dienst am Nächsten hilft uns, auf Liebe und Mitgefühl eingeschwungen zu bleiben und zieht mehr Liebe und Unterstützung in unser eigenes Leben.

7. Die Zeit der Stille in der Natur gehört zu den erstaunlichsten Nahrungsquellen für die Seele, denn dort werden wir wirklich friedvoll, still und gelassen, während wir uns an den pranischen Teilchen laben, die von der Natur, den Bäumen, der Sonne und der Erde erzeugt werden. Das ist ein Teil des Surya-Yoga, auf den ich später noch zu sprechen komme.

8. Auch heilige Gesänge halten uns in der Theta-/Delta-Frequenz, einfach weil sie unsere physischen, emotionalen und spirituellen Körper entstressen, so dass wir das Göttliche in seiner reinsten Form erkennen und empfinden können. Wir werden auf die Wirkung heiliger Klänge später noch mehr eingehen.

Der *Köstliche Lebensstil* bringt uns Fitness auf allen Ebenen, stimmt uns auf den Kanal der göttlichen Liebe und Weisheit ein und verankert unsere Gehirnwellenmuster im Theta-/Delta-Feld. Das wiederum hat einen Einfluss auf unsere Ausstrahlung und Frequenz, was wiederum mehr Gnade in unser Leben zieht, uns fröhlicher macht und uns leichtere Übergänge in das persönliche und globale Paradies finden lässt, denn das ist das wahre Geschenk der göttlichen Nahrung. Der *Köstliche Lebensstil* ist für die Ernährung auf der 2. und 3. Stufe unerlässlich.

GEP-Technik 6:
Reduzieren der Mahlzeiten

Das Prinzip 3>2; 2>1

∞ Wenn du zurzeit drei Mahlzeiten am Tag isst, dann reduziere sie auf zwei.

∞ Wenn du zurzeit zwei Mahlzeiten am Tag isst, gehe zu einer über. Auf diese Weise entlastest du deinen Körper von der Verdauungsarbeit und kannst nach Wunsch entschlacken und abnehmen.

Untersuchungen haben gezeigt, dass wir durch eine Halbierung unserer Kalorienaufnahme unsere Lebenserwartung um 30 Prozent erhöhen. Wenn wir von drei Mahlzeiten auf zwei umsteigen, entlasten wir auch die natürlichen Ressourcen um 30 Prozent. Unser Körper fühlt sich besser, weil er nicht mehr so viel Zeit zum Verdauen braucht und falls wir uns für gesunde Lebensmittel entscheiden, werden wir auch langsam entgiften und wenn gewünscht abnehmen – es sei denn, wir programmieren uns auf unser perfektes Gewicht.

Mit der oben genannten Technik kannst du sofort beginnen, und sie auch mit der nachfolgenden kombinieren.

GEP-Technik 7:
Vom Fleischesser zur Lichtnahrung

∞ Das bedeutet, dass du ab sofort kein rotes Fleisch mehr essen solltest und wenn du dich nach einiger Zeit, vielleicht einigen Monaten, damit wohl fühlst, solltest du auch kein weißes Fleisch oder Fisch essen – nach dem Motto: Wenn es ein Gesicht hat, esse ich es nicht.

∞ Wenn sich dein System angepasst hat, kannst du auf alle tierischen Produkte verzichten – also auf Käse, Butter, Eier, Honig usw. und zum Veganer werden. Für die 2. Ernährungsstufe kannst du es dabei belassen.

∞ Wenn du dich dafür entscheiden solltest, eine Zeit lang nur von Früchten zu leben, solltest du dich allerdings unbedingt an das Spektrum des violetten Lichts anschließen, um alle notwendigen Nährstoffe zu bekommen (siehe GEP-Techniken 12, 13 und 14).

∞ Alle, die sich für die 3. Stufe interessieren, gehen als Nächstes dazu über, nur noch Rohkost zu essen, dann nur noch Früchte, trinken schließlich leichte Flüssigkeiten wie Wasser und Kräutertees und ernähren sich von Prana. Dieser Umkehrungsprozess kann bis zu fünf Jahre dauern, je nachdem wie deine Ernährung zurzeit aussieht.

Je langsamer du es angehen lässt, desto leichter sind die emotionalen Veränderungen und die allgemeine Entgiftung. Doch eine Umstellung der Ernährung reicht nicht aus, um sich an den Kanal der göttlichen Nahrung anzuschließen. Dazu müssen alle Techniken und Meditationen in diesem Buch befolgt werden, besonders jedoch das schrittweise Einklink-Programm mit seinen Meditationen, die Gitternetz-Arbeit und die Programmierungen aus Teil 2.

Sonnennahrung

Dies ist vielleicht von allen hier vorgestellten Techniken der bestuntersuchte Bereich, denn Dr. Sudhir Shah und sein Team haben in Indien mehrere Jahre lang über Ernährung aus Sonnenenergie und ihre Wirkung auf den Körper geforscht. Ergänzend dazu hat Meister Choa Kok Sui das Erd- und Pflanzenprana im Zusammenhang mit seinen Forschungen zur Pranaheilung studiert. Diese beiden Studien wurden in meinem Buch »Lichtbotschafter« zusammen mit anderen Forschungsvorhaben dargestellt.

Ich fragte Dr. Sudhir Shah kürzlich, was ihn dazu gebracht habe, in diese Richtung zu forschen. »Die Natur«, antwortete er. »Ich hatte die Gelegenheit, ein langes Fasten wissenschaftlich zu begleiten. Der Inder Shri HRM (Hira Ratan Manek) fastete nach der religiösen Methode der Jain 411 Tage lang. Das brachte mich dazu, dass es andere Quellen geben musste, um den Körper ohne Essen zu erhalten. Es gab nur eine Erklärung: die Nutzung kosmischer Energie.«

In seiner ersten Hypothese zu dem Thema schrieb er: *Von allen kosmischen Quellen ist die Sonne die machtvollste und allgemein verfügbarste. Sie wurde seit Jahrhunderten von Heiligen und Weisen genutzt, inklusive dem Heiligen Mahavir, tibetischen Lamas und anderen Rishis. Wie wird die Sonnenenergie empfangen? Das Gehirn und der Geist sind die stärksten Empfänger im menschlichen Körper. Die Retina und die Zirbeldrüse (das Dritte Auge und nach Meinung von Descartes der Sitz der Seele) sind mit lichtempfindlichen Zellen ausgestattet. So wie die Pflanzen von der Photosynthese im Chlorophyll leben – in direkter Abhängigkeit von der Sonne – so muss auch eine Art von Photosynthese stattfinden, wenn wir eine Ernährung durch Sonnenenergie vermuten.*

Diese Energie muss auf komplexe Art und auf bestimmten Wegen in den Körper gelangen. Es gibt einen Weg von der Retina zum Hypothalamus, der retinohypothalamischer Trakt genannt wird. Durch diese Verbindung gelangt Information über Licht und Dunkelheit zum suprachiasmatischen Nukleus (SCN) des Hypothalamus. Von dort verlaufen Impulse durch die Fasern des sympathischen Nervensystems zur Zirbeldrüse. Diese Impulse verhindern die Produktion von Melatonin. Wenn diese Impulse aufhören – in der Nacht oder in der Dunkelheit stimuliert das Licht nicht mehr den Hypothalamus – wird wieder Melatonin ausgeschüttet. Die Zirbeldrüse (das Dritte Auge) ist daher ein lichtempfindliches Organ und ein

wichtiger Zeitmesser des menschlichen Körpers. Der bislang uner-
forschte Prozess der Energiesynthese und die Transformation der
Sonnenenergie sind zum Teil hier erläutert worden.

Wir sollten diesen Aspekt auch deswegen sorgfältig prüfen, weil uns
das zu einer wichtigen Diskussion führen könnte, nämlich ob jeder
Mensch die Sonnenenergie nutzen könnte und wenn ja, wie das
auf effiziente Art geschehen kann. Nur die Zeit wird diese Fragen
beantworten können.

Da jeder Mensch eine individuelle DNA und Körperstruktur hat,
sind manche Menschen für Sonnenenergie empfänglicher und
können sie besser speichern und verwenden. Wir müssen also expe-
rimentieren, möglichst mit zufällig ausgewählten Freiwilligen und
einer Kontrollgruppe. Der Studie müsste ein körperlicher Check-
up mit einer eingehenden Untersuchung der Augen und Netz-
haut vorangehen. Dann könnte unter strikter ärztlicher Leitung
ein zeitlich begrenztes Experiment mit zahlreichen Freiwilligen
durchgeführt werden.

Dr. Shah fasst seine Studien über solare Ernährung wie folgt
zusammen: *Wenn diese Theorie allgemein angewendet werden*
kann, dann könnte sie das Schicksal der Menschheit verändern.
Das Welthungerproblem wäre gelöst. Durch die Aktivierung dieser
höchsten Energieform im Körper und ihre Umwandlung in elek-
trische, chemische und magnetische Zustände kann ein Mensch nicht
nur frei von Krankheiten, sondern auch besonders gesund werden
und eine leuchtende Ausstrahlung entwickeln. Sein Strahlen kann
sogar Feinde so beeindrucken, dass sie ihre Feindseligkeit aufgeben.
Mit der Verbesserung der mentalen und intellektuellen Fähigkeiten
kann sich die Gehirnaktivität vielleicht auf neunzig bis hundert
Prozent erhöhen, während wir zur Zeit nur drei bis zehn Prozent
nutzen. Es würden Frieden und Wohlstand herrschen. Wenn es

keinen Streit ums Essen gibt, gibt es auch keine bösen Gedanken und Gefühle, worauf notwendigerweise ewiger Frieden folgt.

Das wird auch die Mathematik der Kalorienzufuhr in Frage stellen und damit die ganze auf Kalorienberechnungen basierende Wissenschaft. Ihre Begrenzungen werden sichtbar werden und gleichzeitig sehen wir Probleme wie Fettleibigkeit und Fehlernährung aus einem anderen Blickwinkel. Vielleicht nehmen fettleibige Menschen, die nur wenig essen, ja Energien aus kosmischen Quellen auf, die zur Fettleibigkeit führen. Das Konzept kosmischer Energie kann für die völlige Erneuerung der Menschheit auf physischer, emotionaler, mentaler und spiritueller Ebene führen. Daher sollten umgehend von den entsprechenden Autoritäten mit Hilfe von Bio-Wissenschaftlern und Medizinern ausführliche wissenschaftliche Untersuchungen angestellt werden, um all diese Fragen zu beantworten.

GEP-Technik 8:
Ernährung durch Sonnenenergie

∞ Verbringe jeden Tag in der Morgendämmerung und in der Abenddämmerung ein paar Minuten damit, mit geschlossenen Augen direkt in die Sonne zu schauen. Dein Körper wird die Nahrung der Sonne über die Poren und die Augen aufnehmen. Dieses nährende Licht gelangt dann direkt in dein Gehirn und zirkuliert über die Zirbeldrüse, die Hypophyse und den Hypothalamus durch den ganzen Körper.

∞ Tue dann das Gleiche, während du im Meerwasser liegst – die indischen Yogis empfehlen das sehr. Die nährende Kraft des Sonnenlichts wird durch das ionisierte Meerwasser noch verstärkt. Auch am Strand ist die Praxis des Surya-Yoga sehr nährend.

∞ Gehe regelmäßig am Strand oder hoch in den Bergen spazieren, um das Wind-Prana und die frische Berg- oder Seeluft aufzunehmen.

∞ Umarme Bäume, vor allem große, gesunde und starke Exemplare. Verbinde dich mit dem Baum über dein Herz-Chakra und schicke ihm Liebe und Licht. Bitte darum, dass ein gegenseitiger Austausch und eine Unterstützung entstehen kann, damit der Baum deine Erfahrung der Welt wahrnehmen kann und du dich an seiner Stärke und seinem Prana-Kraftfeld nähren kannst. Bäume sind wie alle Pflanzen lebendige Energiefelder, die im Vergleich zum menschlichen Biosystem nur in den Beschränkungen einer anderen Molekularstruktur existieren. Sie leben in einem Gruppenbewusstsein, das nicht so sehr am Individuum orientiert ist und sie lieben es genauso, unser Kohlendioxid aufzunehmen wie wir ihren Sauerstoff genießen.

∞ Um Erd-Prana aufzunehmen, gehst du am besten einmal täglich barfuß über den Erdboden und nimmst dabei das Erd-Prana bewusst über deine Fußsohlen auf. Gib dann der Erde etwas zurück, indem du dir vorstellst, dass bei jedem Schritt reine Göttliche Liebe der Erdmutter aus ihrem Herzen in dein Herz und deinen Körper fließt und dann über deine Beine aus deinen Fußsohlen heraus wieder in die Erde zurück, um von Mutter Erde nach ihren Wünschen eingesetzt zu werden. So entsteht eine hübsche Biofeedback-Schleife des Gebens und Nehmens. Nimm Prana auf und gib Liebe zurück. Vielleicht möchtest du auch den Elementen der Erde dafür danken, dass sie dir so bereitwillig ihre Moleküle zur Erschaffung und Aufrechterhaltung deines Körpers zur Verfügung stellen.

Heilende Laute und Klänge

Der Taoismus zeichnet sich durch eine positive Einstellung gegenüber dem Okkulten und Metaphysischen aus. Die sechs heilenden Laute des Tao wurden entwickelt, um die dichten Energien freizusetzen, die sich häufig in unseren Organen festsetzen. Jede Zelle und jedes Atom enthält die göttliche Nahrung, doch wenn unsere Zellen von heruntergeschluckten, unerlösten Emotionen, einer ungesunden Ernährungsweise oder von zu vielen negativen und urteilenden Gedanken vergiftet sind, dann kann der Kanal der göttlichen Nahrung buchstäblich verstopfen und von diesen gröberen Energien unterdrückt werden. Die erfolgreiche Nahrungsversorgung hängt von der Reinheit der Zellen ab. Nach dem Prinzip »Gleiches zieht Gleiches an« kann eine reinere Zelle auch ein reineres Energiefeld anziehen, halten und ausstrahlen.

Die taoistischen Meister haben entdeckt, dass jedes gesunde Organ mit einem bestimmten Klang, einer Farbe und einer Frequenz verbunden ist und dass unsere Organe durch physische, emotionale oder mentale Vergiftungen geschwächt werden. Sie haben entdeckt, dass es sechs kosmische heilende Laute gibt, mit deren Hilfe die Organe regeneriert, ausgeglichen und gereinigt werden können. Sie helfen auch, das körpereigene Chi kreisen zu lassen, weil sie die angestaute Hitze umverteilen, die sich in den »Kühltaschen« des organumgebenden Gewebes – den Faszien – sammelt.

GEP-Technik 9:
Heilende Klänge

Die taoistischen Meister lehren, dass wir mit bestimmten Klängen, Visualisierungen, Licht und Absichten die Schwingung jedes Organs verändern können. Nachfolgend einige Beispiele:

- Der Laut »Ssssssssssss« zum Beispiel, der mit der Zunge hinter den Zähnen erzeugt wird, wirkt auf die Lungen, in denen sich ja bekanntermaßen Traurigkeit und Kummer festsetzen können.
- Der Laut »Tschoooooooooo« löst das Gefühl der Angst aus den Nieren und der Blase.
- Der Laut »Schhhhhhhhhh« löst Wut aus der Leber und Gallenblase.

Ich will hier nicht weiter ins Detail gehen, sondern empfehle dir, das Buch »Tao Yoga des Heilens« von Mantak Chia zu lesen und danach zu praktizieren.

Im Buch »In Resonanz« haben wir bereits erzählt, dass es schon seit langer Zeit bekannt ist, dass bestimmte Klänge, heilige Gesänge und Mantras unser Biosystem mit bestimmten Frequenzen ernähren. Wir wissen, dass der Klang des »Aum« das Kronenchakra nährt, weil er uns auf den Kanal der göttlichen Weisheit einstimmt. Wir wissen auch, dass die Silbe »Aaaahhhh« das Herz-Chakra nährt, weil sie uns auf die göttliche Liebe einstimmt, vor allem, wenn sie abwechselnd mit der Liebesatem-Meditation und dem »Ich bin Liebe«-Mantra praktiziert wird.

Die Macht der Worte

Eine weitere Dynamik der dimensionalen Biofeld-Wissenschaft ist die Macht der Worte – das sogenannte *Shabda-Yoga*. Um uns erfolgreich in den Kanal der göttlichen Nahrung einzuklinken, müssen wir uns darüber im Klaren sein, wie stark Energiefelder durch telepathische Programme beeinflusst werden können. In metaphysischen Kreisen gehen wir davon aus, dass das DOW ein Wesen höchster Intelligenz, Liebe, Weisheit, Integrität, Mitgefühls und all der anderen Tugenden ist, die wir einem nach dem Bilde Gottes Erschaffenen zusprechen würden. Unser DOW ist das göttliche Eine in uns, dem wir unbedingt vertrauen können.

Die in diesem Buch angebotenen Programmierungen wurden über einen gewissen Zeitraum hin entwickelt. Sie befassen sich mit unserer Zellerinnerung an vergangene, gegenwärtige und zukünftige Leben, mit unserem Erbgut sowie den offenen und verborgenen gesellschaftlichen Einflüssen inklusive den Einflüssen durch die Medien, Schulen und die Gesellschaft im Allgemeinen. Je nach Herkunftsfamilie und kulturellen Prägungen bewegen sich unsere täglichen Lebenserfahrungen in einem recht begrenzten Bereich von Möglichkeiten und Konzepten, der ständig vom kleinsten gemeinsamen Nenner des dominantesten Status quo-Feldes bestimmt wird – das heißt, dass wir nur so gut sind wie der schwierigste Mensch unter uns, denn wir beeinflussen uns gegenseitig als Zellen im Quantenfeld, das Gott genannt wird.

Es ist für die mentale Umprogrammierung deines Biosystems daher unbedingt notwendig, dass du dein Leben genau anschaust, deine einschränkenden Glaubensmuster änderst und eine innere Haltung einnimmst, die deine neuen Überzeugungen unterstützt. Um Zugang zum Kanal der göttlichen Nahrung zu erhalten, müssen wir innere Türen öffnen, die diese Art der Ernährung unterstützen. Wir müssen auch sicherstellen, dass wir mit diesem Kanal gut genug verbunden sind, damit er uns ausreichend mit kreativer Energie versorgen und uns auf allen Ebenen gesund und glücklich erhalten kann, denn genau das bedeutet gut genährt zu sein. Der Kanal der göttlichen Nahrung strömt aus einem unbestechlichen, grenzenlosen Vorrat der Kraft.

Hier im Westen haben viele Menschen jede Menge Verwirrung in ihre Zellen gebracht – sei es aus mangelnder Kenntnis über die Verbindung zwischen Körper und Geist, sei es aus ständigen begrenzenden Selbstgesprächen heraus, aus Selbstverurteilungen, Urteilen anderer Menschen gegenüber, negativen Gedanken usw. Ursprünglich waren unsere Zellen darauf programmiert, unendlich lange zu leben. Doch wir haben ohne zu hinterfragen, so lange so viele beschränkende Ideen durch uns hindurchgejagt, dass sich unser physisches, emotionales, und mentales Biosystem auf Atrophie und Verfall umprogrammiert hat. So liegt eine der machtvollsten Quellen unserer emotionalen und mentalen Ernährung in den Denkmustern, die wir uns aussuchen.

Die wahre Macht des Umprogrammierens unseres Biosystems und der Erfolg jeder Programmierung hängt davon ab, ob wir uns als Gott in physischer Form begreifen. Nur dann wird uns unser Biosystem gehorchen. Nachfolgend findest du den essentiellen Programmierungs-Kode für die Stabilisierung deines Gewichts, deiner Gesundheit und deines göttlichen Nahrungsflusses. Wir empfehlen, diesen Kode täglich zu verwenden, da sich unsere Lebensumstände und Einflüsse täglich verändern. Ich beschreibe diesen Kode hier, weil er für die Aufrechterhaltung des göttlichen Nahrungsflusses von wesentlicher Bedeutung ist. Dieser Kode stabilisiert unser Gewicht, wenn wir keine physische Nahrung mehr zu uns nehmen, und er hält unser Biosystem auf allen Ebenen im Gleichgewicht, ob wir nun essen oder nicht. Er löst auch alle zellulären Störungen aus vergangenen Leben auf. Wir verwenden ihn, um uns von unseren beschränkenden Wahrnehmungen zu befreien, die wir aus der Welt um uns herum aufnehmen.

GEP-Technik 10:
Der Programmierungskode »Perfekt«

Dieser Kode kann täglich angewendet werden. Wiederhole diesen Befehl mehrmals: »Perfekte Gesundheit, perfekte Balance, perfekte Figur und perfektes Aussehen JETZT.« Dabei berührt der Daumen nacheinander jeden einzelnen Finger. So können Mudra und Worte eine Verbindung eingehen und direkt vom Energiefeld des Körpers absorbiert werden. Wenn du im Besitz einer Chi-Maschine bist, kannst du diese Programmierung noch wirkungsvoller einsetzen, indem du den Kode am Ende einer Sitzung sprichst, während du den kraftvollen Chi-Strom spürst.

Du musst bei diesem Kode auf zwei Dinge achten:
Erstens möchten wir noch einmal betonen, dass du diese Programmierung in dem Bewusstsein sprechen musst, dass du Gott in einem Körper bist. Du bist der Meister oder die Meisterin dieses Biosystems, das dir gehorchen muss.
Zweitens muss die hinter den Worten liegende Absicht verstanden und akzeptiert werden. Darunter verstehen wir Folgendes:

Perfekte Gesundheit: Das beinhaltet die Absicht, dass unser Biosystem und unser DOW unsere Erlaubnis hat, dich in einen

Zustand der vollkommenen physischen, mentalen, emotionalen und spirituellen Gesundheit zu versetzen. Du erklärst damit auch deine Absicht, dass du als »Besitzer« dieses Biosystems so leben wirst, wie es eine vollkommene Gesundheit erfordert (siehe *Köstlicher Lebensstil*). Es ist richtig, dass Menschen Spontanheilungen damit erlebt haben, wenn ihre Ernsthaftigkeit und ihre Demut gleichzeitig auf höchster Frequenz geschwungen haben. Beides ist hier wichtig.

Perfekte Balance: Damit gibst du deinem DOW Erlaubnis, dich auf allen Ebenen deines Seins ins perfekte Gleichgewicht zu bringen, im ganzen Leben, mit Freude und Leichtigkeit und Anmut. Diese Balance wird von ihm auch aufrechterhalten. Erinnere dich daran, dass dein DOW ein allmächtiger, allwissender Kontrolleur deines Systems ist, wenn du es zulässt. Dies ist ein sehr wirkungsvolles Programm für alle, die der Macht ihres DOW vertrauen, mehrdimensionale Realitäten verstehen und sich bereits mit der Verarbeitung begrenzender oder negativer Zellerinnerungen befasst haben.

Perfekte Figur: Das bedeutet, dass ich mein Gewicht meinem göttlichen Selbst überlasse, damit es zu meinem Besten eingestellt wird. Wenn diese Programmierung mit Ernsthaftigkeit und Überzeugung gesprochen wurde, haben Menschen sogar schon zugenommen, obwohl sie nichts gegessen haben.

Perfektes Aussehen: Das bedeutet, dass ich mein Aussehen meinem göttlichen Selbst anvertraue und ihm erlaube, das Bild seiner Vollkommenheit durch mich hindurch in die Welt auszustrahlen, statt mich weiterhin vom Status quo und seinen Vorstellungen von Schönheit beeinflussen zu lassen. Wir fügen diese Worte dem Kode hinzu in dem Wissen, dass wahre Schönheit aus der Ausstrahlung des DOW stammt.

Natürlich gibt es noch weitere Programmierungen, die für eine effektive Nutzung der Nahrung aus der Theta-/Delta-Welle nützlich sind. Sie haben jedoch speziell mit der Lichtnahrung und einem Leben ohne physisches Essen zu tun und werden deswegen in Teil 2 besprochen.

Heiliger Sex

Essen und Sex sind seit Langem für viele Menschen eine Quelle von Bedürfnis und Vergnügen. Die menschliche Fähigkeit, sich der Sexualität sowohl zur Fortpflanzung als auch zum reinen Vergnügen hinzugeben, ist wissenschaftlich gut erforscht. Jedes Jahr werden Milliarden Dollar dafür ausgegeben, um diese menschlichen Bedürfnisse und Verlangen zu befriedigen – von Nobelrestaurants bis zu Imbissen, von modernen Seminaren in heiligem Sex bis hin zu sanften oder harten Pornos. Die Bedürfnisse der Menschen in diesem Bereich scheinen unerschöpflich, und da sie nie wirklich befriedigt werden, treiben sie sich ständig selbst aufs Neue an.

Bislang wurde im Westen jedoch wenig berücksichtigt, dass die richtig gelenkten und eingesetzten sexuellen, emotionalen und spirituellen Energieströme auch nährend sein können. Laut einiger Studien und alter Weisheitslehren kann auch Sex eine Form göttlicher Ernährung sein, wenn sie auf bestimmte Art und Weise eingesetzt wird.

Wir haben festgestellt, dass der Zugang zur göttlichen Nahrung ein Prozess des inneren alchemistischen Flusses ist, der durch unseren Lebensstil bewirkt werden kann – unter anderem durch Meditation und Programmierungen. Die Fähigkeit, göttliche

Nahrung durch unsere Atome und Zellen aus den inneren Reichen zu ziehen, ist einfach ein Prozess, der anders mit Energie umgeht als wir es in der westlichen Welt gelernt haben. Ein weiteres Beispiel dafür, wie wir den Körper mit Energie füttern und stärken können, ist die taoistische Übung der heilenden Liebe, wie sie von Mantak Chia gelehrt wird.

Im November 2002 hatte ich das Vergnügen, ein wenig Zeit mit Mantak Chia zu verbringen. Wir waren zusammengekommen, um mit einer Gruppe das »Planetarische *Madonna-Frequenz*-Friedensprogramm« zu diskutieren und zu verabschieden. In dieser Zeit hatte ich Gelegenheit, mich ausführlich mit ihm über die taoistischen Übungen und den Fluss der göttlichen Nahrung zu unterhalten.

Ich nenne jene, die sich nicht mehr von physischem Essen ernähren, auch »Lichtesser«. Ein Problem, das im Laufe der Jahre immer wieder dabei auftaucht, ist die Unfähigkeit dieser Menschen, geerdet zu bleiben. Die Energien, mit deren Hilfe wir unsere Körper ernähren, sind so fein, dass wir uns nicht nur fühlen, als lebten wir in zwei Welten, sondern häufig auch das Gefühl haben, als sei die materielle Welt uns zu fremd geworden, als dass wir noch mehr Zeit in ihr verbringen wollten. Daher ziehen es viele Lichtesser vor, ein Leben der Stille und Zurückgezogenheit zu führen. Doch viele von uns haben bestimmte Arbeiten zu erledigen, die es erfordern, uns sehr tief in die Welt hineinzubegeben. Deshalb ist eine gute Erdung von großer Wichtigkeit. Ich empfehle dafür die Chi-Gong-Übungen und taoistische Praktiken, um unseren Fokus in der Welt zu behalten und uns ihr nicht zu sehr zu entfremden. Übungen wie Eisenhemd-Chi-Gong sind ein wunderbarer Weg, um uns auf energetisierende Art zu erden.

Ein anderes weit verbreitetes Problem ist die Absorption von Energien, die uns nicht gut bekommen, weil wir zu empfindsam geworden sind. Wir haben bereits das Thema Aufnehmen – Ausstrahlen erwähnt. Im Teil 2 wird weiter beschrieben, wie man sich zusätzlich durch Bioschilde gegen schlechte Energien schützt. Doch da es heutzutage deutlich weniger Lichtesser als sexuell aktive Menschen gibt, habe ich die unten beschriebene Praxis des Kleinen Energiekreislaufs in dieses Buch aufgenommen, da sie für uns alle eine ergiebige Nahrungsquelle sein kann, ob wir essen oder nicht. Im Übrigen verändert sich unsere sexuelle Energie, wenn wir nur noch von Prana leben.

Wie bei vielen taoistischen Meistern konzentriert sich auch die Arbeit von Mantak Chia auf die Verwendung von Chi oder Prana zur Ernährung des Körpers aus inneren und äußeren Energiequellen. Indem wir das Chi auf spezifische Weise erst verstärken und dann durch unser System kreisen lassen, erhalten wir Zugang zu den Kanälen der göttlichen Nahrung und bleiben gleichzeitig geerdet und in unserer modernen Welt aktiv.

Die taoistischen Übungsmethoden konservieren und transformieren Chi oder Energie und erschaffen damit innerhalb des Körpers einen heiligen Tempel. Dieser dient als Speicher, in dem das Chi aufbewahrt wird und so immer wieder zur Verfügung steht, damit sich der Übende bester Gesundheit erfreuen kann. Über einen bestimmten Kreislauf durchströmt das Chi das Gehirn, die Sexualorgane und alle anderen Organe, so dass unser ganzer Körper gut genährt wird. Das gewährt ein langes Leben bei hoher Leistungsfähigkeit. Bei der Praxis des Kleinen Energiekreislaufs lässt man diese Energien kreisen, um das Gehirn, das Nervensystem, Drüsen und Organe zu erfrischen, zu nähren und zu aktivieren. Das ist besonders effektiv, wenn wir müde sind. So wie Mantak Chia sagt: »Sexuelle Energie ist

Instant-Nahrung fürs Gehirn.« Er bestätigte auch, dass selbst so etwas Einfaches wie das Lächeln in die Organe hinein die Langlebigkeit und den feinstofflichen Nahrungsfluss fördert.

In seinem Buch »Das Tao Yoga der heilenden Liebe« schreibt Mantak Chia:

»Die Taoisten sagen, dass die von allen Organen, Drüsen und Zellen durch den unglaublichen elektrochemischen Prozess der Erregung zusammenfließende orgasmische Energie die beste Destillation der Körperessenzen darstellt. Der Körper glaubt, dass er ein neues Kind hervorbringen wird, also setzt er seine besten Energien frei, um dem neuen Leben einen guten Start zu bieten.«

Mantak Chia ist davon überzeugt, dass insbesondere die sexuelle Energie unsere grundlegenden Stimmungen verstärkt. Wenn wir uns also bewusst dafür entscheiden, mehr zu lieben und positiv zu denken, stärkt das unser allgemeines Energieniveau. Deswegen befassen sich die taoistischen Methoden immer auch mit der Beherrschung von Geist und Emotionen und empfehlen die sechs heilenden Laute zur Organreinigung, damit diese das Chi speichern und weiterleiten können.

Die Ernährung des Körpers durch die Energien unserer Fortpflanzungszentren, der spirituellen Zentren und des Herzzentrums bedeutet, dass wir uns auf allen Ebenen vollkommen gesund erhalten können und jünger aussehen als wir sind.

Wie viele Metaphysiker wissen, sind die drei stärksten Energien im Körper:

1. Die Fortpflanzungsenergie zur Erzeugung neuen Lebens. Diese Kraft wird durch unsere sexuelle Erregung und Vereinigung angeregt.

2. Die spirituelle Energie, die durch eine Aktivierung unseres sechsten und siebten Sinnes sowie der Zirbeldrüse und Hypophyse angeregt und durch ein geöffnetes Stirn- und Scheitelchakra verstärkt wird.
3. Unsere Liebesenergie, die durch unser Herzchakra erzeugt wird.

Wenn diese Energien kombiniert werden und mit Hilfe von metaphysischen Techniken wie der von Mantak Chia gelehrten taoistischen Praxis angeregt werden, dann können sie so gelenkt werden, dass sie unsere Zellen, Organe und selbst unser Knochenmark nähren. Neben den grundlegenden Atemtechniken ist der Kleine Energiekreislauf ein wunderbarer Weg, um diese kraftvollen Energien zu mischen und in eine Substanz zu verwandeln, die den Körper nährt, anstatt die Essenz wie bei den westlichen Sexualpraktiken üblich zu vergeuden.

Mantak Chia schreibt außerdem: *Wenn beide Partner ihren Kleinen Energiekreislauf geöffnet haben, wird die natürliche Polarität zwischen Mann und Frau um ein Vielfaches erhöht und der Energiefluss um ein Vielfaches stärker, denn diese Hauptkanäle füttern alle wichtigen Organe und Meridiane. Dieser ausgleichende und nährende Austausch ist das Herzstück der Übung der Heilenden Liebe und ein Teil dessen, was den hingebungsvollen Schüler jenseits des sexuellen Genusses zu Langlebigkeit und Unsterblichkeit führen wird.*

Ich möchte Mantaks Buch ausdrücklich empfehlen. Nachfolgend findest du eine einfache Übung, mit der du diese Energien kreisen und dich von ihrer Kraft nähren lassen kannst. Zuerst solltest du für dich alleine üben, dann kannst du auch mit einem Partner nach Wunsch praktizieren.

GEP-Technik 11:
Der kleine Energiekreislauf

∞ Setze dich bequem und aufrecht hin und verweile einen Moment in der Stille.

∞ Praktiziere den Liebesatem und singe »Ich bin Liebe« beim Einatmen und »Ich liebe« beim Ausatmen, während du eine unendliche Quelle der Liebe in dein Herz ziehst und diese Liebe dann in deine sexuellen Organe fließen lässt.

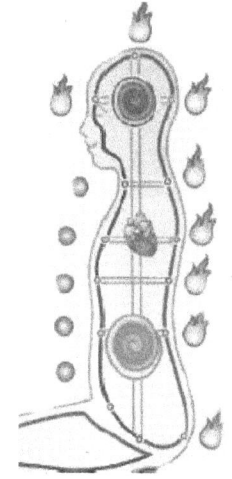

Abbildung 4

∞ Praktiziere das Innere Lächeln. Lächle deinem Herzen zu, deiner Brust, deinen Sexualorganen, deinem Stirnchakra und deinem Kronenchakra.

∞ Lege deine Zunge an den Gaumen und lasse sie nach hinten gleiten, als wolltest du das göttliche Amrita kosten.

∞ Beginne damit, die unteren Beckenbodenmuskeln zusammenzuziehen und zu entspannen, als ob du deinen Urinstrahl immer wieder unterbrechen wolltest.

∞ Während diese Muskeln zusammengezogen werden, stellt sich die Frau vor, wie sie die Energie von den Eierstöcken hinunter zum Dammpunkt (Perineum) fließen lässt. Der Mann stellt sich vor, wie er die Energie von den Hoden hoch zum Dammpunkt fließen lässt.

∞ Stell dir vor, dass diese Energie eine bestimmte Farbe hat.

∞ Spanne diese Muskeln abwechselnd an und und entspanne sie dann wieder und spüre, wie sich in dir die Fortpflanzungsenergie aufbaut.

- Wenn du das nächste Mal deinen Dammpunkt (Perineum) zusammenziehst, lässt du diese Energie zum unteren Ende deiner Wirbelsäule aufsteigen.
- Baue durch das Anspannen und Entspannen immer mehr Energie auf und schicke sie immer wieder zum unteren Ende deiner Wirbelsäule. Stell dir vor, wie sie dort gespeichert wird und sich mit der Kundalini-Energie mischt.
- Beim nächsten Anspannen stellst du dir vor, wie du diese Energie vom Dammpunkt zum unteren Ende deiner Wirbelsäule und durch deine Wirbelsäule nach oben schießen lässt, bis hin zum Aufstiegschakra – das ist der dem Dritten Auge gegenüberliegende Punkt am Hinterkopf.
- Wiederhole das, aber diesmal schießt du die Energie entlang deines Rückens hoch zum Aufstiegschakra und weiter zum Kronenchakra.
- Stell dir jetzt eine neue Farbe für diese Energie vor und halte deine Zunge weiter am Gaumen, während du den Beckenboden immer noch anspannst und entspannst und mehr Energie entlang der Wirbelsäule hochschickst, bis zum Kronenchakra und weiter bis zum Stirnchakra.
- Dann stellst du dir vor, wie die Energie vom Stirnchakra zum Herzchakra fließt, wo sich dann die sexuellen, spirituellen und Liebesenergien miteinander mischen. Du kannst mit deiner Aufmerksamkeit diesem Energiefluss folgen und ihn mit den Worten »Sex, Geist, Liebe; Sex, Geist, Liebe …« steuern. Dahinter steckt die Vorstellung, dass durch die Mischung von sexueller Energie mit Spiritualität und Liebe ein vollkommenes inneres Energiegleichgewicht erlangt wird.
- Während du den Beckenboden immer weiter anspannst und entspannst, schicke Energie entlang deiner Wirbelsäule nach oben und lasse sie durch die spirituellen Zentren zum Herzen fließen. Stell dir vor, wie diese Energie jetzt in

einem perfekten Kreislauf zurück zum Perineum fließt und dann wieder die Wirbelsäule entlang aufsteigt.

∞ Wiederhole das, bis du spürst, wie die Energie ganz natürlich im Kreis fließt – das ist der Kleine Energiekreislauf. Wenn dieser Fluss stärker wird, stellst du dir diese Energie in einer Farbe vor und vertraust darauf, dass dir die für dich im Augenblick perfekte Farbe in den Sinn kommen wird.

∞ Irgendwann wirst du das Gefühl haben, dass der Energiefluss so natürlich abläuft, dass du die Muskeln nicht mehr anspannen und entspannen musst.

∞ Wenn du an diesem Punkt angelangt bist, kannst du diese Übung auch in deine sexuelle Vereinigung einfließen lassen. Ein Partner kann dafür auf dem Schoß des anderen sitzen oder ihr könnt beide liegen. Der einzige Unterschied zum Üben allein besteht darin, dass wir, wenn der Fluss erst einmal in Gang gekommen ist, die Energie ins Herzchakra unseres Partners fließen lassen können und uns dann vorstellen, wie sie in seinem Körper weiter nach unten fließt, dann wieder seine Wirbelsäule entlang aufsteigt und so weiter. Oder wir können die Energie durch unser Stirnchakra in das Stirnchakra unseres Partners fließen lassen. Achte dabei immer auf das Unendlichkeitssymbol ∞, wenn du die Energien ineinander fließen lässt.

∞ Ich empfehle, den mikrokosmischen Orbit jeden Morgen fünf Minuten lang alleine zu üben, so wie ein »inneres Frühstück«.

Das Vermischen der Energien in der Form des Unendlichkeitssymbols hilft uns, einen harmonischeren Zustand zu erlangen und öffnet unsere telepathische Verbindung, vor allem wenn wir die Energie durch das Stirnchakra fließen lassen. Es macht uns auch empfindsamer füreinander und öffnet die Türen für Herz- und Hirnorgasmen.

Eine ausführlichere Übungsanleitung findest du in den Büchern von Mantak Chia.

Die tibetischen Lamas haben den Kleinen Energiekreislauf seit Langem dazu eingesetzt, um nicht nur ihre durch das Zölibat ungenutzte sexuelle Energie umzuleiten, sondern damit ihren Körper zu nähren, bis hin zum Knochenmark, den Organen, Blutgefäßen, Meridianen und dem ganzen physischen Biosystem. Die Vermischung dieser drei machtvollen Energien im Körper setzt aus dem uns natürlicherweise innewohnenden Energievorrat eine unglaublich kraftvolle Nahrung frei.

Interessanterweise entsteht aus der Schwingungskombination von Mitgefühl, bedingungsloser Liebe und sexueller Erregungsenergie im Körper eine neue Chemie, die mit 8 Hertz schwingt. Diese Frequenz liegt an der Schwelle des Alpha-Theta-Zustandes von 4–7 Zyklen pro Sekunde. In diesem chemischen Zustand wird jede Zelle des menschlichen Körpers von göttlicher Liebe genährt und ist vollkommen erfüllt. Das geschieht ganz automatisch, wenn wir uns auf das Theta-Feld einstimmen. Es hat sich unter Metaphysikern inzwischen immer mehr herumgesprochen, dass man sich durch heiligen Sex ganz gut energetisch ernähren kann, doch die Rolle der violetten Flamme sowie der Zirbeldrüse und Hypophyse für die göttliche Ernährung ist bislang noch weitgehend unbekannt.

Die Kraft des DOW

Die Kraft des DOW wird durch den *Köstlichen Lebensstil* zusammen mit den Programmierungen auf natürliche Art und Weise aktiviert. Da unser DOW der eigentliche »Chef« unseres Biosystems ist, ist es sehr klug, es anzuerkennen, sich darauf einzustellen, bewusst damit zu arbeiten, es zu lieben sich von ihm lieben zu lassen, mit ihm zu verschmelzen und sich ihm hinzugeben, da dies zu anhaltender Gesundheit, Zufriedenheit, innerem Frieden und Wohlstand führt.

Die Kraft des DOW ist die wesentliche Quelle auf der 2. und 3. Ernährungsstufe, mit der sich jeder verbinden und von der sich jeder physisch, mental, emotional und spirituell ernähren lassen kann – denn das DOW (= das Göttliche Eine in uns) ist buchstäblich Gott.

Weiterhin ist die innere Haltung eines der wichtigsten Dinge, die es für die hier besprochene Art der Ernährung zu berücksichtigen gilt. Untersuchungen haben bestätigt, dass positiv denkende Menschen länger leben, genauso wie diejenigen, die weniger essen. In einem Interview, welches ich kürzlich mit Dr. Shah für mein Online-Magazin »The Elraanis Voice« führte, sagte er: »Die innere Einstellung bestimmt die Entwicklung eines einzelnen Menschen genauso wie die Entwicklung einer Gemeinschaft, einer Institution oder einer Familie. Die Bedeutung der inneren Einstellung kann gar nicht ernst genug genommen werden.«

Ein Zitat von Charles Swindoll fasst das klar zusammen:

»Je länger ich lebe, desto deutlicher wird mir die Bedeutung der inneren Haltung unserem Leben gegenüber. Die Einstellung ist mir wichtiger als Fakten. Sie ist wichtiger als die Vergangenheit, die Erziehung, die Erfolge oder die Meinung anderer Menschen. Sie ist wichtiger als die äußere Erscheinung, die Begabung oder die Fähigkeiten einer Person. Sie entscheidet über den Erfolg oder Niedergang einer Firma, einer Kirche oder einer Familie. Das

Bemerkenswerte daran ist, dass wir uns jeden Tag wieder entschei-
den können, mit welcher Haltung wir diesem Tag entgegentreten
wollen. Wir können unsere Vergangenheit nicht verändern. Wir
können auch nichts daran verändern, dass sich Menschen auf eine
bestimmte Art verhalten. Wir haben keinen Einfluss auf das Unver-
meidliche. Das Einzige, was uns möglich ist, das einzige Rädchen,
an dem wir drehen können, ist unsere persönliche Einstellung. ...
Ich bin davon überzeugt, dass das Leben zu zehn Prozent aus dem
besteht, was mir widerfährt und zu neunzig Prozent aus dem,
wie ich darauf reagiere. ... Unsere innere Haltung liegt bei uns.«

Unser Dow bringt sich physisch, emotional und mental durch
Wellen des Lichts und der Liebe zum Ausdruck. Es ist die
Liebe, welche wir spüren, wenn wir sitzen und meditieren und
die stille Vereinigung mit unserem DOW suchen, die unsere
physischen und emotionalen Körper nährt. Es ist das Licht, das
wir sehen, wenn wir uns auf unser Drittes Auge konzentrieren
und dadurch unsere Zirbeldrüse, unsere Hypophyse und den
Hypothalamus aktivieren. Unser Drittes Auge ist wie ein innerer Bildschirm, auf dem wir das violette Licht unseres DOW
sehen können. Dieses Licht nährt unseren Mentalkörper, denn
es trägt Lichtkodierungen und Lichtpakete von Informationen
jener höchsten Intelligenz in sich, die viele Gott nennen.

Das Tao, das violette Licht und der Polarstern

In den alten taoistischen Lehren heißt es, dass das violette
Lichtspektrum unsere Erde durch den Fixpunkt des Polarsterns
erreicht und dass wir uns, wenn wir uns mit diesem Stern verbinden, vom Sog der Zyklen von Leben und Sterben befreien
können. Die Taoisten nennen die Quelle der höchsten Nahrung

Wu Chi. Es ist für sie das Zentrum aller universellen Energie, aus dem Himmel und Erde geboren werden.

Die taoistischen Meister sagen, dass es im Körper drei Tore gibt, durch welche wir Wu-Chi-Nahrung aufnehmen. Dies sind das Obere Tan Tien, welches unserem Stirnchakra entspricht, das Mittlere Tan Tien, welches unserem Herzchakra entspricht und das Untere Tan Tien, welches unserem Sakralchakra entspricht. Diese drei Zentren können Himmel und Erde in uns verbinden. Im Taoismus besteht das Herz aus sieben Schichten, hat sieben elektromagnetische Felder und kennt sieben Zustände des Mitgefühls.

In »Darkness Technology« schreibt Mantak Chia: »Die Ausstrahlung des infraroten Lichts aus dem großen Bären hat zusammen mit den violetten Strahlen des Polarsterns eine positive nährende Wirkung auf den Körper und den Geist all jener, die sich mit ihnen zu verbinden wissen. Die Taoisten glauben, dass der Polarstern, der große Bär und andere Sternenkonstellationen die ›Himmelstore‹ bilden. Alles Lebendige muss diese Tore durchlaufen, um zu seiner Quelle zurückzukehren, zum Wu Chi, dem Zustand des Einsseins mit dem Tao.« Im Rahmen der dimensionalen Biofeldwissenschaft nenne ich das Tao oder die Einheit, die im menschlichen Biosystem zum Ausdruck kommt, das DOW.

Mantak Chia schreibt im gleichen Text auch: »Die Zirbeldrüse als Yang wird durch das Yin des Hypothalamus ausgeglichen. Die Taoisten halten sie für unseren Hauptschalter in Bezug auf die universelle Kraft. Wenn der Geist (das DOW) erwacht, lebt er im Hypothalamus. Wenn die Zirbeldrüse und der Hypothalamus miteinander verbunden sind, geht von ihnen eine mächtige, balancierte Kraft aus.« Die Taoisten sprechen auch vom

»spirituellen Kessel« oder der inneren Energiequelle, aus der heraus sie heilen und den Körper langfristig erhalten können, bis hin zur Unsterblichkeit, falls das gewünscht wird.

Weiter schreibt Mantak darüber, wie die aktivierte Zirbeldrüse »eine Kaskade von hemmenden Reaktionen« auslöst, durch die Visionen und Traumzustände in unsere bewusste Wahrnehmung gelangen können. Schließlich kommt es dazu, dass das Gehirn die »Geist-Moleküle« 5-Methoxy-Dimethyltryptamin und Dimethyltryptamin herstellt, was zu den transzendenten Erfahrungen der universellen Liebe und des Mitgefühls führt.

Interessanterweise haben Mantak Chias Untersuchungen auch gezeigt, dass der aktivierte Hypothalamus nicht nur den Blutdruck, die Körpertemperatur, die Körperflüssigkeiten und den Elektrolythaushalt regelt, sondern durch einen Prozess des dynamischen Equilibriums auch das Körpergewicht. So gesehen erscheint es als ganz natürlich, dass wir mit einer von violettem Licht gefluteten Zirbeldrüse, die mit dem aktivierten Hypothalamus verbunden ist, durch Lichtströme und Programmierungen uns ein vollkommenes Körpergewicht erschaffen können. Ein weiterer interessanter Punkt ist, dass der Polarstern viele Millionen Sterne steuert, zu denen auch die Erde gehört, und dass das Universum mehr als 600 Billionen Sterne enthält, die den 60 Billionen Zellen unseres Körpers entsprechen sollen. Mit am Interessantesten erschien mir jedoch die taoistische Information, dass nur das violette Licht erfolgreich programmiert werden kann. In Teil 2 befassen wir uns mit der dreifaltigen Flamme des violetten Lichts von St. Germain und der Bedeutung des Malteserkreuzes.

Das violette Licht

In esoterischen Kreisen ist das violette Licht seit langem als das mächtigste Transmutations-Werkzeug bekannt. Es besteht aus drei Frequenzbereichen. Der erste ist ein rosa Bereich, der die Energie der göttlichen Liebe in sich trägt. Der zweite ist der goldene Bereich der göttlichen Weisheit und der dritte blaue Bereich trägt die Energie der göttlichen Kraft in sich.

Die dreifaltige Flamme des violetten Lichts soll alten Weisheiten zufolge in unserem Herzchakra brennen. Traditionellerweise wird sie auf diese Weise dargestellt.

Abbildung 5

Wenn göttliche Liebe, göttliche Weisheit und göttliche Kraft zusammenkommen, können wir einen Zustand der Freiheit erfahren, in dem unsere eigene Göttlichkeit ehrenvoll zum Ausdruck kommt. Göttliche Liebe, göttliche Weisheit und göttliche Kraft sind auch die drei Urfrequenzen der Schöpfung, aus denen alles Leben und alle Intelligenz hervorgegangen ist, um sich durch die Akasa zu bewegen und den Schöpfungsprozess im Quantenfeld zu unterstützen. So trägt der Frequenzbereich des violetten Lichts die Energie der vollkommenen Transformation in sich, der perfekten Heilung, der perfekten Balance, des perfekten Flusses und nährt uns auf allen Ebenen.

Die Durchflutung unserer Zellen mit dem violetten Licht des Theta-Delta-Feldes ist ein weiteres erstaunliches Instrument für unsere Ernährung. Hellsehen, Hellhören, Hellfühlen, Unsterblichkeit, hundertprozentige Verfügbarkeit unseres Gehirnpotenzials, ein stressfreies, gesundes Gefährt, die Freiheit von der Notwendigkeit des Alterns, Essens, Trinkens oder Schlafens, die Fähigkeit, sich zu dematerialisieren oder an zwei Orten gleichzeitig zu sein – all diese Fähigkeiten hängen wie gesagt davon ab, inwieweit wir eine tiefe Theta-/Delta-Feld-Verbindung herstellen und aufrechterhalten können.

Die meisten Metaphysiker sind sich heutzutage bewusst, dass jede Zelle Moleküle enthält, die wiederum aus Atomen bestehen, die zu 99,9 Prozent leerer Raum sind. Dieser Raum ist erfüllt von reiner Intelligenz, einem lebendigen Organismus, dem Bewusstsein unseres DOW. Durch die vorgestellten Programmierungen und energieverändernden Techniken können wir lernen, innere Türen zu öffnen oder den Download von Daten durch bereits geöffnete Türen zu verbessern oder Felder für ganz bestimmte Frequenzen zu öffnen, die uns größere Zusammenhänge erschließen. Anders gesagt können wir uns mit Hilfe dieser metaphysischen Werkzeuge in eine positivere Wirklichkeit begeben, in der wir besser genährt werden.

Wenn das DOW eingeladen wird, unser System mit violettem Licht zu durchfluten, wirkt es wie ein Computer-Virenschutzprogramm, das uns automatisch heilt und nährt, besonders wenn wir dabei auch die Programmierung für perfekte Gesundheit, perfekte Balance usw. verwenden. Wenn diese inneren Türen erst einmal geöffnet sind, können wir unsere Zellen mit dem reinen violetten Licht durchfluten, welches ständig durch unsere inneren Chakras fließt. Die vereinte Chakra-Säule hilft dabei (siehe Abbildungen 5 und 6). Ich nenne diese Technik das »Fluten«. Wenn die ursprünglichen energetischen Dynamiken einmal installiert sind, kann das Fluten auch über eine Biofeedbackschleife erfolgen.

Die nachfolgende Technik halte ich für die wichtigste und kraftvollste Technik im gesamten Programm der göttlichen Nahrung, da unser menschliches Biosystem aus der Quelle göttlicher Liebe, göttlicher Weisheit und göttlicher Kraft vollkommen genährt werden kann.

Führe als Erstes die unten aufgeführte Übung zur Erweiterung der Chakras durch und erzeuge eine Säule oder einen rotierenden Lichttunnel mit Verbindung zu den inneren Ebenen. Dies ist dein Anschluss aus violettem Licht an die Quelle der DOW-Kraft. Führe die Übung am besten durch, nachdem du dich mit den GEP-Techniken 1, 2 und 16 zentriert hast.

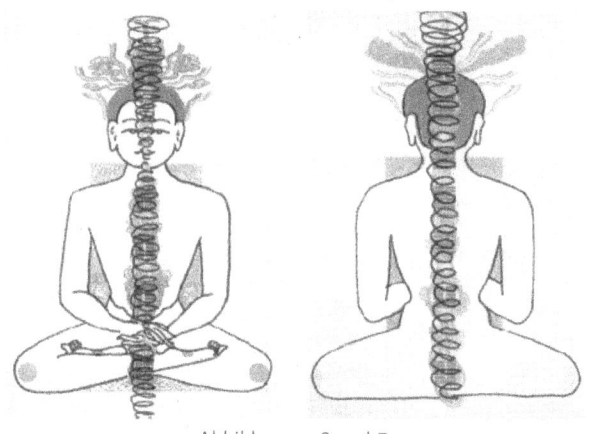

Abbildungen 6 und 7

Die Erzeugung einer rotierenden Chakrasäule, die violettes Licht ausstrahlt (Originalzeichnung von Juan Li)

108

GEP-Technik 12:
Das Fluten mit violettem Licht

∞ Stell dir vor, wie reines violettes Licht durch dein Kronenchakra herabfließt und jedes Chakra mit seiner Kraft durchströmt und erweitert.

∞ Stell dir vor, wie jedes dieser Energiezentren wächst und sich mit seinem nährenden Licht ausdehnt, bis die Chakras einander berühren und eine rotierende Lichtsäule bilden.

∞ Stell dir vor, wie diese rotierende Lichtsäule Millionen von violetten Lichtstrahlen in alle deine Zellen und dann in deine Atome aussendet.

∞ Stell dir vor, wie diese violetten Lichtstrahlen ihre Energie durch die Atome hindurchschicken und die inneren Türen öffnen.

∞ Stell dir vor, wie diese Lichtstrahlen bis zu ihrer maximalen Ausdehnung weiter wachsen, dann violettes Licht aus den inneren Ebenen anziehen und sich wieder zusammenziehen (die maximale Ausdehnung wird durch die Geschwindigkeit, Kraft und Potenz des Übertragungsstrahls bestimmt).

∞ Stell dir vor, wie diese violetten Lichtstrahlen die Atome weiter durchfluten, und dann in die Zellen, Organe, Blutbahnen, Meridiane und so weiter hineinströmen, bis dein gesamtes Biosystem von violettem Licht durchflutet ist.

∞ Stell dir vor, wie dieser Prozess des Ausdehnens, Anziehens und Zusammenziehens so wie dein Atem natürlich und automatisch weitergeht und deine Zellen so auf das violette Licht eingestimmt bleiben.

Diese Meditation ist für die 2. und 3. Ernährungsstufe unbedingt erforderlich.

Wenn wir täglich unseren Fokus auf das rotierende Chakra-system richten, nähren wir seine Wirklichkeit und stärken es. Durch die Verbindung mit unserem Atem beginnt es, sein eigenes Biofeedback-System zu entwickeln, was uns dann automatisch auf die inneren Theta-/Delta-Kanäle ausgerichtet hält. Es entspricht nämlich der Natur dieser Frequenzen, das innere Reich des violetten Lichts wieder anzuziehen, denn sie tragen das tiefe Wissen in sich, dass alles ein Teil des Ganzen ist.

Je mehr Theta-/Delta-Wellen-Energie wir zur Verfügung haben, desto mehr erkennen wir, wie wenig wir eigentlich über das menschliche Biofeldsystem wissen, denn alle uns bekannten Gesetze entpuppen sich lediglich als Schichten eines größeren Ganzen. Jede Ebene, jedes Feld folgt seinen eigenen Gesetzen und Dynamiken. Sie alle sind mathematische Untereinheiten des Einen Feldes, welches alles hervorbrachte – manche bezeichnen es als den großen kosmischen Computer, manche als Gott und andere als den Ursprung der Schöpfung. In seinem Buch »Die göttliche Kraft« sagt Deepak Chopra, dass das physische Feld aus dem Quantenfeld hervorgeht und das Quantenfeld wiederum aus dem virtuellen Feld.

In der dimensionalen Biofeldwissenschaft sehen wir das so, dass Millionen von Lichtstrahlen jede Zelle und jedes Atom bis in die inneren Universen hinein durchstrahlen. Wenn sich die Energie ausdehnt und zusammenzieht und wenn Gleiches wiederum Gleiches anzieht, dann können wir diese Energielinien des violetten Lichts steuern, um aus den inneren Reichen eine größere Menge des violetten Lichtspektrums anzuziehen.

Auch wenn die Dynamik des Theta-/Delta-Feldes und aller anderen Felder den universellen Gesetzen unterliegt, sind doch alle Felder in der Lage, sich in das Theta-/Delta-Feld hinein und wieder heraus zu schwingen, da sich alle Tore zu diesem Bereich ständig öffnen und schließen. Das »Wie« hängt wiederum von unserem Lebensstil und den Programmierungen ab, die wir wie ein Software-Programm einsetzen können, um unsere Biosystem-Hardware effektiver einzusetzen.

Biofeedback-Kreise bewirken bestimmte Interaktionen in einem Feld, was wiederum die Feld-Resonanz verändert. Die Begriffe Resonanz und Frequenz sind eng miteinander verwandt. Der Begriff Frequenz bezeichnet in der Physik eine bestimmte Anzahl von Wellen, die innerhalb einer bestimmten Zeit einen bestimmten Punkt passieren oder er bezeichnet die Anzahl von Schwingungszyklen eines bewegten Körpers innerhalb einer bestimmten Zeitdauer. Man sagt, dass ein bewegter Körper einen Zyklus oder eine Schwingung durchlaufen hat, wenn er nach einer Reihe von Ereignissen oder Positionen wieder in seinen Ausgangszustand zurückgekommen ist.

Unsere persönliche Frequenz bestimmt, wie viel oder wenig göttliche Nahrung wir aufnehmen können und wie lange wir uns im Theta-/Delta-Feld verankern können. Frequenzen können jedoch angepasst werden, so dass die emotionalen und mentalen Aspekte des Biosystems sich wirklich in einer anderen Welt wiederfinden, einer feineren, subtileren Welt mit größerer Erfüllung als sie viele Menschen in der Beta-/Alpha-Welt erfahren.

Das violette Licht des siebten Strahls der spirituellen Freiheit ist das reinste Lichtspektrum der Theta-/Delta-Zone, zu dem wir Zugang finden und das wir verwenden können. Es ist eine bestimmte Energiefrequenz, eine Photonen-Energie, zu der wir durch das Netzwerk der inneren Ebenen Zugang bekommen. Dieses Lichtspektrum kann in unserem physischen, emotionalen, mentalen und spirituellen Biosystem große Veränderungen bewirken. Doch sein volles Potenzial kommt erst zum Tragen, wenn es mit bestimmten Klängen und Kodierungen programmiert wird.

Das erklärt, warum die heiligen Laute und Töne (GEP-Technik 5) des Programms *Köstlicher Lebensstil* so wichtig sind. Seit Jahrtausenden wurden von den Naturvölkern Laute verwendet. Sie taten es in dem Bewusstsein, dass Laute und Töne die Macht haben, unser Biosystem von Beta über Alpha bis hinein in das Theta- und Delta-Reich zu versetzen.

Ich erlebte einmal ein eindrucksvolles Beispiel von der Macht der heiligen Klänge, als ich mit meinem Mann in Paris war. Wenn wir unterwegs sind, meditieren wir gerne in Kirchen und Kapellen, Kathedralen und Moscheen oder wohin auch immer wir uns hingezogen fühlen. Meistens werde ich dann auch dazu angeleitet, eine Art dimensionale Biofeld-Veränderung vorzunehmen, die mit der Feinabstimmung von Feldern zu tun hat. So sind diese Ausflüge in der Regel sowohl entspannend als auch nützlich. Am liebsten sitze ich in Wäldern, Parks oder an Orten des Gebets, an denen die Macht des Göttlichen spürbar ist.

Damals in Paris war es so, dass wir mitten in Montmartre eine kleine Kirche gefunden hatten, die wie ein Lichtstrahl zwischen all den touristischen Straßen voller Klubs und Pornoläden stand. Die Kapelle wurde offensichtlich benutzt, wir fühlten uns sehr willkommen und die Energie in ihren vier Wänden transformierte uns. Ein Gefühl der tiefen Verbundenheit mit dem Göttlichen war durch Gebete ersehnt und eingeladen worden – die Wände strahlten es aus – und die schlichte kleine Kirche St. Rita besaß einen Zauber, der ihren großen Schwestern St. Michel oder Notre Dame mit all ihren Touristenströmen abging.

Nachdem wir die Kapelle eine Weile genossen und uns von ihr mit Theta-/Delta-Wellen hatten füttern lassen, nahmen wir die Metro nach St. Michel. St. Michel ist eine eindrucksvolle Kathedrale, die vor Jahrhunderten für das Gebet der Könige gebaut worden war. Wegen ihrer wunderbaren farbigen Glasfenster strömen Massen von Touristen durch sie hindurch, was ihr ein starkes Beta-Feld verleiht, so dass alles Feinere darin verschwindet. Doch während wir da saßen und das alles betrachteten, wurde die Musikanlage eingeschaltet und es ertönten gregorianische Gesänge. Von Stolz, Kraft und Hingabe erfüllt wirkte der Gesang der Mönche mit all seinen Vibratos und Kontratenören wie eine einzige Stimme, und plötzlich verwandelte sich die Energie in der Kathedrale. Das Feld wurde leichter und lebendiger und die Leute begannen, sich hinzusetzen. Das Gerede verstummte und eine heilige Stille erfüllte die Hallen. Es war wirklich wie ein Wunder. So erlebten wir, wie heilige Klänge ein summendes Beta-Feld in ein ruhiger schwingendes Alpha-Feld verwandeln können.

Amrita – Der Nektar der Götter

Das DOW kann neben der Zirbeldrüse und dem Hypothalamus noch eine weitere Drüse einsetzen, um uns zu nähren. Diese Technik ist den alten indischen Yogis seitlangem bekannt. Wenn unsere Hypophyse aktiviert und von violettem Licht durchflutet ist, beginnt sie, einen süßen Nektar zu produzieren, der auch die Quelle ewiger Jugend genannt wird.

Die alten vedischen Schriften nennen diese Flüssigkeit *Amrita*. Solange unser spiritueller Geist schläft, wird sie in sehr kleinen Mengen produziert. Doch wenn er erwacht und die Zirbeldrüse und Hypophyse zu ihrem höheren Potenzial aktiviert, dann verstärkt sich auch die Produktion des Amrita. Man sagt, dass Amrita die Kraft besitzt, ein Biosystem bis auf die 3. Stufe zu ernähren und uns von der Notwendigkeit physischer Nahrungsaufnahme zu befreien. Die Technik, mit der wir die Hypophyse stimulieren, ihre Amrita-Produktion zu erhöhen, besteht aus zwei Schritten. Der erste Teil ist allen Kampfkunst-Praktizierenden wohlbekannt.

GEP-Technik 13:
Der göttliche Amrita-Kanal

Der erste Teil der Praxis besteht darin, dass wir die Zungenspitze an den Gaumen legen. Das verbindet den elektromagnetischen Energiefluss im Körper, so wie beim Kleinen Energiekreislauf. Im zweiten Teil müssen wir die Hypophyse stimulieren, indem wir die Zunge nach hinten gleiten lassen, bis sie unter das Zäpfchen reicht, welches weiter hinten im Rachen hängt. Dazu müssen wir die Zungenmuskeln gut dehnen, damit sie so weit nach hinten reichen. Selbst wenn das anfangs nicht so gut gelingt – das Gute an metaphysischen Techniken ist, dass ihre Kraft mehr in der Absicht liegt als in der genauen technischen Ausführung. Wenn wir also unsere Zunge so weit wie möglich in der Absicht nach hinten gleiten lassen das Zäpfchen zu erreichen und dadurch die Hypophyse anzuregen, mehr Amrita zu produzieren, dann wird das auch geschehen.

Du wirst den Nektar an seinem unvergleichlich süßen Geschmack erkennen. Ich empfehle dir, die Stimulation der Hypophyse täglich zu üben. Das stärkt wiederum unseren Zugang zum

Kanal der göttlichen Nahrung. Wenn deine Zunge in dieser Position liegt, verjüngst du durch diese Übung nicht nur deinen Körper, sondern bist auch nicht in der Lage zu reden, was ein wunderbares Geschenk an die Welt ist. Du kannst diese Technik überall üben, im Auto, unter der Dusche, beim Einkaufen, wo immer du möchtest.

Unsere Drüsen
Die Aktivierung der Hypophyse und der Zirbeldrüse

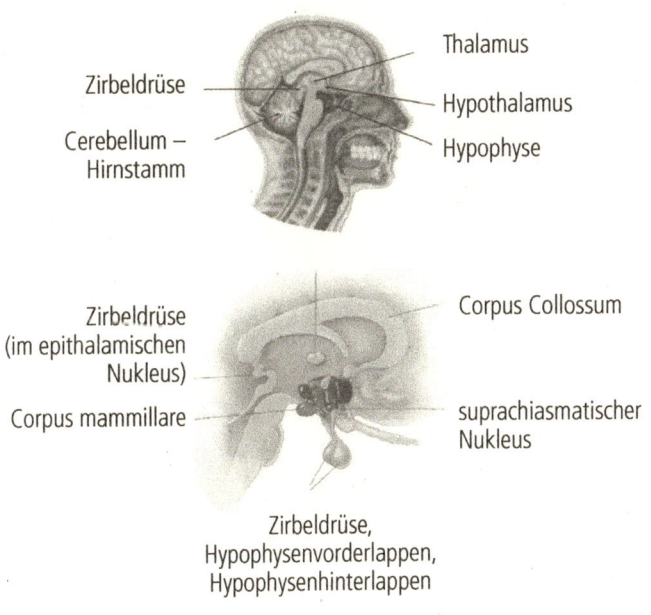

Abbildungen 8 und 9
aus »Darkness Technology« von Mantak Chia

GEP-Technik 14:
Nahrung aus der Zirbeldrüse und Hypophyse

Unser Lebensstil ist das wesentliche Instrument zur Aktivierung unserer Zirbeldrüse und Hypophyse. Eine vegetarische Ernährung und der Dienst am Nächsten verstärkt automatisch unsere Empfindsamkeit für den Kanal der göttlichen Nahrung und wirkt magnetisch auf die Frequenzen der Liebe, Weisheit, Güte und des Mitgefühls – die 8 Hertz-Schwingung des Theta-/Delta-Feldes. Wenn diese Steuerungsdrüsen mit Hilfe von violettem Licht aktiviert sind, fühlen sich die beiden höheren Elemente Akasa und Kosmisches Feuer zu unserem Biosystem hingezogen und arbeiten mit unserem Kronen- und Stirnchakra. Die Hypophyse produziert göttliches Amrita und die Zirbeldrüse produziert eine Substanz namens Pinolin, die das Gehirn ebenfalls in den Theta-/Delta-Bereich versetzt.

Wenn diese Drüsen auf die Theta-/Delta-Welle ausgerichtet sind, wirken sie wie kosmische Übertragungsstationen, mit deren Hilfe wir immer mehr violettes Licht aufnehmen können, welches nicht nur über den Nordstern, sondern auch durch die Sonne zu uns strömt. Unsere Sonne wirkt dabei wie ein riesiger Strahlungsnetzpunkt, durch den die Energien der Zentralsonne der inneren Reiche übertragen werden. Die erfolgreiche Ernährung der 3. Stufe hängt von der Aktivierung dieser Drüsen ab.

Dr. Shah schreibt über diese Drüsen: *Wenn ich mich mit der modernen wissenschaftlichen Literatur befasse und sie mit den alten indischen Schriften, den westlichen okkulten Werken und den modernen esoterischen Erkenntnissen vergleiche, wird folgendes offensichtlich:*

Die Aktivierung der Zirbeldrüse ist der entscheidende Schritt in unserem psychischen, spirituellen und energetischen Transformationsprozess. In dieser Drüse wird Energie verarbeitet und verteilt. Die Zirbeldrüse ist das Oberhaupt aller endokrinen Drüsen und kontrolliert daher das humorale System. Sie reguliert auch den Biorhythmus, den Schlaf-Wach-Zyklus und verlangsamt den Alterungsprozess. Sie hat mediale Qualitäten und gilt als der Sitz der Seele oder des Geistes – das sogenannte Dritte Auge. Im tantrischen System nennt man es das Ajna-Zentrum. Ihre Aktivierung kann durch länger praktiziertes Yoga, Meditationstechniken oder durch Übungen mit Sonnenenergie erfolgen. Die Zirbeldrüse hemmt auch das Wachstum und die Metastasenbildung von manchen Tumoren. Sie stimuliert das Immunsystem. Bei Vögeln und anderen Tieren hat man festgestellt, dass die Zirbeldrüse magnetisches Material enthält. Sie ist also auch ein Navigationszentrum.

Es gibt wissenschaftliche Untersuchungen über die magnetischen Navigationseigenschaften dieser Drüse im Menschen. Ihre Aktivierung und das Aufladen mit Sonnenenergie ist ein entscheidender Schritt zu mehr kosmischer Energie. Man nennt das auch die Erweckung der Kundalini. Seit die Menschheit die medial und spirituell ausgerüstete Zirbeldrüse vernachlässigt hat, ist sie auf die rein physisch-materielle Ebene zurückgesunken. Die Menschheit hat seitdem endlose Leiden ertragen müssen. Jetzt müssen wir lernen, die Zirbeldrüse und die anderen psycho-spirituellen Körper wieder zu aktivieren, entweder durch Raja-Yoga, Tantra oder andere Praktiken. Man sagt, dass durch diese Praxis die Kundalini-Shakti aktiviert wird, was zu Glück, Seligkeit und Frieden führt. Diese Lichtenergie wird dann im Körper zu elektrischer, magnetischer oder chemischer Energie umgewandelt. Wenn sie verarbeitet wird, muss diese Energie transportiert und irgendwo gespeichert werden. Die ultimative Form von Energie ist Licht. Energie und Licht können in Materie umgewandelt werden und umgekehrt. Der Hypothalamus ist das Steuerungsorgan des autonomen Nervensystems und die Zirbeldrüse sitzt in der Nähe des autonomen Nervensystems. Also erscheint es logisch, dass der Transport neuer Energien entweder dieses System aktiviert oder es als Transportmittel verwendet.

Dabei ist das parasympathische Nervensystem mit seinen Hormonen und Chemikalien wahrscheinlich nützlicher als das sympathische. Das sympathische System verstärkt das Energiebedürfnis des Körpers (z.B. beim Denken, Kämpfen, bei Aufregung oder Stress), während das parasympathische Nervensystem den Energiebedarf des Körpers eher senkt. Es hilft dem Menschen, gelassen und friedlich zu bleiben und beruhigt den Stoffwechsel. Dabei spielen natürlich auch andere Hormone und Chemikalien, der vordere Schläfenlappen und das limbische System eine Rolle. Es wirkt vielleicht eher wie ein Regulator oder Empfänger und ist vielleicht energetisch daran beteiligt, die Energie in die rechten Bahnen zu leiten. Tief im limbischen System oder in Teilen der Medulla Oblongata wird die Energie gespeichert und von Zeit zu Zeit abgerufen, aufgeladen oder neu erzeugt. Die Medulla Oblongata kontrolliert alle lebenswichtigen Zentren und könnte daher ein Energiespeicher sein.

Da dies eine andere energetische Mathematik ist als das gewöhnliche Rechnen in Nahrungsmitteln und Kalorien wollen wir dies Mikro-Ernährung oder Ernährung durch mentale Praxis nennen. Wir haben hier über Sonnenenergie gesprochen, aber man kann auch jede andere kosmische Quelle verwenden, z.B. Luft, Wasser, Pflanzen oder Erde. Wir können dies hier Surya Vigyan (feinstoffliche Ernährung mit Hilfe der Sonne) nennen, aber genauso gibt es auch noch Chandra Vigyan (Arbeit mit dem Mond) oder Vanaspati Vigyan. In unseren alten Texten wird diese Praxis bereits erwähnt.

Es gehörte zu den alten yogischen und taoistischen Praktiken, mehrere Stunden und sogar Jahre in dunklen Höhlen zu verbringen. Man wusste, dass der Meditierende dadurch eine enorme Bewusstseinsentwicklung durchläuft. In modernen Untersuchungen wurde jetzt festgestellt, dass ein langer Aufenthalt in der Dunkelheit die Synthese und Akkumulation pychedelischer Chemikalien im Gehirn auslöst. Diese Stoffe, wie z.B. das Pinolin, wirken auf die Neurotransmitter des Gehirns und vermitteln uns im Wachbewusstsein Visionen und Träume.

Mantak Chia schreibt in seiner Broschüre über *Darkness Technology*: »In einer dunklen Umgebung finden im neuro-endokrinen System chemische Prozesse statt. Das aus dem Serotonin hervorgegangene Melatonin bereitet das Biosystem auf den Empfang feinerer und subtilerer Energien vor, die zu einem höheren Bewusstsein gehören, z.B. zu göttlicher Kommunion, Offenbarungen und Kommunikation. Melatonin wird in der Zirbeldrüse produziert und wirkt auf die wichtigen Organsysteme. Es beruhigt das sympathische Nervensystem und gewährleistet die tägliche Erholung von Geist und Körper. Wenn ein Überschuss an Melatonin ausgeschüttet wird, wie zum Beispiel durch sehr lange Dunkelheit, entstehen Verbindungen zwischen den Schlaf- und Traumzuständen und dem Wachbewusstsein. Unser höheres Wesen beginnt, sich zu offenbaren und wir fühlen uns wieder mit der Quelle aller Nahrung und allen Lebens verbunden.«

Viele esoterische Kulturen glauben, dass die Seele sich im Schlaf vom Körper trennt und in ihrer höheren Gestalt als göttlicher Funke aufgeht. Das geschieht auch während langer Meditation in der Dunkelheit. Wir nennen das eine Seelen-Mahlzeit, denn hier kann sich die Seele zutiefst an den Theta-/Delta-Frequenzen laben. Ein Vorzug der Aktivierung der Meisterdrüsen unseres Systems besteht darin, dass wir uns auch im Wachzustand bewusster über unsere Seele ernähren können.

Ernährung und die Reinheit unseres Herzens

Wenn wir uns auf der dritten Ernährungsstufe nur von Prana ernähren möchten, gehört die Reinheit des Herzens zu den wichtigsten Bedingungen. Ein reines Herz erhalten wir durch das Durchleben unserer Erfahrungen hier und durch die Entscheidungen, die wir aufgrund unserer Wahrnehmung der Ereignisse fällen. Unsere Wahrnehmung und unsere Reaktion auf die Menschen in unseren Lebenssituationen sind ein höchst wirksames Instrument, um Zugang zum göttlichen Liebeskanal zu erhalten.

In der metaphysischen Welt bestimmt die Reinheit des Herzens die Ebene, zu der wir Zugang erhalten und aus der wir physisch, emotional, mental und spirituell genährt werden können. Es ist also interessant zu wissen, was ein reines Herz ausmacht, wie wir es erlangen können und warum das so wichtig ist.

Wenn wir bestimmen wollen, was ein reines Herz ist, bringt uns das in den Bereich der Urteile. Das ist eine Energie, die unseren Zugang zum Kanal der göttlichen Liebe behindern kann, denn der Kanal der göttlichen Liebe ist ein Fluss der bedingungslosen Liebe, in dem es keinen Raum für Verurteilungen gibt. Unterscheidung und Beurteilung sind zwei verschiedene Energien. Unterscheidungsvermögen ist für die Freiheit jedes Eingeweihten wichtig – doch die Beurteilung unserer selbst oder anderer kann eine Beschränkung darstellen.

Und doch gibt es bestimmte Faktoren, die zur Reinheit des Herzens beitragen und auf der 2. und 3. Ernährungsstufe helfen:

- ∞ Der Wunsch und das Engagement, dass immer alle von jeder Situation profitieren sollen und dass die Ergebnisse zum Wohle aller erfolgen.
- ∞ Die Liebesatem-Meditation, die unsere Fähigkeit zur Anziehung, zum Halten und zur Ausstrahlung göttlicher Liebe stärkt.
- ∞ Die verbindliche Hingabe an die Makellosigkeit, d.h. in jeder Situation das Bestmögliche zu tun und uns so zu verhalten als wären wir Meister.
- ∞ Liebevolle und unterstützende Ehrlichkeit uns selbst und anderen gegenüber.
- ∞ Aufrichtiges Mitgefühl und liebevolle Rücksichtnahme – also echte Anteilnahme am Wohlbefinden anderer.
- ∞ Selbstloser Dienst am Nächsten und die Fähigkeit, ohne Hintergedanken so zu geben, dass es die anderen nährt, ohne dass sie sich uns unnötig verpflichtet fühlen. Das bedeutet, andere frei an unserer Zeit, unserer Fürsorge, unserer Liebe, unserem Geld etc. so teilhaben zu lassen, dass sie sich gestärkt fühlen.

Ein reines Herz ist wichtig, weil es die Tore zum Theta-/Delta-Feld öffnet und unser höchstes Potenzial für reine Weisheit und göttliche Kraft freisetzt. Diese Gaben werden nur denen verliehen, die sie weise zu benutzen wissen. Diese wahren Geschenke der höheren Mysterien kommen nur zu denen, die reinen, liebenden und weisen Herzens sind.

Ein von Hass, Zweifel oder Skepsis erfülltes Herz, das sich durch Verletzung verschlossen hat, muss geheilt werden, um die höheren Gefilde mit all ihrer Herrlichkeit zu erreichen. Wenn unser psychisches Herz verschlossen ist, können Probleme mit unserem physischen Herzen entstehen. Zusammen mit einer vergiftenden Ernährung, mit vergifteten Gedanken und vergifteten Gefühlsmustern führt das zu der steigenden Anzahl von Herzanfällen, die wir in unserer modernen Welt sehen. Herzprobleme sind die häufigste Todesursache bei Männern und Frauen der westlichen Welt.

Wir wissen, dass die durch das violette Licht aktivierte Zirbeldrüse und Hypophyse zusammen mit dem entsprechenden Lebensstil die Gehirnwellen im Theta-/Delta-Bereich verankern. Wir wissen auch, dass wir bei einem bestimmten Gleichgewicht der Elemente den Körper von der Notwendigkeit des Alterns und der Ressourcen-Nutzung befreien können. Bevor wir jetzt über die Ernährung sprechen, die im Körper durch die maximalen Delta-Feldmuster der absoluten Seligkeit und Ekstase entsteht, möchte ich nochmals auf die Elemente und die Felder eingehen.

Die Elemente und die Felder

Die Wirklichkeit unserer mentalen und emotionalen Ebene bestimmt, wie die Elemente sich um unseren Lichtkörper und unser Chakra-System herum zu Molekülen ordnen. Wenn die Elemente Feuer, Erde, Wasser, Luft, Akasa und Kosmisches Feuer in vollkommenem Gleichgewicht sind, geht das Biosystem in einen anderen Frequenzbereich über und wird selbsterhaltend, vorausgesetzt, wir haben die entsprechenden unterstützenden Energienetze geschaffen und die notwendigen Programmierungen so geschaltet, dass sie beim Erreichen des Gleichgewichts automatisch aktiviert werden.

Um dir zu vermitteln, was die Nahrung der Götter eigentlich ist und woher sie kommt, will ich auf das zurückgreifen, was ich schon früher über die Elemente geschrieben habe:

Die alten Weisen sagen, dass alle Elemente dieser Existenzebene der kosmischen Monade entstammen. Das physische Universum ist also ein erweiterter Träger der anderen sechs Elemente. Je weiter sich der Prozess der Entfaltung zur Materie hin vollzieht, desto schwächer wird der Einfluss der höheren Elemente.

Die folgenden sieben höheren Elemente musst du dir als einander durchdringend und ineinander verwoben vorstellen. Jedes Element geht aus dem vorhergehenden hervor. So werden sie immer komplexer und enthalten nicht nur ihre individuellen Eigenschaften, sondern auch diejenigen der Elemente, aus denen sie hervorgegangen sind.

1. *Kosmische Monade:* Der erste, unmanifestierte Logos, der in die sieben Elemente Erde, Feuer, Wasser, Luft, Akasa und Kosmisches Feuer unterteilt wird. Aus der kosmischen Monade fließt die Nahrung der Götter in ihrer reinsten Form. Auf dieser Stufe ist ihre Frequenz jedoch zu hoch, als dass unsere Körper damit umgehen könnten, ohne dass »die Sicherungen durchbrennen«. Daher muss sie durch die inneren Ebenen heruntergefahren werden, um für uns Menschen nutzbar zu sein.

2. *Akasa:* Der Ursprung der kosmischen Seele. Die Quelle aller intelligenten Ordnung und Gesetze im Universum. Der zweite, quasi-manifeste Logos.

3. *Der kosmische Geist:* Die Quelle aller individualisierten Intelligenz. Der dritte, kreative Logos. Durch die Aktivierung unseres Hypothalamus, der Zirbeldrüse und Hypophyse sowie dem Durchfluten des cerebralen Cortex und des Ce-

rebellum mit violettem Licht und durch die Programmierung unserer Drüsen und Chakras (des Stirn-, Kronen- und Hinterhauptchakras) können wir die Funktionen unseres menschlichen Geistes und Verstandes direkt mit dem kosmischen Geist verbinden.

4. *Kosmisches Karma:* Die Quelle unpersönlichen, universellen Mitgefühls. Die Quelle der unwiderstehlichen kosmischen Energien des Universums. Die intelligent geführte Kraft des hierarchischen Universums. Die Punkte »Vegetarische Ernährung« und »selbstloses Dienen« helfen uns, uns in diesen Kanal einzuklinken.

5. *Kosmische Vitalität:* Die Quelle der alles durchdringenden kosmischen Vitalität. Die Essenz des Quantenfeldes. Dies ist das Energieband, aus dem die Nahrung der Götter am leichtesten fließt.

6. *Astrales Licht:* Der niedrigste funktionsfähige Aspekt des Akasa. Das Äquivalent der kosmischen Hierarchie zum Astral-Modellkörper bei uns Menschen. Der Vorrat aller psychischen, moralischen und physischen Erscheinungen hier auf Erden. Auf dieser Wellenlänge kann die Nahrung der Götter durch das violette Licht und die höheren Aspekte unseres erwachten Geistes in unsere physische Form fließen.

7. *Physisches Universum:* Der Körper oder das Gewand der sechs vorausgegangenen mehr ätherischen Elemente.

Diese sieben Elemente mit ihren zahlreichen Unterelementen sind Aspekte des ersten Elements, der kosmischen Monade, und stehen in Verbindung mit den sieben menschlichen Sinnen, von denen die im Beta-Feld lebenden Menschen meist nur fünf benutzen. Um Zugang zum Kanal der göttlichen Nahrung zu erlangen, müssen wir unseren sechsten und siebten Sinn aktivieren und die damit verbundenen Elemente einsetzen.

Die Elemente und unsere Sinne sind wie folgt miteinander verbunden:

Astrales Licht	–	Hören
Luft	–	Tastsinn
Feuer	–	Sehsinn
Wasser	–	Geschmack
Erde	–	Geruch
Akasa	–	Intuition
Meer des Feuers	–	Wissen

Allen, die für metaphysische Aspekte offen sind, sei gesagt, dass
in der dimensionalen Biowissenschaft das Quantenfeld als ein
Aspekt von Akasa betrachtet wird, dem zweiten konstituierenden
Element des Universums. Das erste Element wird »Prinzip«
genannt. Es ist die grenzenlose, unbegreifliche Wurzel, aus der
die anderen sechs Elemente des Universums erwachsen. Akasa
ist halbmanifest und der Ursprung der kosmischen Seele, die
Quelle aller intelligenten Ordnung und Gesetze dieses Universums. Akasa und das kosmische Feuer sind die Elemente des
Theta- und Delta-Feldes und allen Lebens. Aller Intellekt und
alles Tun existiert in dem Quantenfeld, welches ein Aspekt
von Akasa ist.

Akasa ist kosmische Ideation, GEIST, das Alpha des Seins.
Am anderen Ende der Skala ist das astrale Licht, der niedrigste
Aspekt von Akasa, die kosmische Substanz, Materie, das Omega
des Seins. Akasa ist das Erstgeborene, das lebendige Feuer, das
alles durchdringende Göttliche. Seine Dimension ist unendlich und es unterscheidet sich von Raum und Zeit dadurch,
dass es der materielle Ursprung des Klangs ist. Dieser Aspekt
von Akasa heißt im Sanskrit Aditi. Es ist ein höheres Prinzip

als das astrale Licht. Es ist der himmlische Klang der Sphären, das Reich der chinesischen Gottheit Kuan-Yin, deren Name »Göttliche Stimme« bedeutet. Diese Stimme ist ein Synonym für »Das Wort« – Sprache als Ausdruck des Gedankens. Kuan-Yin ist das magische Potenzial des Klangs in der Natur, welcher die flüchtige Form des Universums aus dem Chaos hervorruft. Die Kuan-Yin-Schwingung ist auch ein Aspekt der *Madonna-Frequenz*.

Die Nahrung der bedingungslosen Liebe

Wenn die Elemente in vollkommenem Gleichgewicht und die Frequenzen durch Programmierungen auf bestimmte Kanäle ausgerichtet sind, können wir uns mit dem Christus-Gitternetz verbinden, welches die Erde umgibt und ihr Herz durchdringt. Aus diesem Gitternetz können wir uns nähren. Die wahre Nahrung der Götter ist in ihrer Essenz bedingungslose Liebe und je mehr wir uns und andere bedingungslos lieben, desto leichteren Zugang haben wir zu dieser Art von Nahrung.

Wer meint, dass es zu schwer sei, andere bedingungslos zu lieben, dem empfehle ich, die Tür zu dieser Kraft durch die Liebe zu einem Haustier zu öffnen. Die Erschaffung einer nahen und liebevollen Beziehung zu einem Tier wie zum Beispiel einem Hund, einer Katze oder einer Ratte gibt uns eine Ahnung von bedingungsloser Liebe, vor allem, wenn wir uns die Zeit nehmen, die Gemeinschaft mit diesen Lebewesen auch wirklich zu schätzen.

Albert Einstein hat einmal geschrieben: *Der Mensch ist ein Teil des Ganzen, welches wir ›Universum‹ nennen, ein in Zeit und*

Raum begrenzter Teil. Er erfährt sich selbst, seine Gedanken und Gefühle als von dem Rest getrennt – eine Art optischer Täuschung seines Bewusstseins. Diese Täuschung ist eine Art Gefängnis für uns. Sie beschränkt unsere persönlichen Sehnsüchte und unsere Zuneigung zu unseren Nächsten. Es muss unsere Aufgabe sein, uns aus diesem Gefängnis zu befreien, indem wir den Kreis unseres Mitgefühls erweitern, so dass er alle Lebewesen umfasst und die gesamte Natur in all ihrer Schönheit. Niemand ist in der Lage, diese vollständig zu erreichen, aber das Streben danach ist in sich selbst ein Teil der Befreiung und ein Fundament für die innere Sicherheit.

Die Nahrung der Ekstase

Wenn wir durch unseren Lebensstil, unsere Programmierungen und Absichten, unseren Willen und die Reinheit unseres Herzens ein gewisses elementales Gleichgewicht erreicht haben, gelangen wir in einen Bereich, in dem uns die Erfahrung der Erleuchtung nährt und wir uns ganz von Licht erfüllt fühlen. In diesem Zustand strömt die Nahrung der Götter buchstäblich durch unser Biosystem und nährt uns auf allen Ebenen gleichzeitig. In diesem Bereich erfüllt so viel Liebe, Licht, Freude und Wissen alle unsere Zellen und jeden Aspekt unseres Seins, dass unsere Fragen verblassen, all unser Verlangen verschwindet und wir uns einfach nur wahrhaft und vollständig erfüllt fühlen.

Die Yogis nennen diese Erfahrung »ultimative Wirklichkeit«, vor allem wenn wir dabei tief in Delta hineingehen und den Verstand hinter uns lassen. In diesem Zustand sind wir die Vollständigkeit des Jetzt, des Kein-Geist, Keine-bewusste-Wahrnehmung, verschmolzen mit der Einheit von Allem, was ist. Hier werden wir von der göttlichsten Frequenz der Quelle gewiegt, umhüllt, geliebt, genährt und neu gestimmt, denn hier sind wir in der Gegenwart der wahrhaftigen Quelle der Schöpfung.

Wir wissen, dass wir in diesem Bereich gewesen sind, wenn wir uns bei unserer Rückkehr in das Beta-/Alpha-Feld unglaublich gut fühlen und uns zumindest zeitweilig vollkommen satt fühlen und wenn wir das »Zeitverlust-Syndrom« erleben, wir uns also zum Beispiel um 11 Uhr zum Meditieren hingesetzt haben und um 13 Uhr wieder zu Bewusstsein kommen und keine Ahnung haben, wo die Zeit geblieben ist – aber mein Gott, fühlen wir uns gut!

Das Eintauchen in diesen Zustand der Glückseligkeit kann Sekunden, Minuten, Stunden oder Tage dauern. Jeder, der sich in ihn hineinbegibt, wird auf einzigartige und tiefgreifende Weise berührt. Im Laufe der letzten dreißig Jahre meiner Meditationen in der Theta-/Delta-Zone hatte ich mehrere Erfahrungen dieses Erfüllt-Seins von Licht, Liebe, Freude und Ekstase. Manchmal blieb ich dabei bei Bewusstsein, manchmal geriet ich jenseits meines mentalen Wahrnehmungsbereichs. Jedes Mal ist anders und jedes Mal ist so nährend, dass ich mich einfach nur gesegnet fühle. Da solche Erfahrungen unsere Fähigkeiten der Telepathie und des Mitgefühls stärken, können erfahrene Meditierende in diesem Zustand eine riesige Bandbreite von Erfahrungen machen. Je mehr wir lernen, uns auf die Frequenzen der *Buddha-*, *Christus-* oder *Madonna-Frequenz* einzustimmen und sie zu halten, desto weniger ungewöhnlich werden Begegnungen mit erhabenen Lichtwesen. In diesen Bereichen ist alles möglich, da alle Türen offen stehen. Was wir denken, manifestiert sich oft unmittelbar vor unseren Augen – gesandt von einem Universum, das uns als manifestierte Götter erkennt.

Es gibt ein weiteres Element, welches bestimmt, wann und wie wir diese Erfahrungen haben: die Gnade. Frederick Büchner hat etwas über Gnade geschrieben, was mich sehr berührt hat. »Die Gnade Gottes bedeutet in etwa: Hier ist dein Leben. Vielleicht bist du nie gewesen, aber du bist, weil es ohne dich nicht vollständig wäre. Hier ist die Welt. Wunderbares und Schreckliches wird geschehen. Fürchte dich nicht. Ich bin bei dir. Nichts kann uns je trennen. Für dich habe ich dieses Universum erschaffen. Ich liebe dich. Es gibt nur einen Haken: Wie bei jedem Geschenk kann auch das Geschenk der Gnade nur dein werden, wenn du es nimmst. Vielleicht ist es auch ein Geschenk, es entgegennehmen zu können.«

Ich hatte immer gedacht, dass Gnade etwas Unbegreifliches sei, was von Zeit zu Zeit durch mein Leben schwingt und den Ereignissen Zauber, Freude und Synchronizität verleiht. Ich bestaunte die Offensichtlichkeit dieser Höheren Kraft, die mich lenkte und in deren Liebes- und Segensstrom ich irgendwie hineingestolpert war. Ich habe jedoch gelernt, dass Gnade nicht gesteuert werden kann, sondern ihren eigenen Bewegungen folgt. Wir können uns nur auf ihren Weg begeben, indem wir reinen Herzens ein makelloses Leben führen und durch unseren Lebensstil auf den göttlichen Kanal eingestimmt bleiben.

Gnade ist eine Erfahrung, die uns aus unserer emotionalen, mentalen und spirituellen Magersucht erlöst. Sie ist eine süchtig machende Substanz, welche uns wissen lässt, dass wir in vollkommener Übereinstimmung mit unserem göttlichen Sein sind und damit unseren spirituellen Körper nährt.

In der katholischen Enzyklopädie steht, dass »Gnade (lat. *gratia, charis*) im Allgemeinen ein übernatürliches Geschenk Gottes an die intellektuellen Wesen (Menschen oder Engel) sei, damit sie

Erlösung finden, ob durch heilsames Handeln oder durch einen Zustand der Heiligkeit«. Dieser Zustand der Heiligkeit entsteht ganz natürlich, wenn uns unser Lebensstil im Theta-/Delta-Bereich verankert. Für mich ist Gnade eine Form der Götter-Speise, da sie mich innerlich nährt, wenn ich sie erlebe. Nichts liebe ich mehr, als auf einer Welle der Gnade zu schwimmen, und wer dies einmal erlebt hat, weiß, dass sich nichts damit vergleichen lässt. Wahre Sättigung entsteht, wenn wir sehen, wissen und spüren, wie vollkommen das Leben sein kann, wenn wir von diesem göttlichen Strom unterstützt werden.

Weitere Nahrungsformen

Es stehen uns viele andere Nahrungsformen zur Verfügung, von denen manche anerkannt sind und andere nicht. Zum Beispiel nährt Lachen unser Herz, genauso wie Gesang. Gesunde, frische Früchte und Gemüse können zusammen mit Getreide und Nüssen unsere Zellen nähren, wenn wir das wünschen. Sportliche Betätigung nährt den physischen Körper durch Kraft und Bewegung, während Meditation mehr unseren Geist und Emotional-Körper nährt und unseren Mental-Körper trainiert, auf eine nährende Art zu fokussieren. Zwischenmenschlicher Körperkontakt wie Küssen oder Umarmen stillt unseren Hunger nach Berührung, so wie ein Sonnenuntergang am Meer unseren Hunger nach Stille oder natürlicher Schönheit stillt. All dies sind konventionelle Formen der Ernährung.

Doch die Menschheit hungert nach unkonventionellen Nahrungsformen, denn das Erwachen unseres DOW in Einzelnen von uns löst das Erwachen des DOW in allen aus. Die Ernährung aus einigen der hier aufgeführten unkonventionellen Nahrungsquellen beschleunigt sein Erwachen und die Freisetzung unserer paranormalen Kräfte. Die oben genannten zehn Punkte der unkonventionellen Nahrungsformen verweisen einfach auf einige Werkzeuge, die schon seit Langem von Metaphysikern in aller Welt benutzt werden. Wer mehr über die alten Weisheiten und die Möglichkeiten der göttlichen Ernährung erfahren möchte, muss sich noch tiefer in den Theta-/Delta-Bereich begeben. Wenn wir uns dort gut gesättigt haben, dann wirken wir durch unsere persönliche Ausstrahlung auch auf die Ernährung der Welt.

8. Die Nahrung der Göttin

Die Nahrung der Götter ist reine Liebe und Weisheit. Ihr weiblicher Aspekt ist die Nahrung der Göttin. Sie ist der kosmische Verbindungsstoff, ein Feld der reinen bedingungslosen Liebe, die alles Leben auf allen Ebenen und in allen Formen leben lässt. Eine der unkonventionelleren Nahrungsquellen dieser Zeit – auf der auch dieses Buch beruht – ist die Göttliche Mutterliebe oder *Madonna-Frequenz*. Die Göttliche Mutterliebe hat sich seit Äonen durch die Felder der Erde projiziert, schon lange bevor wir eine vorwiegend patriarchalisch orientierte Gesellschaft wurden. Ich will hier keine feministische Diskussion anfangen, sondern nur darauf hinweisen, dass die Verbindung mit der Göttinnen-Energie unsere Seele auf erstaunlich tiefe Art nährt. Einer der Gründe für die hochgradige globale emotionale, mentale und spirituelle Magersucht liegt im Ungleichgewicht von Yin und Yang – der männlichen und weiblichen Energien im Feld unserer Erde. Dieses Ungleichgewicht hat Gewalt, Krieg, Not, Gier und Hunger auf vielen Ebenen ausgelöst.

Einer der offensichtlichen Wege, ein Feld wieder auszugleichen, besteht darin, das Feld mit den Frequenzen zu durchfluten, die ihm fehlen. Die in diesem Buch beschriebenen Instrumente machen das möglich. Vor allem die Liebesatem-Meditation ist dabei von großer Hilfe. Stell dir vor, wie 6 Milliarden Menschen frei einatmen und dabei die Göttliche Mutterliebe in ihr System ziehen und sie beim Ausatmen in die Welt strömen lassen!

Mir wurde schon oft gesagt, ich sei zu politisch. Man rät mir, mich an das Spirituelle zu halten und das Politische zu lassen, doch für mich ist alles spirituell – es gibt keinen Unterschied, und die Hingabe an die höheren Gesetze der Spiritualität ist das Mittel, mit dem wir alle Systeme unserer Welt erfolgreich am Leben erhalten können. In allen esoterischen Kreisen erhalten die Medien und andere, die mit den inneren Ebenen verbunden sind, die gleiche Botschaft: Wir müssen mehr Licht und Liebe in die Welt ausstrahlen, nur so kommen wir ins Gleichgewicht. Die patriarchalisch dominierte Welt muss also mit matriarchaler Energie durchflutet werden, damit wir wieder in die Mitte kommen.

Auf dem Weg dorthin gilt es, die Gaben der Göttin anzuerkennen, die gemeinsamen historischen Wurzeln zu begreifen und mit den entsprechenden Feldern zu arbeiten, um unser eigenes Leben ins Gleichgewicht zu bringen, was sich in den gemeinschaftlichen und globalen Feldern widerspiegeln wird.

Die Beschäftigung mit der Geschichte der Göttin und den Rollen, in denen sie im Laufe der Zeit aufgetreten ist, lässt ein paar Gemeinsamkeiten erkennen, die in der folgenden Auflistung einiger ihrer Legenden und Geschenke deutlich werden.

Zunächst ist da DIE GÖTTLICHE MUTTER

- Schöpferin und Erhalterin allen Lebens
- Quelle der göttlichen Nahrung
- Quelle reiner, bedingungsloser Liebe
- Quelle von Barmherzigkeit und Mitgefühl
- Göttin des Einen, Mutter aller Götter, Göttinnen und der Menschheit; der kosmische Verbindungsstoff hinter der Schöpfung
- Quelle der Gnade und der Freude

Die Göttliche Mutter erstrahlt durch
DIE HOHEPRIESTERIN

- Als direkte Repräsentantin der Göttin auf Erden sichert die Hohepriesterin die Fruchtbarkeit und den Fortbestand der Schöpfung.
- Die Hohepriesterin ist die Göttin in ihren Erscheinungen als Kuan Yin (Asien), Isis (Ägypten), Athene (Griechenland) und Rhiannon (Kelten).
- Allwissend gibt und nimmt sie Leben und erinnert uns an unsere innere Weisheit und den göttlichen inneren Funken. Sie fordert uns auf, diese strahlend in die Welt hinein zu manifestieren.
- Die Hohepriesterin verkörpert Liebe, Barmherzigkeit und Mitgefühl.

Dann gibt es noch DIE DREIFACHE GÖTTIN

- Sie ist die ursprüngliche Trinität und symbolisiert die drei Gesichter der Großen Göttin: 1. Die Jungfrau, stark und selbstbestimmt; 2. Die Mutter als die nährende Quelle und 3. Die Alte als Repräsentantin für Tod und Transformation.
- Die dreifache Göttin erinnert uns an unsere Heiligkeit unabhängig von unserem Alter, denn alle Lebensstufen sind kostbar. Sie erinnert uns auch daran, dass die Göttin viele Gesichter hat, allgegenwärtig und immer heilig ist.

Hindu-Göttinnen sind nach hinduistischem Glauben alle Aspekte der Einen Muttergöttin. Einige Beispiele:

- DURGA: Auch Devi genannt, denn in Indien werden alle Göttinnen als Aspekte des göttlichen Weiblichen angesehen. Devi übernahm den Namen ihres Feindes, des bösen Dämonen Durga, nachdem sie ihn auf einem Tiger reitend in der Schlacht besiegt hatte.
- LAKSHMI: Göttin der Fülle, die Shakti-Form von Vishnu.
- KALI: Die Dreifache Göttin der Schöpfung, die belebende Kraft von Shiva, dem Zerstörer. Kali's Botschaft besteht darin, dass wir uns unseren Ängsten stellen sollen.
- SHAKTI: Als belebende Kraft des Universums vereint Shakti uns mit der göttlichen, kosmischen, orgasmischen Energie des Lebens.

Keltische Göttinnen

- DIE FRAU VOM SEE: Die keltische Göttin des Bewusstseins und der Offenbarung, der Emotion, der Erneuerung und der Kreativität. Sie verleiht uns die Energie, unser Leben zu steuern.
- MORGAINE LE FAYE: Sie repräsentiert einen tiefen inneren Ort der heilenden Magie in uns. Sie ist die Herrscherin von Avalon, bekannt für ihre heilenden Kräfte und ihre prophetischen Visionen. Sie kontrolliert das Schicksal.
- ETAIN: Die keltische Mondgöttin, Gemahlin von Midhir, dem König der Unterwelt, Symbol für Fruchtbarkeit. Sie lehrt uns zu strahlen, wo immer wir sind.
- ARIANRHOD: Die walisische dreifache Mondgöttin, Hüterin des Himmels und der natürlichen Kreisläufe. Sie nährt uns durch die Veränderungen der dunklen Nacht der Seele.

Ägyptische Göttinnen

- ISHTAR: Die babylonische Schöpfungsgöttin, die Quelle allen Lebens. Als Königin des Himmels und Lichtspenderin steht sie für Tatkraft und Stärke.
- ISIS: Mondgöttin, Mutter und Spenderin allen Lebens. Göttin der Landwirtschaft, Medizin und Weisheit. Isis repräsentiert die allumfassende Weiblichkeit.
- HATHOR: Die Mutter aller Götter und Göttinnen, Göttin der Liebe, der Heiterkeit, der Schönheit und der Sinnlichkeit. Erhalterin, Zerstörerin und Schöpferin.
- BAST: Die Erdmuttergöttin der Fülle und des entspannten Spiels. Beschützerin der Frauen im Kindbett, Mutter des Lichts und der Unabhängigkeit.

Römische Göttinnen

- FORTUNA: Göttin der Fülle und des Schicksals.
- FLORA: Göttin der Natur und des Genusses. Sie lehrt uns, das innere und äußere Wachstum sowie die Schönheit des Frühlings und der Blumen zu ehren.
- VENUS: Göttin der Anmut, der physischen und der spirituellen Liebe. Venus führt uns sowohl durch unsere stillen als auch durch unsere stürmischen Emotionen.
- MINERVA: Göttin des Wissens, der Dämmerung, des Krieges und der Weisheit. Schutzpatronin der Künste, der Handwerker und der Mediziner. Sie arbeitet mit den natürlichen Symbolen der Weisheit – der Eule und der Schlange.

Nordamerikanische Göttinnen

- ✎ CHANGING WOMAN (Frau des Wandels): Sie bringt Fülle und lehrt uns, harmonisch miteinander zu leben und zu lieben, die Gastfreundschaft und die Großzügigkeit. Sie verleiht auch die Weisheit der Natur und lehrt uns, die natürlichen Zyklen zu ehren. Sie kann sich verwandeln.

- ✎ EAGLE WOMAN (Adlerfrau): Mit ihrer Hilfe können wir uns über alle Stereotypen und Begrenzungen erheben und dabei weise und nährend bleiben. Sie steht für Geist, Tapferkeit und eine spirituelle Sicht der Dinge.

- ✎ SPIDER WOMAN (Spinnenfrau): Ihre schöpferische Kraft kommt durch Denken, Träumen und Benennen zum Ausdruck. Sie erinnert uns daran, dass von überall her Gutes kommt. Sie brachte dem Volk der Cherokee die Sonne und das Feuer.

- ✎ WHITE SHELL WOMAN / TURQUOISE WOMAN (Weiße Muschelfrau / Türkisfrau): Sie schützt uns vor unseren Feinden, erschuf die Navajo und lehrt uns, die Freuden des Lebens und die Schönheit in allen Dingen zu erkennen.

Griechische Göttinnen

- ✎ APHRODITE: Repräsentiert Frische, Erneuerung, Hoffnung und das weibliche Sein in all seiner Herrlichkeit. Ihr Reich sind die Beziehungen, Gefühle und die reife Liebe. Sie ist die Göttin sowohl der spirituellen als auch der leidenschaftlichen Liebe.

- ✎ ATHENE: Die jungfräuliche Göttin des Krieges, der Weisheit und der Grenzenlosigkeit. Sie ermutigt die Krieger zu Sanftmut und ist die Hüterin der praktischen und der schönen Künste.

∽ ARTEMIS: Sie ist die Hüterin der Tiere und aller wilden, ungezähmten Wesen. Sie symbolisiert weibliche Unabhängigkeit, Heilung und schätzt die Einsamkeit.

∽ DEMETER: Sie ist die griechische Muttergöttin, Mutter von Persephone, Spenderin von Fruchtbarkeit und Fülle. Sie segnet uns mit Vorfreude und einem Leben in Fülle und Hoffnung.

Weitere wichtige Göttinnen

∽ KUAN YIN: Die asiatische Göttin der unendlichen Barmherzigkeit und des Mitgefühls. Sie soll aus den Tränen des Buddha hervorgegangen sein, die er über das Leiden in der Welt vergoss. Sie schützt Kinder und Frauen und unterstützt die Heiler der Welt.

∽ MUTTER MARIA: Die Schöpfergöttin, auch als »Stella Maris« bekannt, steht mit dem Himmel und dem Meer in Verbindung. Maria erinnert uns daran, sanft und mitfühlend mit uns selbst und allen anderen umzugehen.

∽ PANCHAMAMA: Die Erdgöttin von Peru ist bekannt dafür, uns zu Heilung, Ganzheitlichkeit und Heiligkeit zu inspirieren, wenn wir uns der Erdmutter öffnen und uns mit ihr vereinigen.

∽ NUT: Die ägyptische Göttin des Nachthimmels erinnert uns daran, uns dem Mysterium des Lebens und dem Unbegreiflichen zu öffnen, es fließen zu lassen und darauf zu vertrauen, dass der höhere Fluss uns das bringt, was wir brauchen.

∽ NU KUA: Sie ist die Drachengöttin und Erhalterin der universellen Ordnung im Volk der Shansi und Hopei in Nordchina. Sie hilft uns, aus dem Chaos Ordnung zu schaffen.

∽ WALKÜRE: Alte Vogel-Göttin des Lebens, des Todes und

der Wiedergeburt. Sie repräsentiert unser furchtloses Selbst und kann uns durch die Dunkelheit führen, damit wir wachsen.

- HEL: Nordische Göttin der Unterwelt, dem Ort der Erneuerung und der Verkörperung der göttlichen Geheimnisse. Sie lehrt uns, hinter die Masken und Erscheinungen des Lebens zu schauen.

- EVA: Die Mutter, die alles Leben nährt, Schöpferin der Welt und aller Lebewesen. Sie repräsentiert Wiedergeburt und Regeneration. Sie verkörpert die ursprüngliche weibliche schöpferische Energie.

- GAIA: Die ewige, vorgeschichtliche Muttergöttin der Seele, die uns mit den Atomen ihrer Essenz bekleidet. Sie erinnert uns daran, uns in der Wirklichkeit der Natur zu erden und alle Aspekte unseres Seins auszugleichen und anzunehmen, vom Irdischen bis zum Himmlischen.

- SEDNA: Die Göttin der Unterwelt bei den Eskimo. Sie erinnert uns an die nährenden Gaben, die wir in den dunkleren Orten finden können, vor denen wir uns am meisten fürchten.

- PELE: Die hawaianische Göttin des Vulkans, des schöpferischen Feuers. Sie erinnert uns daran, dass selbst in feurigen Ausbrüchen Schöpfung und neues Leben zu finden sind. Sie regeneriert sich durch das Feuer.

- IX CHEL: Die Mondgöttin der MAYA ist mit der Sonne vermählt. Sie ist die Geburtshelferin der schöpferischen Ideen, Göttin der Fruchtbarkeit und der Freiheit, Schutzherrin der Geburt und der Medizin.

- HINA: Polynesische Göttin, die als Ursprung der Welt, der Götter, Göttinnen und Menschen gilt. Sie steht für die Fähigkeit, in allen Situationen gut genährt zu sein.

- BRIGID: Die dreifache Göttin der Kelten, Göttin des Feuers, der Inspiration, der Heilung und des Orakels.

∞ OYA: Wettergöttin der afrikanischen Yoruba und Göttin der Veränderung bei den brasilianischen Macumba. Die Frauen rufen sie an, wenn eine Situation schwer aufzulösen ist.

∞ BABA YAGA: Slawische Göttin der Geburt und des Todes. Sie inspiriert uns, mit der wilden Frau in uns in Kontakt zu gehen und unsere vitalen, instinktiven und ursprünglichen Energien freizusetzen, indem wir unser selbstzerstörerisches Verhalten integrieren.

∞ MAYA: Die hinduistische Schöpfungsgöttin, die Weberin des Lebens und der Illusionen. Der jungfräuliche Aspekt von Kali. Maya zeigt uns die Illusion der materiellen Welt. Sie bringt Magie und Kreativität.

∞ MAEVE: Die berauschende irische Göttin des magischen Landes Tara. Maeve fordert uns auf, uns verantwortlich zu verhalten und die Königin in unserem Reich zu werden.

∞ MAAT: Die alte ägyptische Göttin der Gerechtigkeit, des Gesetzes, der Ordnung und der Wahrheit. Maat bringt Gerechtigkeit in unser Leben, rückt die Dinge gerade und fördert die Lektionen, die wir brauchen.

∞ FREYA: Die nordeuropäische Göttin der Sexualität der jungen Frau und Mutter. Die zwei Aspekte der Großen Göttin. Freya hilft uns, unsere Sexualität zu ehren, uns mit unserer vitalen, ursprünglichen Energie zu verbinden und ganz in unserem Körper präsent zu sein.

∞ LILITH: Die Göttin der Fruchtbarkeit und der Fülle des Nahen Ostens bringt Gleichheit und widersteht aller Unterordnung. Sie repräsentiert auch den Lotus und die Fähigkeit, im Dunkeln zu wachsen. Sie steht für den spirituellen Aspekt der Entfaltung und dem Erblühen unseres Weisheits-Herzens.

GEP-Technik 15:
Der Download der Göttinnen-Energie

1. Schritt: Denke an die Bereiche, in denen du das Gefühl hast, das Gleichgewicht wieder herstellen zu müssen.
2. Bitte darum, dass diejenige Göttin jetzt mit dir arbeitet und dein Feld so beeinflusst, wie es für dich (und/oder das Feld der Erde) am besten ist.
3. Finde so viel wie möglich über diese Göttin heraus, damit du ihre Legenden, Aspekte und Gaben so gut wie möglich verstehst.
4. Bete oder singe täglich zu ihr und bitte sie um Hilfe, damit du (und/oder unser Planet) mit Freude, Leichtigkeit und voller Anmut seine Balance wiederfindet.
5. Stelle ein Bild von ihr an deinem Meditationsplatz auf. Aktiviere es so, dass es zu einem dimensionalen Tor wird.

Natürlich gibt es noch viele andere Göttinnen, die wir anrufen können. Dies soll dir nur einen Anhaltspunkt und eine Ahnung von der Vielgestaltigkeit der göttlichen Mutterenergie mit all ihren Ausdrucksformen geben.

Zusätzliche Ekstase-Übung: Entdecke, was dir ohne jegliche Drogen eine ekstatische Erfahrung verschafft. Konzentriere dich eine Woche lang darauf, das zu tun, was dir ein ekstatisches Gefühl vermittelt. Tue dann etwas, was noch ein bisschen mehr Ekstase in dein Leben bringt.

In letzter Zeit gehört zu meinen Lieblings-Göttinnen EURO-NYME – die Göttin der Ekstase: Sie ist die große Göttin aller Dinge, sie trennte den Himmel vom Meer und tanzte auf den Wellen, um den Nordwind und die Schöpfung hervorzubringen. Die Anrufung dieser prähellenistischen Göttin der Ekstase öffnet uns für die Fülle, den Überschwang und die Verzückung. Die bewusste Entscheidung, die Ekstase zu verführen und zu verzaubern, bietet uns mehr Freude im Leben. Wenn wir unsere verwundeten Emotionen heilen und uns selbst nähren, steht der Ekstase mehr Raum zur Verfügung.

Der Kode dazu lautet: »Ich öffne jetzt meine Felder der Freude und Ekstase des Lebens. Ich rufe die Energien der Göttin Euronyme an, mir dies JETZT zu bringen.«

9. Nahrung aus der Theta-Delta-Welle: Eine unerschöpfliche Quelle

Wenn wir nicht nur von der Notwendigkeit der Nahrungsaufnahme befreit, sondern auf der physischen, emotionalen, mentalen und spirituellen Ebene mit allem versorgt sein wollen, was wir brauchen, müssen wir unsere inneren Energiefelder auf bestimmte Frequenzen einstimmen. Das bedeutet, uns bewusst in die selbsterhaltenden Gehirnwellenmuster der Theta- und Delta-Felder einzuschwingen und dafür drei energetische Tore zu öffnen und zu programmieren.

Als Erstes müssen wir das *Energiezentrum des Herzens* öffnen. Das Herz-Chakra unseres Bio-Systems muss an die endlose Quelle der Liebe angeschlossen werden, damit wir Zugang zur endlosen Nahrungsquelle haben. Wir nennen das auch das Einklinken in den Kanal der reinen Mutterliebe. So können wir auch wenn wir im Alpha-/Beta-Bereich arbeiten, einen grenzenlosen Strom spezifischer Frequenzen übertragen, die nicht nur uns selbst nähren, sondern auch den Planeten so gut versorgen, dass die Manifestation höherer Paradigmen unterstützt wird. Je mehr wir uns von dem Feld des violetten Lichts ernähren lassen, desto schneller sind wir auf allen Ebenen gesättigt – obwohl das auch von unserer Fähigkeit zu empfangen abhängt.

Jeder Mensch kann an seiner Fähigkeit zu empfangen arbeiten. Auch das ist mit Hilfe der Techniken dieses Buches möglich. Vor allem die Liebesatem-Meditation hält den Herz-Kanal offen und weit ausgedehnt.

Der nächste Kanal, den es zu öffnen gilt, ist das Hara, das niedere Tan Tien oder *Sakral-Chakra*. Dieser Energiekanal muss auf die innere Kraftquelle eingestimmt sein, die wir Zentralsonne nennen. Dies ist der Ort unserer wahren Kraft. Tiefes rhythmisches Atmen oder das abwechselnde Atmen durch die Nasenlöcher hält dieses Tor offen für die von uns gewünschten Kanäle, denn unser Atem war schon immer unser freiester, schnellster und kraftvollster Kanal-Wechsler.

Drittens muss unser *Kronen-Chakra* an den kosmischen Computer angeschlossen werden, und zwar mit Hilfe der »drei Kabel« der göttlichen Liebe, der göttlichen Weisheit und der göttlichen Kraft. Die Schritte dazu werden im Folgenden beschrieben. So kann unser System ständig aus der einzigen Quelle genährt werden, die all unseren Hunger stillt und uns erfüllt, denn diese Quelle hat unseren Hunger schließlich auch hervorgebracht.

Wenn das violette Licht konstant heruntergeladen wird und ständig Liebe durch unser Herz fließt, wenn unser Sakral-Chakra seine Energie aus der Zentralsonne bezieht und alle Zellen und Atome von violettem Licht durchflutet sind, dann können wir mit dem bewussten Löschen und Umprogrammieren unserer Software des »Überlebens« beginnen oder fortfahren. Dann können wir das Gitternetz aktivieren und den inneren und äußeren Energiefluss steuern. Was wir dabei anerkennen und bedenken sollten ist Folgendes:

- ∞ Unsere Körper bestehen zu siebzig Prozent aus Wasser. Dr. Masaru Emoto hat mit seiner Arbeit bewiesen, dass Wasser auf Worte und Musik reagiert, wie in seinem Buch »Die Botschaft des Wassers« nachzulesen ist.
- ∞ Die Flüssigkeiten unseres Körpers können also programmiert werden und auch das Wasser, das wir täglich zu uns

nehmen, kann so programmiert werden, dass es uns nährt und unterstützt.

∞ Auch unsere Drüsen, vor allem die Hypophyse und die Zirbeldrüse sowie die Flüssigkeiten des endokrinen Drüsensystems und des Craniosakral-Systems müssen neu programmiert werden. Eine Programmierung auf Selbst-Regeneration und Unsterblichkeit hat eine Rückwirkung auf das Biosystem, da dies Theta-/Delta-Feld-Qualitäten sind.

Wenn wir aus den inneren Ebenen Theta-/Delta-Wellen in einem für uns verträglichen Maß herunterladen, verändert sich spontan auch die Ausstrahlung unseres äußeren Feldes. Diese äußeren Felder können so verändert werden, dass sie Zugang zum Prana des externen Theta-/Delta-Feldes haben, welches alles umgibt und durchdringt. Das kann zum Beispiel durch Bioschilde geschehen, auf die wir in Teil 2 eingehen werden.

Wichtig ist auch, alle Arbeiten im Feld mit gesundem Menschenverstand zu begleiten und mit einem Lebensstil zu unterstützen, der die Fähigkeit unseres Körpers erweitert, die Theta-/Delta-Wellen anzuziehen, zu halten und auszustrahlen. Unser bisheriges Leben bestimmt, welches Programm für uns am besten ist, um unsere Felder erfolgreich einzustimmen. Wir werden später noch weitere Vorschläge dazu machen.

In der folgenden Meditation werden wir unser Bio-System bewusst in die drei wichtigsten Nahrungspunkte des Gitternetzes einklinken – das Herz der Göttlichen Mutter, die Zentralsonne und den Geist der Höchsten Intelligenz. Unsere Sonne ist eine bedeutende Gitternetz-Station, eine Erhalterin und Nährerin des Lebens. Sie ist das Tor, durch welches die DOW-Kraft unseren physischen Körper mit unserem Lichtkörper verbinden kann. Unsere Sonne – dieser kleine Punkt in unserer Galaxis –

nährt sich von Energie von außerhalb unseres Sonnensystems. Nachdem sie diese verdaut und geläutert hat, strahlt sie eine Art pranische Suppe aus, welche die Planeten unseres Sonnensystems ernährt – natürlich auch die Erde, die wiederum uns direkt über ätherische Absorption oder durch Teilnahme an der Nahrungskette nährt.

Der armenische Seher und Lehrer G.I. Gurdjieff hat kommentiert, dass wir siebzig Prozent unserer Nahrung durch das Atmen aufnehmen, welches er unsere »erste Nahrung« nennt. Die Sonne zieht ihre Vitalität aus den Weiten des Weltalls. Mit ihrer großen Kraft zieht sie Strahlen mit Lebens-Atomen an, die weit über der physischen Ebene schwingen und von den äußeren Sonnen des Alls stammen. So nähren die Sonnen einander. Im interstellaren Raum werden dem neue Energiekomponenten hinzugefügt. Die Sonne nimmt diese durch andere Sonnen bereits vorverdauten Strahlen an ihrem Nordpol auf, reinigt sie in ihrem Herzen und strahlt sie am Südpol wieder aus. Alle Planeten nähren sich genauso. Unsere Sonne ist das Gehirn und das Herz unseres Sonnensystems.

Der Austausch von Lebens-Atomen im Menschen funktioniert genauso. Wann immer eine Gruppe von Menschen zusammenkommt, werden Lebens-Atome ausgetauscht. Das ist einer der Gründe, weshalb Menschen, die zusammenleben, im Laufe der Zeit einander ähneln. Das ist die okkulte Bedeutung des Spruchs: »An ihren Freunden sollt ihr sie erkennen.« Unser persönliches Biofeld verschmilzt dabei mit unserem Sozialfeld. Genauso fließt die wahre Nahrungsquelle durch unsere Zellen und unsere Seelen, wenn die inneren Türen geöffnet sind.

In der dimensionalen Biofeld-Wissenschaft ist die physische Sonne die materielle Form eines intelligenten Wesens namens

Lord Helios. Es ist ein Bewusstseinsstrahl aus der Zentralsonne. Die Zentralsonne ist das galaktische Zentrum der universellen Lebens-Elektrizität. Sie ist das Reservoir der göttlichen Strahlung am Anbeginn jeder Schöpfung. Unsere Sonne ist das Symbol des menschlichen Selbst, auch DOW, Atman, Monade oder Ich-Bin-Gegenwart genannt, das Höchste und Reinste in jedem Individuum. Ein erleuchteter Mensch erlebt es manchmal, dass sein Körper tagelang von Licht umgeben ist. Das bezeichnen wir dann als »Sonnenglanz-Hülle«.

GEP-Technik 16:
Einklinken mit dem kosmischen Kabel

1. Schritt: Setze dich still hin und übe die Liebesatem-Meditation. Stelle dir dabei vor, wie dein Herzchakra an einen endlosen Strom der göttlichen Mutterliebe angeschlossen ist. Stell dir vor, dass so viel Mutterliebe durch dein Herzchakra fließt, dass sie in deine oberen und unteren Chakras überfließt und sie dadurch auf den göttlichen Liebeskanal einstimmt. Dies öffnet deinen Herzkanal und wenn du das jeden Tag übst, wird dein Herz auf die Theta-/Delta-Frequenz eingeschwungen bleiben. Dieser Kanal wird durch den sechsten Punkt des *Köstlichen Lebensstils* gestärkt: den täglichen selbstlosen Dienst am Nächsten.

2. Schritt: Nun öffnen wir das niedere Tan Tien oder Hara – unser Sakral-Chakra, und schwingen es auf den Kanal der Zentralsonne ein.

∞ Du konzentrierst dich auf den Bereich knapp unterhalb deines Nabels. Stell dir vor, wie violettes Licht durch dein offenes Herz und deinen Körper in dieses Energiezentrum fließt.

∽ Stell dir vor, wie sich dieses Zentrum vom violetten Licht ernährt und wie es wächst, sich erweitert und sich auf die göttliche Liebe, göttliche Weisheit und göttliche Kraft einschwingt, aus der das violette Licht strömt.

∽ Stell dir jetzt vor, dass diese drei Strahlen aus der Quelle durch Raum und Zeit zu einem riesigen, strahlend weißen Lichtpunkt hingezogen werden, den du instinktiv als die Zentralsonne erkennst.

∽ Stell dir vor, wie diese drei Strahlen durch die Zentralsonne hindurch in dein Sakral-Chakra fließen und damit diese drei kosmischen Kabel dauerhaft dort einklinken.

∽ Stell dir nun vor, wie die für dein Chakra perfekte Menge göttlich-elektrischer Energie heruntergeladen wird, um dir ständig zur Verfügung zu stehen.

∽ Stell dir auch vor, wie ausreichend reines Licht von der Zentralsonne durch dieses Chakra strahlt und herabfließt, um dein Wurzelchakra zu nähren und weiter hinaufströmt, um dein Solarplexus-Chakra zu nähren. So bleiben diese drei Chakras in einem erweiterten Zustand und können als eine einzige rotierende Lichtsäule wirken, wie es in der Meditation der violettes Licht ausstrahlende Chakrasäule (GEP-Technik 12) beschrieben wird.

3. Schritt: Der Anschluss unseres Kronen-Chakras an den kosmischen Computer – an Gott oder die Quelle – mit Hilfe des Drei-Kabel-Systems.

∽ Setze dich wie beim 2. Schritt still hin und stelle dir vor, wie der violette Strahl der Quelle durch Raum und Zeit strahlt und sich dauerhaft in deinem Kronen-Chakra verankert. Vielleicht nimmst du ihn zunächst als einen rosafarbenen Strahl der göttlichen Liebe aus dem Herzen der Göttlichen

Mutter wahr, wie wir es in der Liebesatem-Meditation gemacht haben.

∞ Stell dir als Nächstes einen weiß-goldenen Strahl vor, der sich in dein Kronen-Chakra einklinkt und alle Weisheit in dich hineinfließen lässt, die du von der Höchsten Intelligenz benötigst.

∞ Visualisiere als Nächstes einen blauen Strahl, der alle Kraft in sich trägt, die du für das benötigst, wofür du hergekommen bist und das du jetzt in Liebe und Weisheit ausführen kannst. Stell dir wiederum vor, wie ein endloser Strahl reiner Nahrung aus der Quelle in den Theta-/Delta-Feldern durch diese drei Kabel direkt in dein System fließt.

∞ Stell dir vor, wie genügend reines Licht aus der Quelle durch dieses Chakra nach unten fließt und dein Stirn- und Kehl-Chakra nährt, so dass die drei Chakras in einem permanenten Zustand der Erweiterung gehalten werden und als ein einziger rotierender Lichttunnel wirken können.

Diese Meditation muss wie jede Gitternetzarbeit nur ein einziges Mal durchgeführt werden, denn wenn die Verbindungen einmal hergestellt sind, dann stehen sie. Doch es hängt ganz von deiner Frequenz, also deinem Lebensstil ab, wie du diese Türen offen und die Verbindungen stark halten und damit dein System mit nährenden Energien fluten kannst. Wir können nicht genug betonen, dass dein Lebensstil bestimmt, wie du Zugang zur göttlichen Nahrungsquelle bekommst. Je mehr wir uns auf etwas konzentrieren, desto stärker wird es, je mehr wir also davon ausgehen, dass die obige Meditation das tut, was wir von ihr erwarten, desto schneller und anhaltender wird sie das auch tun.

Auch wenn du zu den Menschen gehörst, die gerne physisches Essen genießen und kein Interesse daran hast, nur von Licht aus dem göttlichen Nahrungskanal zu leben, trifft alles bis hierher Gesagte zu, denn die Meditationen, Programmierungen und der *Köstliche Lebensstil* nähren dich auf der physischen, emotionalen, mentalen und spirituellen Ebene. Wie viel Nahrung du aufnehmen kannst, hängt von deinem Verlangen und deiner Hingabe ab. Nur du selbst kannst dein persönliches Biofeld auf diesen Kanal einschwingen und dadurch die Gesundheit und Zufriedenheit erlangen, die du brauchst.

Göttliche Nahrung

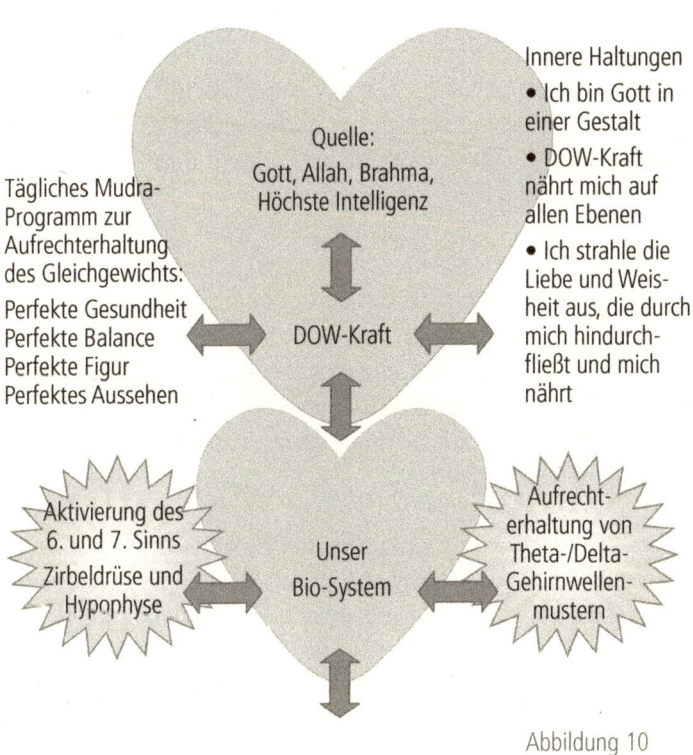

Innere Haltungen
- Ich bin Gott in einer Gestalt
- DOW-Kraft nährt mich auf allen Ebenen
- Ich strahle die Liebe und Weisheit aus, die durch mich hindurchfließt und mich nährt

Quelle: Gott, Allah, Brahma, Höchste Intelligenz

Tägliches Mudra-Programm zur Aufrechterhaltung des Gleichgewichts:
Perfekte Gesundheit
Perfekte Balance
Perfekte Figur
Perfektes Aussehen

DOW-Kraft

Unser Bio-System

Aktivierung des 6. und 7. Sinns
Zirbeldrüse und Hypophyse

Aufrechterhaltung von Theta-/Delta-Gehirnwellen-mustern

Abbildung 10

Das Programm Köstlicher Lebensstil zur Aktivierung des göttlichen Nahrungsflusses. Es schwingt uns auf den Kanal der Madonna-Frequenz ein, der uns physisch, emotional, mental und spirituell ernährt.

10. Das nährende Umfeld – der geeignete Ashram

Es gibt nicht nur viele konventionelle und unkonventionelle Quellen, aus denen wir uns physisch, emotional, mental und spirituell nähren können, sondern auch ein weiteres wichtiges Nahrungsfeld: unser persönlicher Zufluchtsort. Nicht nur wie wir leben, sondern auch wo wir leben, kann uns nähren oder auslaugen. Ein Umfeld, in dem ständig der Fernseher oder laute Musik läuft oder permanent geredet wird, kann unseren Geist genauso aushungern wie eine Umgebung, die von Angst, Konflikten, Spannungen oder Ärger erfüllt ist, unserem Emotional-Körper die notwendige Liebe und Sicherheit entzieht. Auch eine langweilige oder sinnentleerte Umgebung hungert uns auf allen Ebenen aus.

Eine uns auf allen Ebenen nährende Umgebung zu erschaffen bedeutet, dass wir uns sowohl um unsere Innen- als auch um unsere Außenwelt kümmern müssen – um das Metaphysische und um das Physische. Schließlich bedeutet Metaphysik das Studium des Lebens und es ist unsere persönliche Verantwortung und tägliche Herausforderung, uns auf allen Ebenen gut zu versorgen.

Den folgenden Artikel schrieb ich Anfang 2003 für unser kostenloses Online-Magazin ELRAANIS. Damals suchte ich selbst nach einer besseren Art und Weise, mich zu nähren. Ich war sieben Jahre lang unterwegs gewesen, hatte meistens in Hotelzimmern und in belasteten Großstädten gelebt und mein Inneres hatte angefangen, gewisse Formen der Nahrung zu vermissen. Meine spirituelle Arbeit ist zwar sehr befriedigend und nährend, doch ich hatte einen Teil des Programms erfolgreich erledigt und fühlte mich zu einer Ruhepause in einer Umgebung hingezogen, in der ich tiefer aus dem Theta-/Delta-Brunnen schöpfen kann.

Was auch immer wir verändern, wir nehmen uns selbst immer mit. Liegt die notwendige Verwandlung in eine Welt, die wieder singen kann, wirklich in uns selbst? Wir brauchen nur unsere innere Haltung zu ändern und ein ganz neues Spiel beginnt... Ich finde das alles sehr wundersam. Doch was ist, wenn die Veränderung der inneren Einstellung nicht genügt?

Ich wurde kürzlich darin geführt, meine Stadtwohnung hinter mir zu lassen und meinen eigenen Ashram am Strand einzurichten – ein »Ein-Mädchen-Kloster« ohne äußere Reize wie Fernsehen oder Essen, einen heiligen Ort mit einer täglichen Dosis heiliger Musik, viel Stille und Meerwind, körperlicher Betätigung, Meditation, Yoga, viel frischem Wasser zum Trinken und ab und zu dem Genuss einer Tasse Tee. Für manche ist so eine Art zu leben belebend und erfrischend, für andere mag es zu extrem sein.

Doch wenn wir ein Vorbild sein wollen, ein Strahl der Gesundheit, der Zufriedenheit, des Friedens und des Wohlbefindens in der Welt, dann müssen wir das auch leben, dann müssen wir diesen Tanz mit den Elementen auch harmonisch tanzen. Wie können wir wünschen, dass andere sich so verhalten sollen, wenn wir es in unserem eigenen Leben nicht schaffen? Das zu erkennen und nicht im Rahmen unserer Möglichkeiten mit all unserer Kraft zu tun wäre scheinheilig. Es bringt uns nur Leid, unsere innere Führung zu ignorieren.

In eine neue, nährende Umgebung umzuziehen kann eine lohnende, aber aufwändige Angelegenheit sein. Deshalb habe ich meinen Wohn-Engel mit einer telepathischen Liste ausgestattet, mit der üblichen Bemerkung am Schluss »... oder etwas Besseres, bitte«, und wurde prompt an den perfekten Ort geführt, um meine Auszeit vom Stadtleben zu beginnen. Als ich mich in meinem alten Zuhause umsah und überlegte, was ich mitnehmen wollte, erkannte ich, dass meine Bedürfnisse zu diesem Zeitpunkt meines Lebens gering waren. Ein paar Bilder und esoterische Skulpturen, mein Mountainbike, Staffelei und Farben, meine Meditationskissen, jede Menge wunderbare Musik und ein paar Kleidungsstücke, das war alles. Ich fuhr los und begann ein neues Jahr der nährenden Freizeit für mich.

Vor fast dreißig Jahren hatte ich mich in einem Ashram in Sydney beworben. Man sagte mir, ich sei zu jung und sollte erst mal noch ein wenig mein Leben leben. Das habe ich getan, ließ mich von Familiengründung, Kindern und einer Karriere ablenken und spielte die Ernährerin für alle, nur um mich jetzt wieder von all dem befreit zum Ashram-Leben hingezogen zu fühlen. Vielleicht komme ich langsam in das Alter der alten Weisen, vielleicht brauchte ich auch einfach ein wenig Aus-Zeit von der ganzen Herumfahrerei – jedenfalls habe ich festgestellt, dass ich gar nicht in einen bereits existierenden Ashram ziehen muss: Ich kann meinen eigenen erschaffen! Welch eine Freude!

In seiner höchsten Bedeutung ist ein Ashram ein heiliger Raum, ein mittels Willen, Absicht und Frequenz auf die göttlichen Kanäle eingeschwungenes Energiefeld. Idealerweise ist ein Ashram ein heiliger Ort, welcher das Individuum auf physischer, mentaler emotionaler und spiritueller Ebene nährt und zugleich ein geordnetes Umfeld zum persönlichen Wachstum bietet. Manche traditionelle Ashrams des Ostens fördern diese innere Disziplin und Entwicklung durch ein strenges Leben, Dienst und Stille.

Der moderne Ashram jedoch, den wir auch bei uns Zuhause errichten können, soll uns auf allen Ebenen fit halten und uns gleichzeitig die perfekte Ausgangsbasis für das vollkommene Handeln liefern. Das vollkommene Ergebnis wäre natürlich eine uns tief nährende Erfahrung der Gesundheit, des Glücks, des Friedens und des Wohlstands. Der ideale Ashram gibt uns das Gefühl, Zuhause zu sein – im Einklang mit unserem wahren Wesen und zutiefst zufrieden. So, als würden wir in einem Raum existieren, der unser tiefstes Wesen nährt.

Wenn wir richtig gut genährt sind, können wir sagen:

- ∞ Ich bin mit allem zufrieden, was ich in meinem Leben jetzt erschaffen habe.
- ∞ Heute ist ein guter Tag zum Sterben.

Die erste Aussage erklärt sich selbst. Die zweite ist ein alter indianischer Schlachtruf, der sinngemäß bedeutet, dass alles in meinem Leben im Frieden ist, alles an seinem Platz und im Rahmen meiner Möglichkeiten gut versorgt ist. Es bedeutet, dass jeder, den ich kenne weiß, dass ich ihn liebe und schätze, dass es kein Bedauern gibt, nichts Ungesagtes, keine unbeendeten Kapitel. Es bedeutet, dass alles in meinem Leben auf allen Ebenen vollständig ist, so dass ich mich entspannen und im Jetzt sein kann. Es bedeutet, dass man sich um alle seine Angelegenheiten gekümmert hat.

Wenn wir uns um alle unsere Angelegenheiten gekümmert haben, können wir die Kostbarkeit eines jeden Augenblicks schätzen, uns über das Ergebnis unserer Entscheidungen freuen und alles, was uns widerfährt, als das erkennen, was es ist: ein Spiegel unseres Bewusstseins und eine Chance, zu wachsen und zu lernen. Es bedeutet auch, mit anderen angemessen umzugehen, niemanden zu beleidigen, vor allem nicht unser göttliches Selbst, indem wir seine Stimme ignorieren. Ja, ich weiß, unser göttliches Selbst kann nicht beleidigt werden, weil es uns einfach nur liebevoll lächelnd beim Spielen beobachtet und gerne mitspielt, wenn wir es einladen – oder schon vor Äonen eingeladen haben.

Es ist nur offensichtlich, dass jeder seinen angemessenen Ashram für sich errichten muss – ein Umfeld für das »Glücklich-gesund-friedvoll-und-wohlhabend-Spiel«. Aus der Sicht der dimensionalen Biofeld-Wissenschaft bedeutet das, dass die richtige Frequenz für die entsprechende Ladung des Quantenfelds hergestellt wird. Doch auch wenn hier Einzigartigkeit herrscht und es nicht nur einen Weg zur Freude gibt, können uns bestimmte Techniken und Annahmen helfen, uns auf diesen Kanal einzuschwingen. Da sind zunächst unser Lebensstil und unsere Gedankenmuster, die unsere Energie in diese Richtung lenken können. Das Nächste ist unser Umfeld – manche nennen es das innere und das äußere Haus Gottes. Ein Ashram ist ein äußeres Haus Gottes, welches das innere Haus offenbaren soll.

Die alten Weisen sagen, dass wir nur einen physischen, emotionalen und mentalen Körper haben, damit unsere göttliche Essenz sich in der Form erkennen kann. Für viele Menschen ist dies die *erste metaphysische Annahme.*

Die *zweite Annahme* ist, dass wir Klone von Gott sind, mit der gleichen Software vorprogrammiert, auf die sich Jesus bezieht, wenn er sagt: »Mein Vater und ich sind Eins«. Die *dritte Annahme* geht davon aus, dass diese Software unser System mühelos steuern kann, wenn wir sie dazu einladen und unsere vergiftenden Lebensweisen unterlassen, denn wir wissen, dass unsere giftigen Gedanken, Gefühle und Nahrungsmittel unserem Biosystem nur Krankheit und Verfall bringen. Die *vierte Annahme* besagt, dass unser physisches Biosystem göttliche Hardware ist. Teil eines riesigen kosmischen Großcomputers oder organischen Super-Chips. Jeder von uns ist darin eine Zelle oder ein Atom.

Es gibt noch viele weitere metaphysische Annahmen, die nur auf wissenschaftliche Bestätigung warten. Untersuchungen haben bestätigt, dass unsere Umgebung von entscheidender Bedeutung für unsere Felder ist. Zusammen mit unseren Überzeugungen bestimmt sie, was wir anziehen. Es ist eine Kunst, für sich ein Umfeld zu erschaffen, welches uns in »perfekter Ausrichtung auf ein perfektes Handeln und ein perfektes Ergebnis« hält. Anders gesagt muss die ideale Umgebung für diejenigen, die Gesundheit, Zufriedenheit, Frieden und Wohlstand erleben wollen, liebevoll und unterstützend sein, frei von Stress und ein Gewinn für uns selbst, unsere Mitmenschen und den Planeten. Nur so können wir das Paradies miterschaffen.

Wir möchten dich also einladen, dir die beiden Aussagen »Ich bin mit allem zufrieden« und »Heute ist ein guter Tag zum Sterben« anzuschauen und ehrlich für dich zu beantworten. Wenn du zu beiden Ja sagen kannst, dann darfst du dich entspannen und alles genießen. Wenn nicht, solltest du dein Leben so lange verändern, bis du zu beiden Ja sagen kannst. Wo auch immer du hingehst, nimmst du dich selbst mit. Veränderungen beginnen mit einer anderen Einstellung deinem Leben gegenüber. In den sieben Jahren, die ich durch die Welt gereist bin, habe ich viel Leid gesehen und viele Menschen, die nach westlichem Standard in großer Not lebten. Doch manche der glücklichsten Menschen, die ich fand, gehörten zu den materiell Ärmsten.

Gesundheit, Zufriedenheit, Frieden und Wohlstand für uns selbst und die Welt sollten der Mindeststandard sein. Alles befindet sich in unserer Reichweite und wir haben inzwischen mehr als genug Techniken und Werkzeuge zur Verfügung, um dieses Ziel zu erreichen.

Es ist ein natürlicher Bestandteil der Lebenszyklen und es ist notwendig, wenn wir in unserem Leben Ordnung schaffen wollen, den Mut aufzubringen, mit alten Gewohnheiten zu brechen, die uns nicht mehr weiterhelfen. Dann sollten wir tapfer weiterziehen, uns entschuldigen oder verabschieden und neue Möglichkeiten begrüßen. Der wahre Ashram offenbart unser göttliches Selbst, und die Reinheit unseres Herzens bestimmt unsere Erfahrung.

Ich persönlich liebe die Vorstellung, ein Haus mit der Familie zu haben, wo ich mich in die mir vertraute Gemeinschaft hineinbegeben kann. Ich mag es aber auch, mein Ashram-Apartment, mein göttliches Mutterhaus auf dem Hügel über dem Meer in mein Feld einzubeziehen. Ich schaue auf alles, was wir in den letzten Jahren erreicht haben, während ich mit meiner Fitness experimentiert und mich in Extreme begeben habe, ausruhte und mich weiter vorantrieb. Ich erinnere mich, wie wir die Tür für Kontroversen geöffnet, ihr unangenehmes graues Licht durchlebt und die Tür leise wieder geschlossen haben. Jetzt kann ich endlich im Planetarischen Friedensprogramm und Spiel der göttlichen Ernährung alles zusammenfassen und spüre Vollendung und Frieden. In meiner Welt ist alles gut.

Die perfekte nährende äußere Umgebung kann auch mit Hilfe von Feng Shui, Bioschilden und dem Neuweben von Feldern unterstützt werden. Unser äußeres Umfeld ist ein Spiegel unseres inneren Umfeldes. Ein Mensch, der auf allen Ebenen wohl genährt ist, scheint automatisch ein Umfeld zu erschaffen, dass seinen Nahrungsfluss unterstützt und auch andere nährt. In der jetzigen Zeit sind wir aufgefordert, nicht nur uns selbst mit den geringstmöglichen Auswirkungen auf unsere globale Umwelt zu nähren, sondern auch unsere Felder, wann immer nötig, auszudehnen und andere zu nähren, denn das »ICH-Paradigma« blockiert den göttlichen Nahrungsfluss, während das »Wir-Spiel« ihn befreit.

GEP-Technik 17 :
Ein nährendes Heim

- ∽ Entsorge oder verschenke alles, was du nicht mehr gebrauchen kannst und was weder einen sentimentalen noch spirituellen Wert für dich besitzt.
- ∽ Arbeite mit Feng Shui, um die inneren Energiefelder deines Heims zu stärken und positiv auszurichten.
- ∽ Erschaffe einen Meditations- oder Yoga-Platz, an dem du in aller Stille ein Alpha-/Theta-Feld aufbauen kannst.
- ∽ Schmücke die Wände mit spirituellen Bildern und aktiviere sie, damit sie Tore für die Energie der höheren Wesen werden, die deine Seele nähren.

11. Häufig gestellte Fragen

Frage: Wenn es nicht unsere Bestimmung ist, physische Nahrung zu uns zu nehmen, warum haben wir dann Zähne und einen Magen?

Unser derzeitiges Verdauungssystem hat sich im Laufe der Zeit entwickelt. Es ist ein Spiegel unserer Überzeugungen. Wenn diese sich ändern, ändert sich auch unser Verdauungssystem. Wenn wir uns wieder mit unserer DOW-Kraft verbinden, können wir tatsächlich tun, was wir wollen, denn wir sind die Meister unseres Körpers. Jede unserer Zellen lauscht unablässig unseren Gedanken, Worten und Taten. Die Atome und Moleküle passen sich dem an. Wir sind die erste Generation von Lichtessern im Westen. Auch wir sind in den Prozess der Evolution eingebunden. Doch zukünftige Generationen von Lichtessern werden andere innere Kreisläufe entwickeln.

Kurz gefasst lässt sich sagen, dass alles von der Evolution, der Zeit und der Fähigkeit unseres Körpers abhängt, unsere Überzeugungen zu spiegeln. Wer weiter essen will, behält sein gegenwärtiges Verdauungssystem und wer sich für die göttliche Nahrung entscheidet, wird im Laufe der Zeit ein Verdauungssystem entwickeln, was dem entspricht. Es heißt, dass bei unserer Ankunft auf diesem Planeten unser Biosystem anders war als heute. Es konnte sich selbst erhalten und brauchte weder Essen noch Wasser. Wir haben uns zu unserem jetzigen Zustand hin entwickelt und unsere Zukunft wird von unseren Entscheidungen und unserem Lebensstil abhängen.

Frage: Viele der Menschen, die ganzheitlich und in Kontakt mit den Alpha-, Theta- und Deltafeldern leben, werden zunehmend empfindlicher. Dadurch haben sie oft das starke Bedürfnis, sich mehr zurückzuziehen, weil es ihnen in dem dichteren Beta-Bereich unserer Gesellschaft unangenehm ist. Es findet auch oft eine gewisse Entfremdung gegenüber Familie und Freunden statt. Kannst du dazu etwas sagen?

Ein dimensionaler Biofeld-Techniker bzw. ein spirituell Einge-weihter hat gelernt, sich in allen Feldern zurechtzufinden. Er kann mit allen Feldern arbeiten und idealerweise mit jedem Feld harmonisch zusammen sein, ohne dass es sein eigenes Feld stört. Wie bereits gesagt sind unsere wichtigsten Instrumente zur selektiven Absorption der von uns erwünschten Frequenzen

- ∞ unsere Absicht, unser Wille und unsere innere Haltung, zum Beispiel Absorption im Gegensatz zur Ausstrahlung
- ∞ die Verwendung von Bioschilden, auf die wir in Teil 2 wei-ter eingehen werden
- ∞ das Wissen, wie man ein bereits existierendes Feld beein-flussen kann und wie man ein neues Feld webt, das uns auf eine nährendere Art unterstützt.

Es ist auch hilfreich zu verstehen, dass der Zugang zum gött-lichen Nahrungskanal nicht nur den wenigen Glücklichen, den Gesegneten oder den Heiligen vorbehalten ist. Jeder kann sich in die *Madonna-Frequenz* mit all ihrer Liebe und Weisheit und damit in den Lichtnahrungskanal einklinken. Doch es bleibt zunächst eine Herausforderung, in einer Beta-dominierten Welt zu leben und gleichzeitig genug Nahrung aus dem Theta-Feld zu holen, um gesund zu bleiben. Deswegen sind die energetischen Einklink-Techniken und Bioschilde so hilfreich. Sie erlauben uns, den Prana-Fluss zu kontrollieren. Auch das tägliche Üben von *Kriya-Yoga* und *Surya-Yoga* sowie die Liebesatem-Medita-tion sind von großem Nutzen.

Als weiteres Problem wurde erwähnt, dass wir uns bei unserer Bewegung in nahrhaftere Bereiche oft aus dem Beziehungsfeld jener Menschen entfernen, die ihre Frequenz nicht auf uns einstellen wollen. Besonders in der Familie oder unter Freunden fällt das auf, wenn sie unsere Entscheidung für eine ausgesuchtere Ernährung oder einen besonderen Lebensstil nicht verstehen. Ich möchte dazu sagen, dass wir eine durch unsere Abstammung bestimmte Familie und eine globale Familie haben. Idealerweise begegnen wir ihnen mit bedingungsloser Liebe. Stell also sicher, dass du diese Art von Liebe gibst und empfängst, indem du dein DOW bittest, Menschen in dein Leben zu bringen, mit denen du eine auf gegenseitiges Wachstum und Unterstützung beruhende Beziehung entwickeln kannst. Und wenn du das nächste Mal mit deiner Familie zusammen bist, konzentriere dich auf das, was euch gemeinsam ist und was ihr gemeinsam genießen könnt und nicht so sehr auf das, was euch trennt.

Frage: Was ist besser:

- ∞ *ein Kanal für die göttliche Liebe und Weisheit zu sein und sie in die Welt auszustrahlen, was gleichzeitig unser eigenes Biosystem und das der Welt transformiert oder*
- ∞ *sich einen Vorrat von dieser Art von Nahrung anzulegen und aus dieser Reserve heraus zu wirken?*

Im Idealfall beides. Der Aufbau von Reserven ergibt sich automatisch, wenn wir nach dem Programm *Köstlicher Lebensstil* leben. Ich habe beides gemacht und finde die Kombination kraftvoller, als wenn ich nur eines von beiden tue. Früher oder später kommen wir in eine Situation, in der wir eine Extra-Portion geben müssen. Das könnte unsere Reserven erschöpfen, deshalb ist es wichtig, an die unendliche Quelle angeschlossen zu sein und unsere Ausstrahlung rein zu halten. Wegen der besonderen Art von Nahrung, die die Meditation bietet, ist es nur natürlich, dass wir danach hungern, in diesem stillen, liebevollen Zustand zu sein, besonders wenn wir das Gefühl haben, in der Dichte der chaotischen Städte schier zu ertrinken. Nur im Beta-Feld zu leben erzeugt emotionale, mentale und spirituelle Magersucht und bringt der Menschheit Unfrieden, Krieg und Chaos.

Frage: Wie sinnvoll ist es für einen Lichtesser, Yoga zu praktizieren?

Im Laufe der Jahre bin ich zu der Überzeugung gelangt, dass wir alle Yoga-Ansätze brauchen, um erfolgreich an den göttlichen Nahrungskanal angeschlossen zu sein, denn jeder von ihnen enthält eine spezifische Frequenz.

Einer der esoterischen Lehrer, mit dessen Lehre ich mich in weiten Teilen identifizieren kann, ist Mikhael Aivanhov. Gerade als ich mit dem letzten Abschnitt dieses Buches begann, erhielt ich mit der Post sein Buch »Die Herrlichkeit von Tipheret: Das Yoga der Sonne«. Obwohl die beigelegte Postkarte auf Französisch verfasst war, wusste ich, dass ich dieses Buch lesen musste. Ich achte immer sehr auf solche »Zufälle«. Am Tag bevor ich das Buch geschenkt bekam, erhielt ich eine Einladung, Hira Ratan Manek auf seiner Tour durch die USA zu begleiten, um die solare Ernährung zu propagieren. Diese beiden Ereignisse zusammen ließen mich ein wenig tiefer auf die Bedeutung der solaren Ernährung eingehen. Als ich Aivanhovs Buch las, wurde mir klar, dass es wichtige Informationen enthielt, die ich hier einfügen will. Es geht dabei um Surya-Yoga, einen Weg, den ich jahrelang gegangen bin, ohne zu ahnen, dass er so genannt wird.

Beim Surya-Yoga müssen wir still sein und unseren Verstand mittels Meditation und kreativer Visualisation in das fünfte Dimensionsband und darüber hinaus dorthin projizieren, wo wir in den Feldern der Sonne intelligentes Leben erkennen können.

Dies ist jedoch eine fortgeschrittene Praxis für all diejenigen, die für multidimensionale Ausdrucksformen des Lebens der 5., 6., 7. usw. Dimension offen sind. Mikhael Aivanhov schreibt in seinem Buch, dass die Vorstellung, dass unserem Körper aus seinen eigenen atomaren Strukturen eine Art von Nahrung zur Verfügung steht, vielen genauso verrückt erscheint wie die Idee, dass jedes unserer Atome ein Tor zu einem inneren Universum ist oder dass wir Strahlen violetten Lichts steuern können, um damit aus diesen inneren Heiligtümern mehr nährende violette Lichtstrahlen anzuziehen und durch das Biofeedback-System des Shabda-Yoga unsere Zellen nähren können.

Aivanhov bestätigt die Ergebnisse der modernen Forschung, nämlich, dass unser Gehirn die Vorliebe hat, seine Resonanzmuster dem anzupassen, worauf es sich konzentriert. Er schreibt: »Indem er (der Praktizierende) seine gesamte Konzentrationskraft der Sonne zuwendet, kann er die für seine Gesundheit und sein Gleichgewicht nötigen Elemente in all ihrer ursprünglichen Reinheit einfangen und in sich hineinziehen.« Er sagt auch, dass wir uns von der reinen Essenz der Sonne ernähren können, da die Sonne alle lebensnotwendigen Elemente enthält. »Auch wenn es uns nicht bewusst ist: Wenn wir in die Sonne schauen, nimmt unsere Seele die gleiche Form an und wird zu einer strahlenden, weißglühenden Kugel. Es entspricht den Gesetzen des Ähnlichkeits-Zaubers, dass unser ganzes Wesen anfängt, der Sonne zu ähneln, wenn wir sie lange anschauen. Einfach indem wir etwas anschauen erzeugen wir eine Assoziation, eine Allianz zwischen uns selbst und dem, worauf wir schauen. Unsere Schwingung stellt sich darauf ein und völlig unbewusst werden wir ähnlich.«

Aivanhov führt weiter aus: »Wenn Sie wie die Sonne sein wollen, müssen Sie mit großer Liebe und viel Vertrauen in sie schauen.

So werden Sie wärmer und strahlender und fähiger, Leben in andere fließen zu lassen. Ihre Gegenwart wird für andere wie eine warme, strahlende, lebendige Sonne sein.«

Frage: Die Idee der solaren Ernährung oder Surya-Yoga ist ja schön und gut, aber was können wir tun, wenn wir in Gegenden wie zum Beispiel London leben, wo es wenig Sonne und viel Luftverschmutzung gibt, so dass die wertvollen Prana-Strahlen größtenteils ausgefiltert werden?

Genau deshalb sind die Prinzipien der solaren Ernährung meiner Meinung nach nicht ausreichend, um den göttlichen Nahrungsfluss aufrechtzuerhalten. Um das zu tun, müssen wir uns aus der Energie der Zentralsonne nähren, die durch unser niederes Tan Tien fließt. Auch leben alle, die ich kennengelernt habe und die sich erfolgreich aus der Sonne ernähren, inklusive Hiran Ratan Manek, ihre Version des in diesem Buch beschriebenen Lebensstils. Um unsere Gesundheit und Zufriedenheit auf die Dauer aufrechtzuerhalten, müssen wir auf unseren inneren und äußeren Energiefluss mit Kriya-Yoga einwirken.

Frage: Was ist mit den anderen Arten von Yoga? Wie passen sie zum Vorbereitungsprozess für den göttlichen Nahrungskanal?

Die Praxis der Anbetung, des Gebets, der Kontemplation und der Hingabe, die im Christentum Gott entgegengebracht wird, heißt im Hinduismus *Bhakti-Yoga.* Bhakti-Yoga ist das Yoga der Verehrung und der spirituellen Liebe. Ohne die hingebungsvolle Verehrung unseres DOW und ohne unser Verlangen, seine Liebe zu spüren, können wir nicht damit anfangen, uns mit dem Kanal der göttlichen Nahrung zu verbinden, denn es ist diese hingebungsvolle Verehrung, die die Nahrung der Götter anzieht. Die Erfahrungen von Verehrung, Kontemplation und

Gebet sind der disziplinarische Treibstoff, der uns tiefer auf den göttlichen Nahrungskanal einschwingt.

Dann gibt es noch das Yoga des Wissens – *Jnana-Yoga* genannt. Dieser Weg eignet sich vor allem für Menschen, die gerne studieren und philosophieren. Um die Möglichkeit der Lichtnahrung zu akzeptieren, müssen wir unsere Intelligenz ehren und erkennen, dass wir auch eine alles überstrahlende Intelligenz in uns haben, einen Spiegel der Höchsten Intelligenz der ursprünglichen Schöpfungskraft. Um uns erfolgreich zu nähren, müssen wir dieser Kraft vertrauen und uns ihr hingeben. Das kann nur geschehen, wenn wir so ausreichend intellektuell und experimentell nachgeforscht haben, dass wir uns entspannen und unseren inneren Gott uns nähren lassen können. Unsere innere göttliche Intelligenz zuerst zu entdecken und dann zu ehren ist der wahre Weg des Jnana-Yoga.

Auf dem Weg des *Karma-Yoga* lernt der Mensch durch das selbstlose Handeln, den Dienst am Nächsten, ohne einen Lohn zu erwarten. Karma-Yoga lehrt uns Selbstlosigkeit, indem wir Gutes tun und anderen damit helfen. Solche Akte der mitfühlenden Nächstenliebe gehören zu dem Wirkungsvollsten, was wir tun können, um uns auf das Feld der *Madonna-Frequenz* einzuschwingen.

Wir müssen lernen, alle Begrenzungen unseres niederen Seins zu meistern und zum König oder zur Königin unseres inneren Königreiches zu werden, wenn wir uns erfolgreich aus dem göttlichen Nahrungskanal versorgen und unsere Gesundheit erhalten wollen. Dies können wir durch den Weg des *Raja-Yoga* tun, mit dessen Hilfe wir Konzentrationsvermögen und Selbstkontrolle lernen.

Die Praxis des *Hatha-Yoga* befasst sich mit der Stärkung des physischen Körpers, um mit dem Strom der göttlichen Elektrizität umzugehen. Mit Hilfe der verschiedenen Asanas können wir uns in die psychischen Zentren unseres Biosystems einklinken. Die Praxis des Hatha-Yoga verleiht uns Disziplin, Willenskraft und Ausdauer, alles hilfreiche Dinge auf der Reise zur göttlichen Nahrung. Aivanhov sagt jedoch, dass Hatha-Yoga der undisziplinierten westlichen Natur oft nicht liegt.

Die Praxis des *Kriya-Yoga* wird von fast allen Vertretern der Lichtnahrung durchgeführt, denn es ist das Yoga des Lichts mit seinem ganzen Farbspektrum. Es besteht daraus, Licht zu denken, Licht zu visualisieren und den inneren Lichtfluss durch das Stirnchakra oder das obere Tan Tien zu erfahren. Man lernt dabei auch, mit Lichtenergie direkt durch unser aurisches Feld zu arbeiten und man lernt, diesen Lichtfluss auf eine nährende Art zu steuern, ähnlich den Übungen des taoistischen Kleinen Energiekreislaufs.

Es waren bestimmte Kriya-Yoga-Übungen, die es Giri Bala ermöglichten, mehr als sechs Jahrzehnte lang ohne feste oder flüssige Nahrung zu leben und es war auch Kriya-Yoga, durch welches der im Himalaja lebende Babaji seine Unsterblichkeit erlangte. Kriya-Yoga kann man nutzen, um wie in der Geomantie und der Biofeld-Wissenschaft Licht durch Gitternetze zu schicken. Kriya-Yoga ist auch die Grundlage der Bioschilde. Kriya-Yoga nährt unsere Chakras und ihre entsprechenden Meridiane.

Agni-Yoga wird oft von Rebirthern und all jenen praktiziert, die mit der Kraft der Elemente arbeiten, denn im Agni-Yoga wird das innere Feuer als Ursprung der universellen Schöpfung entzündet. Durch Agni-Yoga können wir einen Nahrungsstrom über die Zentralsonne in unser unteres Tan Tien oder Sakral-

Chakra ziehen. Das ist die Fähigkeit, die uns von denjenigen unterscheidet, die von Sonnenenergie leben. Agni-Yoga verbindet uns mit dem Lord Helios, jener Intelligenz, die die Lichtverteilung durch die Sonne steuert.

Es gibt auch noch das *Mantra-Yoga* oder *Shabda-Yoga*. Das ist das Yoga der Kraft der Worte. Spezifische Kodes, Kommandos oder Mantras werden zu bestimmten Zeiten und mit bestimmter Frequenz und Intensität verwendet, um bestimmte Veränderungen im Biosystem zu bewirken und die Kräfte der kosmischen Intelligenz durch Licht umzulenken. Dies spielt auch in unserem Programm *Köstlicher Lebensstil* eine wichtige Rolle, denn dadurch können wir Zugang zur molekularen Intelligenz finden, innere und äußere Energieströme umleiten und zelluläre Verhaltensmuster ändern.

GEP-Technik Nr. 18:
Die Yoga-Praxis

Lerne und praktiziere Meditation und Yoga. Bitte dein DOW, dir den für dich perfekten Yoga- und Meditations-Lehrer zu bringen.

Schamanen

Wir haben jetzt ausführlich über die Anwendung der verschiedenen yogischen Praktiken zur Einstimmung auf die göttliche Nahrung gesprochen. Wir haben auch über die Bedeutung der inneren Haltung gesprochen. Jetzt möchte ich noch ein wenig auf die Schamanen eingehen, denn meistens sind es yogisch oder schamanisch gestimmte Menschen, die sich zur göttlichen Ernährung hingezogen fühlen. Solche Menschen können aufgrund ihrer metaphysischen Erfahrungen diese Konzepte leichter begreifen.

Das Wort »Schamane« kommt aus der Sprache der Tungusen, einem Volksstamm des nördlichen Zentralasien. Ein Schamane ist oft ein Meister der Ekstase und jemand, der seine äußere Erscheinung verändern kann. Schamanen sind in der Lage, durch Meditation oder luzide Träume ihren Bewusstseinszustand willentlich zu verändern. Sie können ihre physische Form verlassen und sich zwischen den Welten bewegen. Sie sind oft Metaphysiker, Heiler oder Menschen, die dem Wind oder dem Feuer gebieten können. In der Regel arbeiten sie in diesem großen Spiel als Einzelgänger.

Wie die Yogis kommen auch die Schamanen aus allen möglichen gesellschaftlichen Schichten. Ihre Kräfte erhalten sie oft nach einer Nahtoderfahrung oder nach einer mühseligen Ausbildung und schwierigen Initiationen. Viele Schamanen bewegen sich zwischen den Dimensionen der höheren und niederen Welten. Sie können dabei eine Seele durch die Unterwelt begleiten oder prophetische Visionen aus den höheren Welten empfangen. Die Schamanen leben oft sowohl am Rande der Realität als auch am Rande der Gesellschaft. Nur wenige haben wirklich die Kraft und Ausdauer, sich in diese anderen Reiche hineinzubegeben und alle damit verbundenen Schwierigkeiten und Krisen durchzustehen, von denen viele Schamanen in ihrem Leben als Brücken zwischen den Welten berichten.

GEP-Technik 19:
Schamanische Übungen

- Lerne, dich zu Hause im Dunkeln zu bewegen. Das trainiert deine Nachtsicht.
- Lerne Dinge geräuschlos zu tun – z.B. eine Mahlzeit zubereiten oder abzuwaschen. Das ist eine Zen-Übung zum Thema Stille.
- Lerne, dich anmutig und still durch ein Feld hindurch zu bewegen, ohne deine Umgebung durch deine Bewegung zu stören. Viele Menschen trampeln durch ihr Haus wie ein Elefantenbaby, knallen die Türen zu und ihre Begegnungen mit anderen sind wie kleine Explosionen. Sich störungsfrei durch ein Feld zu bewegen ist so ähnlich wie das Anpirschen eines Jägers im Busch. Der Jäger muss unglaublich aufmerksam und lautlos sein, um Erfolg zu haben.
- Übe deine Beidhändigkeit. Wenn du beide Hände mit gleicher Kraft und Koordination benutzen kannst, trainierst du das Gleichgewicht zwischen den Gehirnhälften.
- Übe, unabhängig vom Wetter zu werden. Wenn du deine Körpertemperatur steuern kannst, fühlst du dich bei jedem Wetter wohl, ob es nun heiß oder kalt ist. Sende dabei die Wärme oder Kälte immer als Liebe durch dein Herz und durch deinen Körper.

Mache alle Übungen mit Freude, Leichtigkeit, einem Lachen, sei dir deines Einflusses auf die Felder bewusst.

12. Die Madonna-Frequenz

Wir haben bei der Einführung zur göttlichen Nahrung und unserer Erörterung der Gehirnwellenmuster bereits auf einige Vorteile hingewiesen, die sich automatisch einstellen, wenn ein Mensch auf die Theta-/Delta-Frequenz eingestellt ist. Wir haben auch aufgezeigt, dass das Geheimnis der erfolgreichen Ernährung aus diesen Feldern in unserem Lebensstil und unseren Gehirnwellenmustern liegt.

Eine weitere Voraussetzung dafür liegt jedoch in unserer Fähigkeit, nicht nur uns selbst zu lieben und zu nähren, sondern auch andere. Wir können an mehreren Kriterien erkennen, dass diese Art von Nahrung in unser Leben fließt. Meiner Meinung nach sind diese Qualitäten ein Zeichen für das Wirken der *Madonna-Frequenz*, die in ihrer Essenz reine Göttliche Mutterliebe ist. Zurzeit mangelt es an dieser Frequenz auf unserem Planeten, deswegen erleben wir so viel Krieg, Not und Chaos. Wenn ein Mensch von der reinen Nahrung des Göttlichen Liebe/Weisheits-Kanals der *Madonna-Frequenz* lebt, erkennen wir ihn an seinen Tugenden. Dazu gehören unter anderem:

- *Göttliche Ausstrahlung:* Ich nenne dies den »Delta-Feld-Tanz«, denn diese Ebene bringt freudige Wellen der Anmut und Gnade in unser Leben, außerdem Gesundheit, Glück, Frieden und Wohlstand. All diese Dinge kommen automatisch in unser Leben, wenn wir auf die Theta-/Delta-Frequenz ausgerichtet sind.
- *Göttliche Absicht:* Die Motivation dieser Person wird aus ihrem reinen Herzen kommen. Das verschafft ihr Zugang zu makellosen Netzwerken und göttlichen Unterstützungs-

systemen, sowohl auf der inneren als auch auf der äußeren Ebene.

∞ *Göttliche Führung:* Dieser Mensch empfängt Führung durch sein DOW, jener reinen, weisen, liebevollen, unbestechlichen Intelligenz, deren Rat immer zum Besten aller ist. In diesen Zeiten entwickeln viele unter der Führung ihres DOW unbestechliche Netzwerke. Das erste davon ist C.N.N., das »Cosmic Nirvana Network«, zu dem man nur telepathisch durch Geistesbeherrschung und Gebet Zugang erlangt. Dieses innere Netzwerk der »Guten Nachrichten« soll kraftvolle Informationen über die Ko-Kreation unseres persönlichen und globalen Paradieses verbreiten. Der Zugang zu C.N.N. entsteht automatisch, wenn wir unseren sechsten und siebten Sinn, unsere Hypophyse und unsere Zirbeldrüse aktivieren.

∞ *Göttliche Gnade:* Der Fluss der göttlichen Gnade fließt zu Menschen, die auf die *Madonna-Frequenz* eingestellt sind, um die ihrem Vertrag entsprechende Friedensarbeit zu unterstützen. Das Internet und die Welle der göttlichen Gnade sind unsere wesentlichen Kommunikationsnetzwerke, um die Welten miteinander zu verbinden. Die Welle der Gnade ist eine Art göttlicher Elektrizität, die automatisch von den Theta-/Delta-Feldern angezogen wird und manchmal auch Personen in den Alpha-Feldern zuteil wird. Die Welle göttlicher Gnade ist ein Lichtstrahl und ein rhythmischer Klang, der Strukturen zur Förderung erfolgreichen Lebens in sich trägt. Die Triebkraft der Welle der Gnade liegt in den universellen Gesetzen und in der magnetischen Anziehung.

∞ *Göttliche Fülle und Wohlstand:* Dazu gehört auch der Zugang und die Verfügung über die »Kosmische Bank der Fülle« – eine Bank der inneren ätherischen Ebene, deren Türen allen in den Theta-/Delta-Feldern offenstehen. Sie verleiht all jenen, die in ihrem Rhythmus schwingen, eine Fülle der Gesundheit, der Liebe, des Wohlstands, der Begeisterung und der Sinnhaftigkeit. Jeder Mensch, der ernsthaft an der Verbesserung der globalen Harmonie arbeitet oder sein Leben so lebt, dass es allen gut tut, verfügt durch diese Bank über alle dafür notwendigen Ressourcen. Die Reinheit des Herzens und der Absicht ist der Schlüssel zu diesem kosmischen Safe.

∽ *Göttliche Übertragungen:* Als Nebeneffekt der *Madonna-Frequenz* können uns aus der göttlichen Service-Leitung, dem C.N.N., Channelings, göttliche Übertragungen, automatisches Schreiben, Hellsehen, Hellhören und Hellfühlen zufließen. In diesem Feld ist es auch nichts Ungewöhnliches, mit den göttlichen Hierarchien zu verkehren und Hilfe von den Heiligen zu empfangen, denn alles Leben entstammt der göttlichen Liebe der Madonna. Alles Leben, alle Bereiche verdanken ihre Existenz dem Energiefeld der Madonna.

∽ *Göttliche Offenbarungen:* Sie helfen uns, mehr auf den größeren Zusammenhang zu schauen.

∽ *Selbstloser Dienst:* Die göttlichen Offenbarungen inspirieren uns zu selbstlosem Dienst. Die *Madonna-Frequenz* lässt uns anderen gegenüber automatisch mitfühlender, selbstloser, barmherziger und rücksichtsvoller werden. Wenn sie uns durchflutet, bringt sie unser Verlangen an die Oberfläche, für andere zu sorgen und selbst umsorgt zu werden. Dadurch entsteht auch eine Anziehung hin zu den Feldern gleichgesinnter Wesen, wodurch die Gruppe kraftvoller und nährender wird. Die *Madonna-Frequenz* stimuliert und unterstützt Beziehungen, die sich gegenseitig nähren.

∽ *Göttliche Ko-Kreation:* Die *Madonna-Frequenz* bietet allen, die nach dem Besten für sich selbst, dem Besten für die anderen und dem Besten für den Planeten streben, harmonische Lösungen – perfekte Lösungen, die eine wahrhaft zivilisierte Welt unterstützen, eine Welt, die nach dem Motto »Alle lieben, alle achten, alle würdigen« lebt. Dies ist ganz im Sinne von Franz von Assisi, der eine friedliche Ko-Existenz zwischen allen Lebensbereichen predigte. Sein Gruß: »Pax et bonum« bedeutet: »Friede und alles Gute.«

∞ *Göttliche Kommunikation:* Dahinter steht ein Verständnis der Brücken zwischen den Welten. Diese Menschen werden sich darauf konzentrieren und in der Lage sein, verschiedene ganzheitliche und brückenbildende Kommunikationsaspekte in die Welt zu bringen – zum Beispiel zwischen der Religion und der Wissenschaft, zwischen Metaphysik und Quantenphysik, zwischen Ost und West, Tantra und Yoga sowie Schulmedizin und alternativen Heilmethoden. Vielleicht sind diese Menschen auch in Bereichen wie nachhaltiger Umwelt- und Ressourcenentwicklung, Erforschung alternativer Energiequellen, neuer Finanzsysteme und anderen Gebieten tätig, die dem Allgemeinwohl dienen. Wahre göttliche Kommunikation führt uns immer dahin, dem Allgemeinwohl zu dienen, da dies ein natürlicher Bestandteil der *Madonna-Frequenz* der göttlichen Liebe und Weisheit ist.

∞ *Göttliche Manifestation:* Dazu gehört ein Verständnis von der grundlegenden Mechanik der dimensionalen Biofeld-Techniken. Die Erweiterung der Zeit, die Bedeutung jedes neuen Augenblicks und das Überqueren von Zeitlinien gehören dazu.

∞ *Göttliche Seligkeit:* Das Eintauchen in das Feld der *Madonna-Frequenz* löst in unserem gesamten Biosystem eine Flut der Freude, des Lichts und der Erkenntnis aus, die nur als ein vollkommenes Endorphin-High beschrieben werden kann. Glückseligkeit, Nirvana, Samadhi oder Wow-Faktor sind andere Namen für diesen Zustand. Manche bezeichnen diese Reise und Wirklichkeit auch als Ekstase der Erleuchtung. Das Klügste, was wir in dieser Zeit tun können, besteht darin, unser DOW, unser göttlich erleuchtetes inneres Sein einzuladen, um uns zu lieben, zu führen, zu heilen und zu nähren, denn unser DOW ist das einzig Unbestechliche, das wir mit all den 6 Milliarden Menschen auf dieser Erde gemeinsam haben. Erinnere dich: DOW ist Gott in dir selbst. Gott ist das allwissende, allliebende, allmächtige und allgegenwärtige intelligente Energiefeld, dessen Energie aus der reinen Quelle pulsiert, welche die gesamte Schöpfung hervorgebracht hat. Das DOW versteht das Spiel und es behandelt uns wie Gestalt gewordene Götter, die bereits erleuchtet sind und vielleicht einfach vergessen haben, sich entsprechend zu benehmen. Die *Madonna-Frequenz* lässt uns das Prinzip des Gebens und Nehmens begreifen, der göttlichen Vervielfältigung.

∞ *Göttliche Nahrung:* Die reine Theta-/Delta-Feld-Liebe. Wie wir immer wieder betonen möchten, ist die göttliche Liebe die reinste Form von Nahrung, die uns zugänglich ist, denn sie ist der Verbindungsstoff der gesamten Schöpfung, welcher die Moleküle am Leben erhält, die Atome sich erweitern lässt und Zellen und Seelen nährt und sättigt. Die göttliche Ernährung bietet auf der physischen, emotionalen, mentalen und spirituellen Ebene die perfekte Nahrung.

Zusammenfassung

Im Folgenden findest du nun ein sicheres Schritt-für-Schritt-Programm, um auf eine speziellere Ebene dieses Nahrungsflusses zu gelangen und dich von der Notwendigkeit zu befreien, dich von den physischen Nahrungsressourcen dieser Erde ernähren zu müssen. Stell dir vor, welche Auswirkungen diese Lebensweise auf unsere zukünftige Welt haben könnte, wenn wir nachweisen, dass sie funktioniert! Der beste Weg, dies zu tun, ist, es zu leben und ein Vorbild zu sein. Wenn du dich dazu berufen fühlst, dann solltest du jetzt weiterlesen.

All denjenigen, die sich nach Gesundheit und Zufriedenheit auf allen Ebenen sehnen, empfehlen wir den folgenden schrittweisen Prozess – er entspricht der ersten Stufe des Programms der göttlichen Ernährung. Bitte beachte dabei, dass die unten aufgeführten Schritte nicht darauf abzielen, dass du weniger isst, sondern vielmehr mit dem Kanal der göttlichen Nahrung verbunden bist, damit du physisch, emotional, mental und spirituell gesättigt wirst und dabei trotzdem physisches Essen genießen kannst. Die folgenden Schritte verbessern deine Gesundheit, klären deinen Geist, verringern dein Bedürfnis nach Schlaf und mindern deinen Stress. Wenn du alle Schritte anwendest, wirst du feststellen, dass du viel besser mit dem Leben umgehen kannst, mehr Ausdauer hast und dass du dich liebevoller und allgemein wohler fühlst. Andere Vorteile dieses Programms liegen in der Entwicklung deiner intuitiven Fähigkeiten wie Hellfühlen, Hellhören und Hellsehen.

Das Ausmaß dessen, was du daraus gewinnst, hängt von der Zeit ab, die du diesem Programm widmest, doch je gesünder und entspannter du lebst, desto mehr Zeit wirst du zur Verfügung haben. So wird dein Leben von Tag zu Tag besser.

Programm für die 2. Stufe der göttlichen Ernährung:

1. Nimm dir Zeit und setze dich still hin. Sei ehrlich mit dir. Wonach hungerst du noch? Und dann frage dich: Was kann ich tun, um diesen Hunger auf eine Art und Weise zu stillen, die mir und anderen gut tut? Mache eine Liste und setze dir praktische Ziele. Erst wenn du dir im Klaren darüber bist, was du willst, kannst du auch klare Signale aussenden und aus dem dich umgebenden intelligenten Universum eine Antwort erhalten. Ein ehrlicher Blick auf das eigene Leben kann oft die Inspiration für eine Veränderung sein.

2. Wende die 5. und 6. GEP-Technik aus dem in diesem Buch beschriebenen Programm *Köstlicher Lebensstil* an. Reduziere deinen Verbrauch der Ressourcen dieser Erde und verlängere deine Lebenserwartung nach dem Prinzip »weniger essen und länger leben«.

3. Praktiziere früh am Morgen und abends vor dem Schlafengehen fünf bis zehn Minuten lang die Liebesatem-Meditation, GEP-Technik 1, um mehr Liebe in dein Leben zu bringen.

4. Übe die GEP-Technik 3 und verbringe jeden Tag fünf Minuten damit, deinen Organen zuzulächeln. Das fördert deren Gesundheit und das allgemeine Wohlbefinden und stärkt die Verbindung zwischen Körper und bewusster Aufmerksamkeit.

5. Nutze die Körperliebe-Technik (GEP-Technik 4), um deine Gesundheit und dein Wohlbefinden zu steigern.

6. Entdecke, wie dich das Prana von Sonne und Natur nähren kann (GEP-Technik 8). Stille Zeit in der Natur zu verbringen ist auch ein Bestandteil des Programms *Köstlicher Lebensstil*. Lerne Surya-Yoga oder studiere das Buch »Die Herrlichkeit von Tipheret« von Mikhael Aivanhov.

7. Um mehr Chi und Vitalität in deinen Körper zu ziehen,

praktiziere die Meditation des violetten Lichts und stelle dir jeden Morgen und jeden Abend vor, wie noch mehr reines violettes Licht aus den inneren Reichen dein System durchflutet und mit der Nahrung der Götter sättigt. Nimm auf diese Weise jeden Tag fünf bis zehn Minuten lang ein »Lichtbad«, zum Beispiel während du unter der Dusche stehst (GEP-Technik 12)

8. Übe den mikrokosmischen Orbit (GEP-Technik 11). Übe ihn zunächst allein, bis du den Energiefluss deutlich in deinem Körper spüren kannst und nimm ihn dann in dein Sexualleben auf. Mache dich mit heiliger Sexualität vertraut und genieße den erhöhten Genuss der gemeinsamen Zeit.

9. Klinke dich über die kosmischen Kabel ein (GEP-Technik 16), um dich mit den nährenden Kanälen der inneren Theta- und Delta-Wellen zu verbinden. Dies ist ein einmaliges Einstimmen für jeden Tag, und es hilft, sich zum Beispiel beim Duschen vorzustellen, wie dieser innere Strom immer stärker wird. Du kannst dir beispielsweise vorstellen, dass das über deinen Körper strömende Wasser wie heilendes violettes Licht ist, welches in deinen Kopf und durch alle deine Poren strömt.

10. Verändere dein äußeres Umfeld so, dass es dich noch mehr nährt und dir gibt, was du brauchst. Das kann einfach weniger Zeit vor dem Fernseher und mehr Gespräche mit der Familie bedeuten, falls du dich nach sinnvoller Unterhaltung sehnst. Wenn du nach innerer Ruhe und Frieden hungerst, kann es tägliche Meditation bedeuten. Bitte deine Familienmitglieder notfalls, beim Musikhören oder Fernsehen Kopfhörer zu benutzen. Wenn du nach mehr Energie hungerst, verändere deinen Zeitplan so, dass du täglich Bewegung hast und stell dich auf eine lebendige Rohkosternährung um. Wenn du nach mehr Berührung hungerst,

arrangiere vielleicht ein paar fernsehfreie oder kinderfreie Abende, um mehr Intimität mit deinem Partner zu genießen. Sei bei der Stillung deines Hungers kreativ und würdige dabei auch die Bedürfnisse deiner Familie. Erst wenn wir gelernt haben, uns selbst zu nähren, können wir auch von anderen so genährt werden, wie wir es brauchen.

11. Verändere deine innere Einstellung – entschließe dich, mehr Spaß zu haben, mehr zu lachen, mehr zu tanzen, mehr zu singen, mehr zu spielen und mehr für all das Gute in deinem Leben zu danken.

2

Einstieg in die Lichtnahrung auf Stufe 3

1. Das Schritt-für-Schritt-Programm der Stufe 3

Dieses Kapitel befasst sich mit der 3. Stufe – dem Spezialbereich der göttlichen Ernährung und Lichtnahrung – einem neuen Rezept für alle, zu deren Weg dies gehört oder gehören könnte. Ein Mensch, der ausschließlich von Lichtnahrung/ Prana lebt und Experte für die göttliche Nahrung ist, besitzt Zugang zum *Madonna-Frequenz*-Feld der göttlichen Liebe und des göttlichen Lichts und ist somit in der Lage, eine entsprechende Menge dieser Energie herunterzuladen, die sein eigenes Biosystem aufrechterhält und ihn damit von der Notwendigkeit der physischen Nahrungsaufnahme befreit.

Untersuchungsergebnisse

Von denen, die sechs Monate oder länger erfolgreich nur von Prana gelebt haben,

- ∾ waren 88 Prozent seit mindestens 5 Jahren Vegetarier und davon wiederum lebten 18 Prozent nur von Früchten;
- ∾ meditierten 98 Prozent seit sehr langer Zeit (von 5 bis 20 und mehr Jahren);
- ∾ hatten 60 Prozent ihr Leben bewusst dem Dienst am Nächsten gewidmet;
- ∾ haben 66 Prozent ihren Körper langsam im Laufe der Zeit durch Entgiftungsprogramme und den empfohlenen Lebensstil darauf vorbereitet;

- beteten 98 Prozent regelmäßig;
- befassten 63 Prozent sich mit kraftvollen Mentaltechniken;
- waren sich 83 Prozent bewusst, dass sie ihre eigene Wirklichkeit erzeugen
- und 58 Prozent gingen diesen Weg nicht, um nie mehr zu essen, sondern um die freie Wahl zu haben.

Die innere Sicht

Wenn durch das Feld eines Biosystems, welches frei von physischen Nahrungsmitteln ist, Prana fließt, dann geraten die Fasern in jeder Zelle in Schwingung und absorbieren die Nährstoffe, die sie brauchen aus dem Theta-/Delta-Feld. Wenn die Theta-/Delta-Mischung zu schwach ist und das Biosystem mehr auf den Alpha-/Beta-Bereich eingestellt ist, dann wird es nicht so gut genährt werden. Wenn ein Biosystem gar nur mit Beta-Wellen arbeitet, wird der Körper beim Entzug physischer Nahrung anfangen zu verhungern.

Wenn einem physischen Biosystem feste Nahrung eingeflößt wird, fangen die Zellen an, sich zu drehen und zu verformen. Das gehört zu ihrer natürlichen Reaktion auf fremde chemische Substanzen. Je reiner die Frequenz der Nahrung ist (zum Beispiel Früchte und Rohkost), desto weniger empfindlich reagieren die Zellen. Diese innere Einsicht erhält man, wenn man seinen sechsten und siebten Sinn benutzen kann. Die wissenschaftlich-medizinische Bestätigung dieser Wahrnehmung steht noch aus, ist jedoch nur durch jemanden möglich, der auf die Theta-/Delta-Felder eingeschwungen ist und die inneren Felder wahrnehmen kann.

Eine der größten Schwierigkeiten, um uns erfolgreich von Prana zu ernähren, liegt in unseren täglichen Denkprozessen, die ständig unseren Körper und unser Leben programmieren. Seit vielen Leben werden wir offen und versteckt mit begrenzenden Programmierungen, Konditionierungen und zensierten wissenschaftlichen Untersuchungen versorgt, die den metaphysischen Erkenntnissen widersprechen. Zum Übergang zur Lichtnahrung muss daher auch ein Umprogrammieren der neuralen Pfade im Gehirn gehören. Wir können zum Beispiel jede Mahlzeit mit folgenden Gedanken begleiten: »Ich esse, weil es mir Spaß macht und nicht, weil ich muss.« Wir sollten uns auch folgendes Denken angewöhnen: »Alle Nährstoffe, alle Vitamine und Mineralien, die ich brauche, um ein gesundes, selbstregenerierendes System aufrechtzuerhalten, fließen mir über das Prana, durch den göttlichen Nahrungskanal und das Theta-/Delta-Feld zu.« Das sind die Grundlagen der Geist-über-Materie-Wirklichkeit.

Die Geschichte der yogischen Ernährung durch Prana und meine eigenen Erfahrungen der letzten zehn Jahre habe ich in meinen anderen Veröffentlichungen bereits ausführlich dargestellt, daher möchte ich an dieser Stelle direkt beginnen, die grundlegenden Schritte zur Ernährung auf Stufe 3 zu erläutern. Die nachfolgenden Schritte müssen nicht unbedingt in der angegebenen Reihenfolge durchgeführt werden. Die Schritte sind dem Programm für die 2. Stufe ähnlich, doch es gibt einige wichtige Unterschiede. Einige Schritte werden nachfolgend ausführlicher erklärt oder es werden detailliertere Meditationen und Programmierungen hinzugefügt.

Übersicht Schritt-für-Schritt-Programm der Stufe 3

Schritt 1: Entdecke deine Kodierungen und programmiere sie gegebenenfalls um.

Schritt 2: Beginne damit, dein Biosystem vorzubereiten und mit Hilfe des Programms *Köstlicher Lebensstil* auf das Theta-/Delta-Feld einzustimmen. Tue dies gleichzeitig mit den Schritten 3, 7, 8 und 9.

Schritt 3: Bereite deinen Körper mit Hilfe von Entgiftungsprogrammen vor, wie zum Beispiel Fasten, Darmreinigung und Ernährungsumstellung.

Schritt 4: Lerne dein DOW kennen – das Göttliche Eine in dir – und erkenne seine Rolle als oberster Kontrolleur deines Biosystems. Lerne, deiner Intuition zu vertrauen und wende die entsprechenden Techniken an, um deinen inneren Yogi oder Schamanen zu entwickeln. Sei ein strahlendes Vorbild.

Schritt 5: Führe das Einklinken der kosmischen Kabel durch (GEP-Technik 16).

Schritt 6: Umprogrammierung der Hypophyse sowie der Zirbeldrüse und Aktivierungsmeditation (GEP-Technik 14)

Schritt 7: Praktiziere die Chakrasäulen-Meditation (GEP-Technik 12); Das Fluten mit violettem Licht, um dich für den inneren Prana-Fluss zu öffnen.

Schritt 8: Verwende den »Perfekte Gesundheit, perfektes Gleichgewicht, perfekte Figur, perfektes Aussehen«-Programmier-Kode (GEP-Technik 10).

Schritt 9: Praktiziere das »3 > 2, dann 2 > 1 Mahlzeiten pro Tag«-Programm (GEP-Technik 6). Stelle deine Ernährung nach und nach von Fleisch- auf Fruchternährung um (GEP-Technik 7).

Schritt 10: Erschaffe dir zuhause eine Umgebung, die dich auf dieser Reise unterstützt. (GEP-Technik 17)

Schritt 11: Lies alles über das Thema Lichtnahrung, was du bekommen kannst, damit du gut informiert bist.

Schritt 1: Entdecke und ändere deine Kodierungen

Der erste Schritt deiner Reise besteht darin, herauszufinden, ob du die Kodierung in dir trägst, zu den Pionieren dieses Weges zu gehören.

Nachdem ich mich zehn Jahre lang mit Menschen unterhalten habe, die sich zu diesem Weg hingezogen fühlten, stellte ich ein paar interessante Dinge fest. Als diese Leute meine Bücher das erste Mal lasen, sagte etwas in ihnen: »Ja, das ist etwas für mich!« Oder ein tiefes intuitives Wissen flüsterte ihnen zu: »Eines Tages wirst du das tun!« Andere dachten eher: »Oh, das wäre ja toll!« Oder wieder andere reagierten mit: »Ich wusste schon immer, dass das möglich ist!« All diejenigen, die solche oder ähnliche Reaktionen gezeigt haben, gehören möglicherweise zu jener Pioniergruppe, die allen großen Veränderungen vorangeht.

GEP-Technik 20:
Arbeite an deinen Kodierungen

Mit der folgenden Meditation kannst du herausfinden, ob du darauf programmiert bist, diesen Weg zu gehen:

- Setze dich still hin, zentriere dich mit Hilfe der Liebesatem-Meditation (GEP-Technik 1) und danach mit dem vedischen Atem (GEP-Technik 2)

- Überprüfe die Verbindung deines inneren kosmischen Kabels und stell dir vor, wie du eine zusätzliche Portion violettes Licht in dein System herunterlädst (GEP-Technik 12 und16).

- Wenn du zentriert bist und dein Atemmuster voller Liebe und Ruhe ist, stell dir vor, dass du die Königin beziehungsweise der König deines inneren Reiches bist, dass du und dein DOW Eins sind – ein einziges Wesen im inneren Raum deiner Zellen, ein einziges Wesen mit vielen verschiedenen Aspekten und Ausdrucksmöglichkeiten.

- Stell dir vor, wie alle Aspekte deines Seins jetzt zuhören, bewusst lauschen.

- Sage: »Ich bitte jetzt mein Körperbewusstsein, mein göttliches Bewusstsein, mein DOW: Steht es in meiner Blaupause, in diesem Leben nur von Licht zu leben?« Warte dann auf ein Ja oder Nein.

- Wenn du ein klares Nein erhältst, danke deinem Körper und meditiere weiter, entspanne dich, genieße weiterhin das Essen, iss jedoch leicht und lebendig und auf jeden Fall vegetarisch, um dich so optimal wie möglich auf den Kanal der Güte und des Mitgefühls eingeschwungen zu halten.

- Wenn du jedoch ein Ja als Antwort erhältst, frage weiter: »Steht es in meiner Blaupause, dies im nächsten Jahr zu tun?«

- Wenn du ein Nein erhältst, frage: »Steht es in meiner Blaupause, dies in den nächsten 5 Jahren zu tun?«

- Frage so lange weiter, bis du einen Zeitplan hast. Daran kannst du dann deine Vorbereitungen und dein Ziel orientieren. Wenn du dir über deine programmierte Übergangszeit im Klaren bist, musst du folgendermaßen weitermachen:

∞ Konzentriere dich auf das Göttliche in dir und sage ernsthaft und voller Überzeugung: »Ich erlaube jetzt dem Göttlichen in mir und meinem physischen Körperbewusstsein, mich mit allen Vitaminen, Mineralien und Nährstoffen zu versorgen, die ich brauche, um mein System gesund und selbstregenerierend aufrechtzuerhalten. Alle diese Stoffe und Elemente sollen aus dem reinen Prana des göttlichen Nahrungskanals der Liebe und des Lichts absorbiert werden.«

∞ Stell dir als Nächstes vor, wie dein physisches Körperbewusstsein, dein emotionales Körperbewusstsein und dein mentales Körperbewusstsein innerlich vor dir stehen. Als der Gott beziehungsweise die Göttin, die du bist, gib diesen dreien jetzt klare Anweisungen: »Ich fordere nun die volle Aufmerksamkeit meines physischen Körperbewusstseins, meines emotionalen Körperbewusstseins und meines mentalen Körperbewusstseins.« Stell dir vor, wie sich dir alle drei voller Aufmerksamkeit und in Erwartung deiner klaren Befehle zuwenden.

∞ Fahre fort: »Ich weise euch hiermit an, dass ihr vom jetzigen Zeitpunkt an alle Aspekte meines Seins darauf vereinigt, meinen Übergang zur Lichtnahrung mit Freude, Leichtigkeit und Anmut zu unterstützen. Ich weise euch auch an, euch in vollkommene Harmonie zu begeben, um meine göttliche Präsenz als die Göttin / den Gott der ich bin, so zu manifestieren, dass es dem göttlichen Entwurf für das Paradies hier auf Erden dient – und zwar JETZT!«

∞ Dieses Programm entfernt unter anderem auch alle Selbstsabotage-Programme aus früheren Leben und wirkt besonders stark, wenn es durch die tägliche Verwendung des »Perfekte Gesundheit, perfektes Gleichgewicht, perfekte Figur, perfektes Aussehen«-Programm unterstützt wird.

∞ Verhalte dich dann so, als ob all das oben Genannte sich auf natürlichste Art und Weise ereignen würde und beginne damit, dein Biosystem verantwortungsvoll vorzubereiten und deine Abhängigkeit von physischer Nahrung durch die erwähnten Schritte zu reduzieren.

Schritt 2: Vorbereitung des Biosystems – Fitness auf allen Ebenen

Schwinge dich durch deinen täglichen Lebensstil auf den göttlichen Nahrungskanal ein. Das sollte dir zu physischer, emotionaler, mentaler und spiritueller Fitness verhelfen (GEP-Technik 5).

Ich kann gar nicht genug betonen, dass der Zugang zum göttlichen Nahrungskanal nicht auf Versuch und Irrtum beruht, sondern dass es nur auf die Übereinstimmung der Frequenzen ankommt. Die Fähigkeit, sich auf der 3. Ernährungsstufe in diesen Kanal einzuklinken, erfordert gründlichste Vorbereitung durch eine veränderte Lebensführung.

Über die Bedeutung von Meditation, Gebet, Ernährung und körperliche Bewegung ist bereits viel geforscht und geschrieben worden. Doch die erfolgreiche Ernährung aus dem göttlichen Nahrungskanal hängt in hohem Maße von der Programmierung und Umprogrammierung unseres Körpers, unserer Überzeugungen und Denkgewohnheiten ab. Nur ganz selten bin ich Menschen begegnet, die ohne einen derartigen Lebensstil nur von Prana leben konnten. Da wir unsere Frequenz im Laufe unserer Leben aufbauen, haben diese Menschen ihre Frequenz offensichtlich aus vorherigen Leben mitgebracht.

Ich bin davon überzeugt, dass es genau die Kombination der 8 Punkte unseres Programms *Köstlicher Lebensstil* ist, die unsere

Frequenz so weit verändert, dass wir auf allen Ebenen genährt werden können (Meditation + Gebet + Programmierung + Vegetarische Ernährung + Körperübungen + Dienst am Nächsten + Zeiten der Stille in der Natur + devotionale Lieder und Mantras = Zugang zum göttlichen Nahrungskanal). Jeder Punkt unseres *Köstlicher Lebensstil*-Programms befasst sich mit einem bestimmten Aspekt der Einstimmung unseres Feldes und will als solcher im Rahmen unserer Möglichkeiten erforscht und gewürdigt werden. Zusammen erlauben sie unserem DOW, mehr und mehr von seiner Kraft zu offenbaren. Sie stimulieren unsere außergewöhnlichen Kräfte und stärken unsere Fitness auf physischer, emotionaler, mentaler und spiritueller Ebene.

An dieser Stelle möchte ich Ausschnitte aus meinen Gesprächen mit Dr. Shah einfügen, einem führenden Forscher auf dem Gebiet der solaren Ernährung und der Fitness auf allen Ebenen. Dr. Shah ist ein Yogi sowie ein anerkannter Wissenschaftler in Indien. Ich halte diesen Text für alle wichtig, die ernsthaft nur von Prana leben wollen. Je fitter wir uns auf allen Ebenen machen, desto leichter wird uns der Übergang gelingen.

Körperliche Gesundheit

»Einfach ausgedrückt bedeutet körperliche Gesundheit die Abwesenheit von Krankheit und Beschwerden – einen Zustand, in dem alle Körpersysteme optimal funktionieren. Der Mensch fühlt sich kraftvoll, ist begeisterungsfähig und kann alles, was er tun will und muss, immer gut erledigen. So kann er seine Ziele im Leben erreichen, und seine körperliche Gesundheit wird ihm zum Instrument für mentale und spirituelle Gesundheit.

Wenn etwas schief läuft, fühlt sich der Mensch unwohl und wird krank. Die System-Funktionen lassen nach, in den Körperprozessen entstehen Ungleichgewichte und der Mensch fühlt sich erschöpft. Daraus können dann die unterschiedlichsten Symptome entstehen, von kleineren Beschwerden bis zu ernsten Komplikationen oder gar dem Tod.

Warum entstehen körperliche Krankheiten? Die Wissenschaften haben verschiedene Faktoren gefunden. Die Hauptrollen spielen dabei der Phänotyp, der Genotyp, die Umwelt und der geistige Zustand der Person. Phänotyp bedeutet körperliche Konstitution, die Disposition eines Menschen, eine bestimmte Krankheit zu erleiden. Dazu gehören das Körpergewicht, Gewohnheiten, Ernährung, tägliche Rituale, Bewegung, Schlafgewohnheiten etc. All dies kann man ändern, zum Beispiel durch Ernährungsumstellung, Sport und einen veränderten Lebensstil.

Mit Genotyp meinen wir die von den Eltern ererbte genetische Wahrscheinlichkeit, eine bestimmte Krankheit zu entwickeln. Dieser Faktor ist ziemlich schwer zu verändern, doch die Entwicklung einer Krankheit kann durch den Lebensstil, die geistige Haltung und Umweltfaktoren entsprechend beeinflusst werden. Durch Gentechnik können in Zukunft viele genetische Krankheiten verändert, kontrolliert, geheilt und vermieden werden.

Auch Umweltfaktoren können Krankheiten auslösen. Einfach gesagt ist die Wahrscheinlichkeit, eine ansteckende Krankheit zu bekommen oder durch Fehlernährung zu erkranken für einen Menschen größer, der in einer dicht besiedelten oder stark verschmutzten Gegend lebt. Umweltfaktoren können aber auch einen Einfluss darauf haben, wie sich die Krankheit äußert, beispielsweise wenn ein Mensch mit Asthma von einem Wohnort mit feuchtem Klima in eine trockene Gegend zieht.

Die Wissenschaft hat inzwischen auch eindeutig festgestellt, dass der geistige Zustand, die innere Haltung und die Persönlichkeit eine wichtige Rolle bei der Entwicklung von Gesundheit oder Krankheit spielen. Daneben gibt es noch verschiedene andere Faktoren, die von der Wissenschaft noch nicht ganz verstanden werden, zum Beispiel die Rolle von Überzeugungen, Segnungen oder Flüchen, die Kraft der Meditation, des Yoga usw. Wir nehmen an, dass auch diese Dinge in Bezug auf Krankheit und Gesundheit eine Rolle spielen.

Allgemein gesagt sind die beeinflussbaren Faktoren bei der Entwicklung und Behandlung einer Krankheit ein guter Lebensstil, nahrhaftes Essen, ein stressfreier Geist, körperliche Bewegung, Atemkontrolle und eine gesunde Umgebung.

Um Krankheiten zu heilen, gibt es verschiedene Ansätze. Die Wissenschaft bietet uns die moderne Schulmedizin (Allopathie), doch genauso berühmt sind Ayurveda, Homöopathie, chinesische Medizin, Akupunktur, Aromatherapie, Yunani und einige andere. Die Naturheilkunde heilt mit den Kräften von Mutter Natur. Aus ganzheitlicher Sicht ergänzen all diese Ansätze einander und keiner bietet eine allumfassende Lösung. Da die Entstehung von Krankheit auf vielen Faktoren beruht, sollte auch die Lösung viele Faktoren mit einbeziehen. Jeder Mensch ist anders — jede Person hat eine unterschiedliche Disposition und genetische Veranlagung. Wir müssen alle diese Unterschiede berücksichtigen und können nichts verallgemeinern. Oft ist es klüger, zwei oder mehr sich einander ergänzende Systeme zusammenzuführen. Leider gibt es noch keine wissenschaftlichen Richtlinien dafür, welche Therapien gut miteinander kombinierbar sind. Auch möchte ich nochmals betonen, dass man Krankheiten nicht vermeiden kann, indem man Medikamente einnimmt und sich behandeln lässt. Gesundheit entsteht durch einen gesunden Lebensstil, eine gute Ernährung, körperliche Bewegung und geistige Entspannung.«

Mentale und emotionale Gesundheit

»Die tibetischen Lehrer von Alice Bailey prophezeiten für die nahe Zukunft, dass wir uns zu einer anderen Rasse entwickeln werden, die mit mentaler Energie, magnetischer Energie und spiritueller Kraft arbeitet und für die Skalpelle und Chemikalien überflüssig geworden sind. Ich glaube, wir sind dieser Zeit sehr nahe. Eine Bewegung in diese Richtung hat bereits begonnen. Menschen aus allen Religionen und aus verschiedenen spirituellen Disziplinen arbeiten mit Biofeld-Technikern wie Jasmuheen an der Verbesserung der mentalen und emotionalen Gesundheit des Menschen und erklären, wie spirituelle Gesundheit erlangt werden kann.

Manchmal wird behauptet, dass man zwischen mentalen und emotionalen Prozessen unterscheiden könnte, doch von einem umfassenderen Standpunkt aus lassen sich die beiden kaum trennen. Wenn wir über Gesundheit sprechen, meinen wir also auch mentale und emotionale Gesundheit.

Der Geist ist ein unsichtbares Organ, dem wir die Verantwortung für unsere Gedanken, Wahrnehmungen, Emotionen, Sehnsüchte, Instinkte und für unser Verhalten zuschreiben. Es gibt keine anatomische Repräsentanz des Geistes in unserem Körper. Die intuitive Logik sagt uns, dass der Geist im Gehirn sitzt. Manche sagen, das gesamte Gehirn sei ›im Geist‹. Tatsächlich hat jede Zelle ihre eigenen Gedanken, ihre eigenen Instinkte und ihr eigenes Verhalten, also hat wohl jede Zelle ihren eigenen Geist. Das lässt sich zwar nicht anatomisch wahrnehmen, doch wir können es uns als einen kontinuierlichen elektromagnetischen und chemischen Prozess vorstellen, der im ganzen Körper abläuft, vielleicht mit der wichtigen Kommandozentrale im Gehirn auf der Ebene des Hypothalamus, der Zirbeldrüse, des limbischen Systems, des autonomen Nervensystems und anderen endokrinen Drüsen.

Nach der Theorie des kosmischen Geistes ist unser individuelles Denken nichts anderes als die Kontinuität des kosmischen Geistes mit einigen individuellen Abweichungen. Der Geist reagiert auf jeden Reiz, sei er körperlich, sozial, umweltbedingt, ökologisch, spirituell oder emotional je nach persönlicher Moral, Ego, Intelligenz und Disziplin. Zuerst nimmt der Geist etwas wahr, dann strahlt er emotionale Signale aus, denkt gleichzeitig und leitet dann eine Reaktion ein, mit der er etwas akzeptiert oder zurückweist. In der Sprache des Yogi ausgedrückt wird das auf der oberflächlichen Ebene (Raga) und auf der etwas subtileren Ebene (Dwesha) als Freude erlebt.

Wenn noch weitere Reaktionen nötig sind, dann wird das physische System aktiviert, zum Beispiel zeigt es sich in unserem Verhalten, wenn wir wütend sind. Körperliche Gesundheit wirkt auf unsere geistige Gesundheit, doch unsere geistige Gesundheit wirkt noch stärker auf unsere körperliche Gesundheit.

Auch ohne äußere Reize besitzt der Geist seine eigenen, automatischen Funktionen, zum Beispiel im Bereich des Denkens und des Verhaltens. Gedanken entstehen auch ohne äußeren Anlass und können entweder wieder vollkommen verschwinden oder unser Verhalten beeinflussen. Die Yogis sagen, dass das Ego-Gefühl der Existenz die Ursache dieser Gedanken ist. Hoch entwickelte Yogis können das Ego auflösen und einen gedankenfreien Zustand erreichen, in dem es nur permanente Seligkeit gibt – keine Freude – kein Unglück – kein Raga – kein Dwesha – nur spirituelle Gesundheit. Für Nicht-Yogis kann mentale und emotionale Gesundheit einfach einen Zustand des ständigen Friedens und Glücks bedeuten.

Im Idealfall können wir jeden Gedanken, jede Emotion und jeden Instinkt beobachten, der in unserem Geist an die Oberfläche steigt.

Durch die bewusste Beobachtung lässt unsere Negativität automatisch nach. Durch Geistesbeherrschung fördern wir nur gute, positive Gedanken und Emotionen. Letztendlich können wir uns so über unsere Anhaftungen, Vorlieben und Ablehnungen erheben, denn der ausgeglichene Mensch denkt und handelt in einer losgelösten Art und Weise. Das sind einige Symptome und Zeichen guter mentaler und emotionaler Gesundheit. Um sie zu erlangen, müssen wir durch regelmäßige Meditation, Selbstbeherrschung, ein mitfühlendes Herz und einen zufriedenen Geist eine konstante Wahrnehmung entwickeln. All das fördert die mentale Gesundheit.

In Gedanken und Worten können wir die Prinzipien der Relativität anwenden. Das bedeutet, die Dinge aus verschiedenen Blickwinkeln zu betrachten, denn die Wahrheit hat viele Gesichter. Die ultimative Wahrheit ist anders. Ein gewöhnlicher Mensch kann nur schwer die wirkliche und totale Wahrnehmung der Wahrheit erlangen, doch es ist wichtig, dass jeder Mensch um die Wahrheit weiß.

Meiner Ansicht nach brauchen wir außerdem moralische Gesundheit. Wir ernten das, was wir säen. Wenn die moralische Kraft eines Menschen schwach ist, dann kann er nicht erwarten, dass andere Menschen oder die Natur gut zu ihm ist und er wird keinen Frieden finden. Mit moralischer Kraft meinen wir Tugenden wie Wahrheitsliebe, Ehrlichkeit, Friedfertigkeit und vielleicht sogar Enthaltsamkeit (bei verheirateten Menschen Treue). Im Jainismus wird gesagt, dass sich diese Tugenden auf allen drei Ebenen spiegeln sollen, also im Denken, im Reden und im Handeln. Die innere Einstellung bestimmt den Fortschritt eines Menschen, einer Gemeinschaft, einer Institution oder einer Familie. Die Bedeutung der inneren Einstellung kann gar nicht hoch genug bewertet werden. Allgemein gesagt braucht man eine emotionale Haltung der Gelassenheit, des Mitgefühls und der Rücksichtnahme. Wahrheitsliebe und Güte sind zwei Tugenden, deren volle Entfaltung aus einem einfachen Menschen einen Heiligen machen kann. Idealerweise sollten wir so handeln, dass wir niemanden auf irgendeiner Ebene Leid zufügen – nach dem Prinzip ›Was du nicht willst, dass man dir tut, das füg' auch keinem andern zu‹.«

Spirituelle Gesundheit

»Echte Spiritualität liegt in der konstanten Wahrnehmung des göttlichen Selbst – der Seele. Das bedeutet, noch nicht einmal den Bruchteil einer Sekunde unaufmerksam zu sein, und es bedeutet weiterhin, die Anhaftung an den Körper zu lösen, denn die Identifikation mit dem Körper statt mit der Seele ist die Ursache vieler Schwierigkeiten. Wie die Propheten sagten: ›Wer die Seele kennt, kennt alles.‹ Wer die Seele getrennt vom Körper identifizieren kann, erreicht einen Zustand ständiger Gelassenheit. Durch Meditation, Selbst-Disziplin und die ständige Beschäftigung mit spirituellem Wissen (Lesen, Zuhören, Denken und Analysieren) können wir uns allmählich in das reine spirituelle Feld begeben, in dem wir eine Ahnung von Samadhi bekommen und schließlich in einen ständigen Zustand von Samadhi eingehen. Die Yogis sagen, dass dies die letzte Stufe der spirituellen Entwicklung sei. Dies sind Erfahrungen, die sich nicht leicht in Worte fassen lassen.

Der Nährboden für die spirituelle Gesundheit ist die göttliche Liebe. Wenn jeder Einzelne sich ernsthaft um körperliche, mentale, emotionale und spirituelle Gesundheit bemüht und seine eigenen Ziele entwickelt, dann haben wir den Himmel auf Erden. Dann erleben wir vollkommenen Frieden, vollkommene Gesundheit, reines Glück und göttliche Liebe überall.«

Schritt 3: Entgiftung und Fasten

Die vernünftige Vorbereitung unseres Biosystems ist für alle ein Muss, die sich einen freudvollen und leichten Übergang zur Lichtnahrung wünschen.

Gabriel Cousins vom *Rejuvenation Center* schreibt: *Spirituelles Fasten ist das Elixier des spirituellen Lebens. Die unglaublich heilende Kraft des spirituellen Fastens versetzt mich immer wieder in ehrfürchtiges Staunen. Es reinigt Körper und Verstand, befreit den Geist und hilft unserem physischen Körper, die göttliche Energie besser aus unseren normalen biochemischen Energiequellen zu ziehen. Das Endergebnis davon ist eine Stärkung der Körperenergie auf allen Ebenen, inklusive der spiritualisierenden Kundalini-Kraft.*

In unserer heutigen Gesellschaft hängen alle am Essen, weil es ihrem Ego schmeckt und unsere wirklichen Gefühle unterdrückt. Das Fasten kann da ein wenig Ängstlichkeit auslösen. Die meisten Menschen wissen nicht, wie leicht Fasten ist. In unserer regelmäßigen einwöchigen Saft-Fasten-Kur ist praktisch jeder erstaunt darüber, wie einfach es ist. Der Appetit verschwindet nach den ersten paar Tagen und damit auch die Anhaftung an das Essen. Der Verstand wird freier für höhere Arten der Kommunikation mit dem Göttlichen. ... Dieser Erfolg verleiht eine andere Ebene der Freiheit und des Selbstbewusstseins. Die Freiheit von der Sucht nach Essen ist eine große Freude.

Ich möchte dem hinzufügen, dass Fleisch und andere giftige Substanzen bis zu zwanzig Jahre lang halbverdaut in unserem Darm überdauern können, wo sie langsam verwesen. Ich empfehle als Vorbereitung auf die göttliche Nahrung Fastenzeiten nach einer Phase der Darmreinigung.

Weitere Informationen hierzu findest du in dem Buch »Vergiß den Kochtopf« von Dr. Walker.

Stimme dich ein und bitte dein DOW und die universelle Intelligenz, dir das für dich perfekte physische, emotionale, mentale und spirituelle Entgiftungsprogramm zukommen zu lassen, und wenn nötig auch die perfekte Person, mit der du deine Darmreinigungen durchführen kannst. Ich bitte in solchen Dingen immer mein DOW und die universelle Intelligenz um Hilfe, denn dann entstehen die richtigen Verbindungen. Wenn ich neuen Menschen begegne, verwende ich auch immer die DOW-Match-Technik, damit unser gesamter Austausch auf der höchsten Ebene und mit der besten Absicht erfolgt. Natürlich kannst du auch weiterhin auf der physischen Ebene etwas tun, um etwas zu manifestieren, aber die telepatische Arbeit auf den inneren Ebenen unterstützt den Prozess.

Unsere Chakras als Gitternetzpunkte in den Beta-, Alpha-, Theta- und Delta-Feldern

Wir werden ins Beta-Feld geboren, darin erzogen und geerdet.

Der Einsatz unseres höheren Verstandes und der höheren Emotionen bringt uns zusammen mit dem Selbst-DOW-Bewusstsein, heiligem Sex und Meditation ins Alpha-Feld.

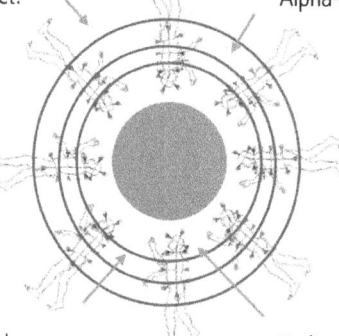

Güte, Mitgefühl und der »Köstliche Lebens-stil« bringen uns ins Theta-Feld. Unser Herz-Chakra muss offen und strahlend sein, um dorthin zu gelangen.

Bedingungslose Liebe, Techniken und Ernäh-rung durch die Nahrung der Götter verankern uns im Delta. Hier müssen unser 6. und 7. Sinn und unser Stirn- und Kronen-chakra aktiv sein.

Abbildung 11

Mentale Vergiftung

So wie wir unser physisches System durch Darmspülungen und Fasten reinigen können, können wir uns auch mental und emotional entgiften. Mentale Entgiftung bedeutet, sowohl mit negativen Denkmustern als auch mit negativen Kommunikationsmustern aufzuhören. Es bedeutet auch, einschränkende Überzeugungen in unbegrenzte Überzeugungen umzuprogrammieren. Eine starke Art der mentalen Entgiftung ist der Rückblick auf die Ereignisse des eigenen Lebens, mit der Absicht, alles in einem positiven Licht zu sehen, also in jeder Erfahrung statt unser Versagen unseren Gewinn zu erkennen. Das verändert unsere Frequenz, was wiederum einen positiveren Austausch in unser Leben zieht und damit wiederum mehr positive Erfahrungen usw.

Emotionale Vergiftung

Emotionale Entgiftung bedeutet, sich bewusst zu werden, wodurch wir schwächende Gefühle wie Angst, Wut, Traurigkeit und dergleichen loslassen können. Wir wissen bereits, dass unser physisches System darauf ausgerichtet ist, zu denken, bevor wir fühlen und dass alle Gefühle einfach einer mentalen Wahrnehmung folgen. Was uns als unmittelbar entstehende Gefühle erscheint, ist in Wirklichkeit die emotionale Folgeerscheinung einer mentalen Voreingenommenheit, die auf unseren vergangenen Erfahrungen beruht. Unsere emotionale Feinabstimmung kann erfordern, dass wir uns mit unserem Schatten auseinandersetzen oder mit unserem inneren Kind oder irgendeine Art von Therapie machen. Es gibt jedoch aus der Sicht der dimensionalen Biofeld-Wissenschaft ein paar Faktoren, derer sich alle, die den Weg der emotionalen Fitness gehen wollen, bewusst sein sollten.

Da alle Felder miteinander verknüpft sind, kann es uns zum Beispiel passieren, dass wir uns im Spiel des Loslassens und Freisetzens unserer vergifteten Emotionen in die globale emotionale Müllhalde einklinken und immer weiter damit fortfahren, die Emotionen der 6 Milliarden Menschen auf der Welt durchzuarbeiten. Damit sind wir in einer endlosen Biofeedback-Schleife des Durcharbeitens und Leidens gefangen. Da in den Feldern die Gesetzmäßigkeit »Gleiches zieht Gleiches an« gilt, werden wir bei unserer Suche nach emotionalem Unwohlsein und Ungleichgewicht oder Schmerz auch immer etwas finden. Angenommen dass das durchschnittliche Biosystem ungefähr dreißigtausend Jahre zellulärer Erinnerungen enthält, die bei einer durchschnittlichen Lebensspanne von dreißig Jahren tausend Verkörperungen repräsentiert, dann könnten wir buchstäblich weitere dreißigtausend Jahre damit verbringen, die letzten dreißigtausend Jahre aufzuarbeiten, bis wir einen Zustand der emotionalen Reinheit erreichen und uns von der Tiefe unseres Schmerzes und unseres Leidens befreit haben. Doch aus diesen Tiefen unseres emotionalen Leidens werden uns meistens die größten Geschenke zuteil. Daher gibt es eigentlich nichts »Negatives« zu verarbeiten, denn für die Felder sind diese Geschenke wertvolle Eindrücke. Wenn sie anerkannt werden, gleichen sie die Energie des Leidens wieder aus. Auch unser Schatten schrumpft oder wächst, je nachdem, wie wir uns auf ihn konzentrieren.

Statt emotional zu entgiften und mich auf Prozesse einzulassen, ziehe ich daher das System der Durchflutung mit dem Theta-/Delta-Feld vor. Dadurch werden unsere Zellen mit all ihren Erinnerungen vom violetten Lichtspektrum der göttlichen Liebe, der göttlichen Weisheit und der göttlichen Kraft durchflutet. Dieses Frequenzfeld hat die Macht, alles in sich selbst zu verwandeln. Es funktioniert über das Prinzip der Assimilation: Wenn man in einen Eimer Wasser genügend rosa Farbe schüttet, wird es sich rosa färben. Zu den Eigenschaften des Theta-/Delta-Feldes mit seinem Spektrum des violetten Lichts gehört die Macht der Transformation. Wir haben also die Wahl, in einen emotionalen Prozess hineinzugehen oder uns durchfluten und transformieren zu lassen – oder wenn nötig beides. Ich bade lieber in der göttlichen Liebe und lasse mich von ihr nähren und transformieren, denn im Bereich der Metaphysik sind wir das, worauf wir uns konzentrieren.

Körperliche Veränderungen, die auf der 3. Ernährungsstufe stattfinden

Jeder, der schon einmal gefastet hat, weiß, dass unser Magen etwa drei bis fünf Tage braucht, um zu schrumpfen und sein Hungergefühl zu verlieren. Beim Fasten beginnt der Körper zu entgiften und zunächst von seinem Körperfett zu leben und dann von der Muskelmasse, bis nichts mehr als Haut und Knochen übrig bleibt. Ohne physische Nahrung entstehen dem Biosystem auch durch den Mangel an Vitaminen Probleme und irgendwann schaltet es sich ab – es stirbt.

Bei der Lichtnahrung passiert das Umgekehrte. Wenn unser Feld ständig von violettem Licht und göttlicher Liebe durchflutet wird, wenn wir uns durch unsere Meditationen im Theta-Feld aufhalten und uns um unsere Nächsten kümmern, dann fließt, wenn sie eingeladen und aktiviert wurde, die reine Nahrung der Götter. Wie bereits dargestellt, geschieht dies durch eine energetische Nahrungsschleife, in der Prana von den inneren

Ebenen durch die Atome, Moleküle und Zellen zurück in das Blut, die Organe, die Muskeln und Knochen gebracht wird, so dass sich alles in einem Zustand bester Gesundheit befindet. Dabei verlangsamt sich der Stoffwechsel, da das Biosystem nicht mehr mit der Verdauung beschäftigt ist.

Schritt 4: Lerne dein DOW kennen

Da die Macht des DOW mein Lieblingsthema ist, möchte ich hier gerne etwas näher darauf eingehen, denn in unserem DOW liegt der Schlüssel zu all unseren außergewöhnlichen Kräften. Unser DOW ist das Göttliche unseres Seins und daher allmächtig, allwissend und grenzenlos liebend.

Um erfolgreich von der Nahrung der Götter leben zu können, müssen wir lernen, nicht nur unsere Kommunikation zwischen Verstand und Körper zu kontrollieren, sondern auch unsere DOW-Downloads und die Beschaffenheit unseres Feldes durch Programmierungen und Aktivierungen zu beeinflussen.

Wir wissen, dass jedes Atom von der Macht des DOW erfüllt ist und dass jedes Atom darauf programmiert wurde, unmittelbar auf die Schönheit und Liebe des Theta-/Delta-Feldes zu reagieren, egal welche Felder um uns herum dominant sein mögen. Lediglich der Zeitpunkt der Manifestation der DOW-Kraft wird durch das Beta-Feld eingeschränkt. Letztendlich manifestieren sich alle ersehnten und klar formulierten Programme in der einen oder anderen Form zum einen oder anderen Zeitpunkt. Unser DOW ist ein multi-dimensionales, grenzenloses Wesen, welches sich seiner Macht als Gott in einer Form voll bewusst ist. Es ist sich auch dessen bewusst, dass wir alle mit der schöpferischen Kraft des kosmischen Computers vorprogrammiert wurden und daher jede Realität erschaffen können, die wir wählen – vorausgesetzt, wir haben uns daran erinnert, wer hier wirklich der Chef ist und woher die Kraft, die dieses Biosystem antreibt, wirklich kommt.

Der erste Schritt zur Ernährung aus dem Theta-/Delta-Bereich ist daher eine Ausrichtung aller unserer Ebenen auf das DOW und die aufrichtige Hingabe unseres Biosystems an das DOW. Wenn wir ihm seine Macht zurückgegeben haben, kann dieses meisterhafte Überwachungs-System beginnen, unsere Kodierungen zu de- oder reaktivieren und Systeme aktivieren, die uns helfen, unser Biosystem wieder in einen selbsterhaltenden und selbstregenerierenden Modus zu überführen.

GEP-Technik 21:
Hingabe an das DOW

Dies ist ein angemessenes Programm für diesen Akt der Hingabe:

- ∞ Zentriere dich zuerst mit Hilfe der Liebesatem-Meditation und dem vedischen Atem.
- ∞ Stelle dir als Nächstes dein DOW als inneren Gott vor und vergegenwärtige dir all deine Gefühle in Bezug auf Gott. Versetze dich in einen Zustand der Andacht, Verehrung oder Einheit mit dieser Macht.
- ∞ Sage aufrichtig und von Herzen: »Ich überantworte jetzt jede Zelle meines Seins meinem göttlichen Selbst. Alle Ebenen meines Seins sollen in perfektem Einklang sein, so dass ich mein göttliches Sein auf allen Ebenen ausstrahlen kann.«

Diese Art der Hingabe bedeutet nicht, sich aufzugeben, sondern die aktive Anerkennung der wahren Kraft, die uns innewohnt, ein demütiges Sichverneigen vor dieser höheren Intelligenz und die Vergegenwärtigung der Tatsache, dass dieses göttliche Bewusstsein jedes unserer Atome erfüllt.

Dies ist der Weg des Aufstiegs:

Von so viel Licht und Liebe erfüllt sein, dass jede Zelle gesättigt ist – die gesamte Schöpfung durch die Augen des Göttlichen Vaters zu sehen, während wir uns fühlen, als lägen wir in den Armen der Göttlichen Mutter. Zu spüren und zu wissen, dass wir alle Eins sind. Den Herzschlag des Lebens zu vernehmen, mit all seinen unterschiedlichen Ausdrucksformen in allen Feldern. Die Komplexität der Gitternetze erkennen, die jedes Paradigma aufrechterhalten und auch ihre Hintergründe. Zu wissen, warum manche Felder dominant sein müssen und die natürliche Ordnung der Dinge spüren – all dies gehört zu den Erfahrungen, die manche Yogis und Schamanen und viele Menschen auf dem Weg des Aufstiegs machen, wenn sie sich mit der Vereinigung von Metaphysik und Mathematik befassen.

Unsere persönliche und globale Gesundheit ist das klare Zeichen dafür, inwieweit wir auf unsere DOW-Kraft und auf welches Feld wir eingeschwungen sind.

Schritt 5: Das Einklinken des kosmischen Kabels

Klinke dich ein (siehe auch GEP-Technik 16), um an eine reine, weise, liebevolle und unendliche Quelle nährender Kraft angeschlossen zu sein. Zusammen mit der Ernährung aus dem violetten Licht der inneren Ebene (GEP-Technik 12) sind dies die entscheidenden Techniken für die Ernährung auf Stufe 3.

Schritt 6: Aktivierung des sechsten und siebten Sinnes sowie der Hypophyse und der Zirbeldrüse

Der nachfolgende Artikel stammt von Christian Paaske, einem Yoga- und Meditationslehrer aus Norwegen. Als Yoga-Lehrer hat Christian ein paar zusätzliche Techniken zur Energetisierung des Biosystems gefunden, die viele als hilfreich empfinden. An dieser Stelle möchte ich mich für seinen Beitrag bedanken.

»Die Zirbeldrüse oder Epiphyse gilt als eines der großen Geheimnisse des Körpers. Wir wissen heute, dass sie zu den endokrinen Drüsen gehört und das Hormon Melatonin produziert. Sie ist zapfenförmig und sitzt genau in der Mitte des Gehirns. Der französische Philosoph Descartes nahm an, dass die Zirbeldrüse oder Epiphyse der Sitz der Seele und ein Tor zu den spirituellen Welten ist. Abgesehen von diesem Kommentar hat die westliche Welt diese Drüse weitgehend ignoriert und sie für mehr oder weniger nutzlos gehalten. Seit Darwin wird sie als ein rückgebildetes Auge beschrieben, welches aus einer früheren evolutionären Entwicklungsstufe stammen soll.

Erst in den letzten fünfzig Jahren hat die Wissenschaft mehr über die Zirbeldrüse herausgefunden. Etwa im Alter von sieben Jahren beginnen sich dünne Kalkschichten um die Zirbeldrüse herum zu bilden, wodurch sie in Röntgenaufnahmen an einen Kiefernzapfen erinnert. Sie sitzt so genau in der Mitte des Gehirns, dass Verschiebungen zur Lokalisierung von Tumoren dienen. Außer den Nieren wird kein anderes Körperorgan so gut mit Blut versorgt wie die Zirbeldrüse. Es gibt etliche Hinweise darauf, dass diese Drüse eine weitaus wichtigere Rolle in unserem System spielt als man bisher angenommen hat. Neuere Untersuchungen haben gezeigt, dass das von dieser Drüse produzierte Hormon Melatonin verschiedene Wirkungen hat:

- ✑ es verringert den Alterungsprozess
- ✑ startet die Pubertät
- ✑ stärkt das Immunsystem
- ✑ reguliert die Körperwärme
- ✑ reguliert den Östrogenspiegel bei Frauen
- ✑ reguliert den Schlaf-Wach-Rhythmus.

(All das ändert sich, wenn wir nur von Prana leben.)

Die Zirbeldrüse ist lichtempfindlich und gehört zum körpereigenen Zeitmess-System. Melatonin hat auch gewisse psychedelische Wirkungen und kann bei Meditierenden und Mystikern ekstatische und transzendentale Erfahrungen hervorrufen.«

Das mystische Dritte Auge

»Verschiedenen okkulten Traditionen zufolge steht die Zirbeldrüse mit dem sogenannten ›Dritten Auge‹ in Verbindung, welches in der Mitte der Stirn in gerader Linie mit der Zirbeldrüse sitzt. Bei Shiva und dem Buddha wird das Dritte Auge als ein strahlender Punkt oder eine flammende Perle bezeichnet. Es symbolisiert damit Einheit, transzendentale Weisheit und spirituelles Bewusstsein. Dieser Punkt wird bei Meditationen oft als Fokus verwendet, denn es ist nicht nur relativ leicht, sich auf diese Stelle zu konzentrieren, sondern es aktiviert auch psychische Energie. Die lange Konzentration auf diesen Punkt führt im Laufe der Zeit zu inneren Lichteindrü-

cken. Es ist eine Möglichkeit, mit den energetischen Dimensionen jenseits des physischen Körpers in Kontakt zu kommen.

Auch in der Bibel wird das Dritte Auge erwähnt. Bei Lukas 11, Vers 34 heißt es: ›Dein Auge ist das Licht des Leibes. Wenn nun dein Auge lauter ist, so ist dein ganzer Leib licht...‹ Der tantrische Yogi Swami Satyananda beschreibt das Dritte Auge so: »Dieses Chakra, welches auch Drittes Auge oder Kommandozentrale genannt wird, ist ein Punkt im ätherischen Körper, von dem aus Informationen der äußeren Welt wahrgenommen werden und durch den der Guru in fortgeschritteneren Praktiken seinem Schüler Unterweisungen gibt. Es ist das berühmte Auge der Intuition, mit dem der psychisch Entwickelte alles, was auf den äußeren und den inneren Ebenen der Existenz vor sich geht, beobachten kann‹.«

Melatonin, das Immunsystem und Krebs

»Auch wenn die Zirbeldrüse nicht größer ist als eine Erbse, produziert sie den Hauptanteil des körpereigenen Melatonins. Kleine Mengen werden auch von den Augen und dem Darm gebildet. Normalerweise ist die Melatonin-Ausschüttung während des Tages gering und während der Nacht hoch. Wird der Körper nachts viel Licht ausgesetzt, verringert sich die Melatonin-Produktion, weil die Augen neurologisch mit der Zirbeldrüse verbunden sind. Der australische Forscher Swami Sannyasananda schreibt in einem Bericht über Melatonin: ›Die Reduktion der nächtlichen Melatonin-Ausschüttung steigert die Anfälligkeit der Zellen für krebserregende Substanzen. Auch in Gegenden mit ungewöhnlich hoher elektrischer Spannung wird weniger Melatonin ausgeschüttet und eine höhere Krebsrate festgestellt. Melatonin ist eine aktiv krebsverhütende Substanz. Sie verhindert sowohl Krebs als auch die Krebsentwicklung und ist ein

wichtiger Bestandteil des körpereigenen Immunsystems. Das liegt auch daran, dass Melatonin als Antioxidans wirkt. Es beeinflusst auch die Produktion von T-Zellen, die Stress reduzieren und zu den aktiven Substanzen des Immunsystems gehören‹.«

Der Melatoninspiegel sinkt mit dem Alter

»Zwei Wissenschaftlern der Macquarie Universität in Australien zufolge ist die Zirbeldrüse ein reiner Jungbrunnen. Professor Keith Cairncross und Professor Arthur Everitt sind nach drei Jahren Forschung zu der Überzeugung gelangt, dass die von der Zirbeldrüse ausgeschütteten Hormone bei Primaten eine wichtige Rolle in der Stress-Kontrolle spielen. Sie vermuten, dass die verringerte Ausschüttung von Melatonin im Alter die Ursache für viele unserer Alterserscheinungen ist. Daher empfehlen sie, älteren Menschen synthetisches Melatonin zu geben, um Krankheiten vorzubeugen und ihr Leben zu verlängern. Heutzutage wird die kraftvolle Wirkung des Melatonins überall erforscht, teilweise auch in Tierversuchen, deren Ergebnisse jedoch nicht unbedingt den Reaktionen im menschlichen Körper entsprechen.«

Yoga und Melatonin

»Es gibt auch natürliche Methoden, um die Melatonin-Produktion zu steigern, vor allem im Yoga. Swami Sannyasananda von der medizinischen Fakultät der Universität von Adelaide hat durch Untersuchungen festgestellt, dass bestimmte Yoga-Techniken wie die Wechselatmung (Nadi Shodan Pranayama) und vor allem das Schauen in eine Kerzenflamme (Tratak) eine starke Wirkung auf

die Melatonin-Produktion haben. Im Tratak konzentriert man sich auf ein äußeres Objekt, in diesem Fall eine Kerzenflamme. In Experimenten haben schon wenige Minuten Tratak vor dem Einschlafen zu einer deutlichen Steigerung des Melatoninspiegels geführt. Die Praxis des Tratak vor dem Einschlafen kann uns beruhigen, unseren Tiefschlaf verbessern und unser Immunsystem stärken, besonders in Kombination mit der Wechselatmung, welche auch am Morgen als Vorbereitung auf die Meditation durchgeführt werden kann‹.«

GEP-Technik 22:
Wechselatmung

- ∞ Sitze bequem und mit geradem Rücken entweder auf dem Boden oder auf einem Stuhl.
- ∞ Schließe die Augen und konzentriere dich auf den spontanen Atemfluss durch deine Nasenlöcher.
- ∞ Wenn sich dein Atem beruhigt hat, lege den Zeige- und Mittelfinger der rechten Hand auf dein Drittes Auge etwa zwei bis drei Zentimeter oberhalb der Augenbrauen auf die Mitte der Stirn. Verwende den Daumen, um dein rechtes Nasenloch zu schließen und zu öffnen, und den Ringfinger, um dein linkes Nasenloch zu schließen und zu öffnen.
- ∞ Lasse beide Nasenlöcher offen und atme tief und ruhig ein.
- ∞ Schließe dann das rechte Nasenloch und atme durch das linke aus.
- ∞ Beginne nun die Wechselatmung: Atme langsam, tief und ohne Geräusch durch das linke Nasenloch ein – atme durch das rechte Nasenloch aus – atme durch das rechte Nasenloch ein – atme durch das linke Nasenloch aus.

Damit ist ein Durchgang bei der Wechselatmung abgeschlossen. Wenn du das geschafft hast, ohne außer Atem zu geraten, fahre mit dem nächsten Durchgang fort. Ansonsten machst du eine Pause und atmest durch beide Nasenlöcher, bis du wieder ruhig atmest. Zähle deine Runden und atme ungefähr fünf Minuten lang auf diese Weise. Das ist die erste Stufe dieser Übung, und es gibt noch viele andere.

Nach einer Weile kannst du anfangen, den Atem anzuhalten und verschiedene Rhythmen auszuprobieren – zum Beispiel auf eine Zeiteinheit einzuatmen, dann auf vier Zeiteinheiten die Luft anzuhalten und auf zwei auszuatmen. Mache nichts Komplizierteres, bevor du dich damit wohl und entspannt fühlst. Erzwinge nichts, sondern lasse es sanft angehen.

GEP-Technik 23:
Tratak

~ Setze dich bequem und aufrecht hin, entweder in Meditationshaltung auf den Boden oder auf einen Stuhl. Stelle im Abstand von etwa dreißig Zentimeter eine brennende Kerze in Augenhöhe vor dir auf.

~ Schließe die Augen und konzentriere dich auf den spontanen Atemfluss durch deine Nasenlöcher.

~ Wenn du dich ruhig fühlst, öffne deine Augen und schaue mit weichem Blick in die Flamme.

~ Halte den Blick ohne Lidschlag etwa fünf bis zehn Minuten lang auf die Flamme gerichtet. Wenn du es ohne Blinzeln schaffst, wird dein Geist ruhig und frei von Gedanken. Sobald du blinzelst, kommt ein Gedanke.

∞ Schließe dann die Augen und konzentriere dich auf den Lichteindruck, bis er verschwindet.

Es gibt noch viele weitere Formen von Tratak, die unterschiedliche Objekte als Konzentrationspunkt nehmen. Du kannst dir zum Beispiel einen roten Punkt auf dein Drittes Auge malen und dann vor einem Spiegel üben oder mit einem Partner meditieren, der ebenfalls einen roten Punkt auf der Stirn hat und dir gegenüber sitzt. Praktiziere Tratak ungefähr zehn bis fünfzehn Minuten lang. In beiden Fällen wirst du von dem Ergebnis überrascht sein.

Schritt 7: Chakra-Säulen-Meditation

Praktiziere die GEP-Technik 12 »Das Fluten mit violettem Licht«, um den Pranafluss auf der inneren Ebene zu öffnen.

Schritt 8: Die »Perfekt«-Programmierung

Verwende täglich die Programmierung »perfekte Gesundheit, perfekte Balance, perfekte Figur, perfektes Aussehen« (GEP-Technik 10)

Schritt 9: Ernährungsumstellung

Beginne das 3 > 2 und 2 > 1 Mahlzeiten-pro-Tag-Programm (GEP-Technik 6). Iss im Laufe der Zeit immer weniger und arbeite dabei mit der oben genannten Programmierung, bis sich dein Gewicht stabilisiert. Beginne auch mit der Umstellung von Fleisch auf vegetarisch/vegan/Rohkost (GEP-Technik 7).

Schritt 10: Ein förderliches Zuhause

Erschaffe dir ein Zuhause, das deine innere Reise unterstützt. Räume auf, praktiziere Feng Shui und/oder lasse dich intuitiv an einen neuen Wohnort führen (GEP-Technik 17).

Schritt 11: Informiere dich über das Thema Lichtnahrung

Viele Menschen fragen mich, wie sie mit anderen in Kontakt bleiben können, die auch den Weg der Lichtnahrung gehen und wo sie noch mehr Informationen über das Thema finden, damit sie besser informiert sind. Seit 1997 haben viele Lichtesser das *Living on Light-Forum* der *Cosmic Internet Academy* benutzt.

Ich möchte auch darauf hinweisen, dass viele, die auf der 3. Ernährungsstufe leben, ein sehr zurückgezogenes Leben führen und nicht daran interessiert sind, mit ihrer Entscheidung an die Öffentlichkeit zu gehen. Das Beste ist, dein DOW zu bitten, dich mit den richtigen Leuten in Kontakt zu bringen, die deine Entscheidung zu diesem Lebensstil unterstützen, dann wird es auf natürliche Art und Weise geschehen. Außerdem haben viele Menschen, die sich dafür interessieren, einen yogischen oder schamanischen Hintergrund und sind es daher auch gewohnt, auf sich selbst gestellt und gesellschaftlich isolierter zu sein. Bitte

dein DOW telepathisch, dich mit allen Informationen zu versorgen, die du brauchst, damit du dich auf physischer, emotionaler und intellektueller Ebene angemessen vorbereiten kannst.

2. Bioschild-Techniken

Wie bereits erwähnt, besteht eines der Probleme von Menschen, die nur von Lichtnahrung leben, in der persönlichen extremen Empfindlichkeit, die sich manchmal schwer mit unserem Leben in der Beta-Welt vereinbaren lässt. Da Mutter Natur im Wesentlichen ein Alpha-Feld ist, fühlen wir uns in natürlichen, unbebauten Umgebungen meistens wohler. In den letzten zehn Jahren habe ich den größten Teil meiner Zeit in umweltbelasteten Städten verbracht, mich mit Menschen mit belastetem Verstand und ihren Energieübertragungen befasst und mich zur Zielscheibe ihres Spotts und teilweise sogar ihrer Feindseligkeiten gemacht. Ich konnte mich so entspannt verhalten wie ich wollte, denn ich war einfach eine Herausforderung für den Status quo, und meine Neuigkeiten hatten das Potenzial, eine Bedrohung der milliardenschweren Nahrungsmittel- und Pharma-Industrie sowie der Schulmedizin zu werden. Energetisch betrachtet war die Aufmerksamkeit, die mir entgegengebracht wurde, daher manchmal ziemlich vergiftet und ich musste lernen, verschiedene Bioschilde einzusetzen, damit ich mich durch diese Welt bewegen konnte, ohne durch die verschiedenen Arten von Verschmutzung zu sehr beeinträchtigt zu werden. Schließlich können wir nicht alle in entlegenen Bergdörfern leben.

Durch Bioschilde können wir aus den uns umgebenden Feldern das aufnehmen, was wir wollen, statt mit allen Frequenzen bombardiert zu werden, die in der chaotischen Beta-Welt so herumfliegen. Ein Bioschild ist eine Art Kokon, ein Gewebe aus violettem Licht, welches erschaffen, programmiert und aktiviert wird, um bestimmte Biofeedback-Reaktionen aus dem Quantenfeld der universellen Intelligenz zu erhalten. Felder können durch ein System, welches die dimensionalen Feld-Techniker »Weben« nennen, neu strukturiert und überlagert werden. Dabei müssen das angestrebte Ergebnis und die Konsequenzen, die sich aus der Neuprogrammierung eines Feldes ergeben können, im Vorhinein bedacht werden.

In seinem Büchlein »Systemic Spherology of Biofields: A Holographic Model of Reality« (Systemische Sphärologie der Biofelder: Ein holographisches Wirklichkeits-Modell) schreibt Johannes Edelmann: »Biofelder sind holographische Energiefelder und Bewusstseinsfelder. In der Regel sind sie rund und unterliegen systemischen Gesetzen. Wir wissen, dass Hologramme sich dadurch auszeichnen, dass sie Fraktale sind, das heißt: Selbst der kleinste Teil von ihnen enthält das Ganze, und sei es lediglich als Potenzial, so wie eine Eichel den gesamten Eichenbaum enthält, der aus ihr entstehen wird, wenn die Zeit dafür reif ist.« Er fährt fort: »Das Betrachten innerer holographischer Bilder löst einen Kreislauf in unserem Gehirn aus, der unsere Entscheidung durch neurologische Veränderungen unterstützt. Ein klares Ziel oder eine Vision wirken dann wie ein Magnet, der die entsprechenden Situationen anzieht und Möglichkeiten zu ihrer Manifestation erschafft.« Anders gesagt: Wenn wir glauben, dass wir Götter sind, die Gestalt angenommen haben und die aus violettem Licht Energiefelder erzeugen und diese Felder so programmieren können, dass sie bestimmte Wirklichkeiten in ihr Leben ziehen, dann können wir das auch. Das Ganze wird durch die Motivation »zum Wohle aller« unterstützt.

GEP-Technik 24:
Bioschild für das Verdauungssystem

Er dient als inneres Umkehrungssystem, welches alles, was wir essen, sofort in die für uns perfekte Lichtschwingung verwandelt. Mit Hilfe unseres Willens, unserer Vorstellungskraft und unserer Absicht

- nehmen wir uns etwas Zeit, setzen uns still hin und zentrieren uns mit Hilfe des Liebesatems,
- dann visualisieren wir 5 Lichtlinien, die aus unseren Fingern strömen
- und fangen an, mit kreisförmigen Bewegungen ein Gewebe ätherischen Lichts um unseren Mund zu weben,
- dann um unseren Hals,
- unsere Speiseröhre,
- weiter um den Magen,
- die Verdauungsorgane herum
- und schließlich um die Ausscheidungsorgane.
- Hülle dein ganzes Verdauungssystem in ein Feld aus rosa Licht, dann aus goldenem Licht, dann in blaues und danach in violettes Licht.
- Verwende deine innere Sicht, um zu überprüfen, ob dein Verdauungssystem jetzt wie in einem Kokon ruht,
- dann programmiere diese neue Energiematrix, da diese Lichtfelder erst dadurch richtig in Bewegung kommen.
- Unser Vorschlag: Konzentriere dich auf das ätherische Gewebe um dein Verdauungssystem herum
- und sieh es als lebendiges, intelligentes Feld, welches nur auf ein Softwareprogramm wartet, um in Betrieb zu gehen.
- Befehle ihm telepathisch Folgendes: »Alle Nahrung, alle Flüssigkeiten und alles, was ich von diesem Augenblick

an zu mir nehme und was durch mein Verdauungssystem fließt, soll automatisch in die perfekte Lichtfrequenz und göttliche Nahrung verwandelt werden, die mein Körper jetzt braucht. So sei es! So sei es! So sei es!«

Bei allem, was du von nun an zu dir nimmst, sage zu dir: »Ich esse, weil ich es genieße und nicht, weil ich es brauche, und alles, was ich zu mir nehme wird automatisch in das verwandelt, was mein Körper jetzt braucht.« Das verstärkt das ursprüngliche Feld-Programm und verwandelt alle begrenzenden Selbstgespräche, wie z.B. »Schokolade schadet mir« oder »Ich brauche diese Nahrung jetzt, um zu überleben«. Beides sind Einschränkungen. Ja, es ist möglich, dass allein die Haltung »Alles, was ich esse, tut mir gut« ausreicht, alle Gifte zu neutralisieren, doch dazu braucht es einen starken Fokus und eine sehr gute mentale Beherrschung. Das Bioschild-System unterstützt uns in unserem Prozess, während wir diese mentale Kraft entwickeln.

Die zweite Bioschild-Technik, die meiner Ansicht nach für alle notwendig ist, die von der *Madonna-Frequenz* der Göttlichen Liebe leben, ist ein Bioschild für das persönliche Feld. Er schirmt uns von allen Signalen und Frequenzen ab, die uns nicht mehr nähren. Richtig programmiert können wir damit auch unser gesellschaftliches Umfeld allein durch unsere persönliche Ausstrahlung mit göttlicher Liebe, göttlicher Weisheit und göttlicher Kraft und Frequenzen des violetten Lichtspektrums beeindrucken.

Der persönliche Bioschild ist für alle von höchster Bedeutung, die auf die göttliche Nahrung eingestimmt sind und nur von Prana leben. Der nächste Schritt besteht dann in seiner Aufrechterhaltung und Wartung. Die allgemeine Aufrechterhaltung und Wartung umfasst auch die Fähigkeit, Energiemuster und

Informationen zu entfernen und aufzulösen, ohne andere Felder zu destabilisieren. Wir müssen den Bioschild auch regelmäßig aufladen und ausrichten. Das ist besonders für alle Menschen wichtig, die draußen in der Welt aktiv sind.

Es ist ziemlich einfach, einen solchen Schild aufzubauen. Die unten aufgeführte Meditation braucht nur einmal durchgeführt zu werden. Es kann jedoch erforderlich sein, die Programmierung und Wartung des Schildes immer wieder anzupassen, je nachdem, wie aktiv wir in der Welt sind.

GEP-Technik 25: Erstellung eines Bioschildes

- Setze dich bequem zur Meditation hin. Zentriere dich mit dem Liebesatem oder dem vedischen Atem.
- Stell dir vor, dass du in einem Lichtfeld sitzt, in einem Gewebe, Kokon oder Schild, den du um dich herum gewebt hast.
- Sitze ruhig da, atme tief und stell dir vor, dass du die Königin oder der König deines Reiches bist, die/der im Spinnennetz aus violettem Licht sitzt.
- Stell dir vor, dass dieser gewebeartige Schild aus den mächtigen Kräften der göttlichen Liebe, göttlichen Weisheit und göttlichen Kraft, den potenten, ursprünglichen Kräften der Schöpfung besteht.
- Stell dir vor, wie dieser Schild auf den inneren Ebenen mit drei kosmischen Kabeln verbunden ist, die ihm einen endlosen Strom der göttlichen Liebe, göttlichen Weisheit und göttlichen Kraft zuführen.

- Stell dir vor, dass diese drei Kabel mit dem Herzen und dem Geist der höchsten Schöpfungskraft verbunden sind.
- Stell dir vor, dass dieser Schild lebendig, intelligent und pulsierend ist und nur darauf wartet, deine intelligenten Anweisungen in das ihn umgebende Universum auszustrahlen.
- Stell dir vor, dass dieser Schild jetzt mit violettem Licht pulsiert, welches gleich das von dir vorgegebene Programm aufnehmen wird.
- Stell dir vor, dass dieser Schild ein Bio-Computer ist und dein Verstand das Software-Programm.
- Denke an alles, was du dir wünschst: Liebe, Gesundheit, Wohlstand, Glück, Begeisterung, Lebenssinn.
- Stell dir all das deutlich vor. Während du daran denkst, wird es in dein Feld eingepflanzt. Füge dem Ganzen noch den Wunsch hinzu, dass alle deine Wünsche wahr werden sollen.
- Stell dir vor, wie das Gesetz der Resonanz als Antwort auf die klaren Signale, die du gerade in deinen Bio-Schild eingepflanzt hast und die er jetzt ausstrahlt, dir alles bringt, was du dir wünschst.
- Stell dir vor, wie dein Schild all das, was du dir wünschst und was du brauchst, aus dem intelligenten Universum um dich herum absorbiert und in dein Feld fließen lässt.
- Wenn du damit fertig bist, deinen Schild mit deinen Gedanken und Wünschen zu programmieren, stell dir vor, wie diese Botschaften jetzt in deinem Bioschild hell wie Neonröhren leuchten und dem Universum klare Botschaften vermitteln.
- Sage dabei dreimal: »So sei es!« Damit ist dein Bioschild aktiviert.

Sobald der Bioschild aufgebaut und das Feld festgelegt ist und wir Vertrauen in die DOW-Kraft haben, ist es nur noch eine

Frage des Aussortierens und der Umstrukturierung der Felder aller Aspekte unseres Lebens. Anders gesagt: Wenn wir etwas im Leben manifestieren wollen, müssen wir den uns umgebenden Kräften zu Hilfe kommen, indem wir ihnen klare Signale geben. Nimm dir also Zeit und denke gut darüber nach, was du dir in allen Aspekten deines Lebens wünschst. Beachte dabei, dass das intelligente Feld, welches dich umgibt, ständig auf dich reagiert und dir immer den Spiegel deiner dominanten Signale vorhält. Wer in der Beta-Alpha-Welt aktiv ist, muss sich regelmäßig um seinen Bioschild kümmern, denn trotz der reflektierenden und zerstreuenden Eigenschaften des persönlichen Bioschilds kann er durch ständige und starke Einwirkungen des Beta-Feldes etwas von dessen giftiger Energie aufnehmen. Das geschieht vor allem, wenn wir in unserer Zellerinnerung immer noch Gefühle in uns tragen, die durch unseren Bioschild hindurch ihr Spiegelbild anziehen.

Wenn unser Bioschild an die drei kosmischen Kabel der violetten Lichtquelle angeschlossen ist, dann kann dieses ständig strömende violette Licht tatsächlich fast alles, was uns begegnet, verändern und in seine Essenz verwandeln, vorausgesetzt wir erlauben und akzeptieren das. Doch wenn wir in der Beta-Welt aktiv sind, stellen wir vielleicht fest, dass wir gelegentlich unnötige Energien aus unserem Schild entfernen müssen, und zwar ohne die uns umgebenden Felder zu destabilisieren.

Das Durchfluten unseres Systems mit violettem Licht ist das perfekte Werkzeug, um Energien abzuleiten und zu zerstreuen. Ich wende auch gerne das Programm »DOW: Jetzt Bioschild verstärken!« an. Das stärkt die Grundmuster des Schildes und seine Programme. Es ist auch wichtig, unser Zellgedächtnis immer wieder auszurichten. Dies kann geschehen, indem wir

- dankbar für alle Lektionen sind, welche wir durch die Leiden unserer Vergangenheit erfahren haben;
- Kinesiologie oder Schwingungsmedizin anwenden, um toxische Emotionen aus unseren Feldern zu entfernen, die Spaltungen oder Schwächen im Bioschild hervorrufen könnten;
- unsere inneren Felder (Meridiane, Blutbahnen, Knochen, Chakras etc.) und unsere äußeren Felder (Aura, Umgebung etc.) mit violettem Licht durchfluten.
- Stelle dir auch jeden Tag unter der Dusche vor, dass mit dem Wasser reines violettes Licht über dich strömt und dein Biofeld und deine Aura reinigt und nährt.

Die autonome Schablone

Die autonome Schablone ist ein zusätzlicher Biofeld-Mechanismus für all diejenigen, die ausschließlich von der Nahrung der Götter leben.

Sie ist eine Energiematrix, die über und durch unseren existierenden Lichtkörper hindurch gewebt wird und als energetische Grundlage oder Gitternetz eines bestimmten Programms dient. Wenn wir ein Feld mit dem violetten Lichtspektrum erschaffen haben, dann müssen wir die so entstandene Schablone mit spezifischen Emotionen prägen. Meist wird es sich dabei um Tugenden handeln, die wir zur erfolgreichen und freudvollen Erfüllung unserer Aufgabe hier brauchen. Die neue autonome Schablone kann nach deiner Aktivierung automatisch mit dem alten Lichtkörper und seinen Meridianfeldern verschmelzen und sie überlagern.

Ich halte die autonome Schablone für ein wunderbares Werkzeug, da sie nach ihrer Aktivierung zum elementalen Equilibrium den göttlichen Nahrungsfluss reguliert, denn darin sind alle Elemente: Feuer, Wasser, Erde, Luft, astrales Licht, kosmisches Feuer und Akasa in perfekter Balance. Das erlaubt der Schablone, ihre selbsterhaltende Aufgabe zu erfüllen. Die autonome Schablone ist eine neue Lichtkörpermatrix, die auf bestimmte Ziele hin ausgerichtet ist, nämlich das physische Biosystem von der Notwendigkeit der Nahrungsaufnahme, des Trinkens, Schlafens oder Alterns zu befreien. Diese neue Schablone wird automatisch aktiviert, wenn die inneren und äußeren Feldfrequenzen übereinstimmen und stark genug sind, sie auszulösen. Sie kann dann auch darauf programmiert werden, Qualitäten wie Mut, Klarheit, Mitgefühl, Verbindlichkeit, Disziplin, Hingabe, Humor, Demut, Makellosigkeit, Integrität usw. als neue emotionale Grundlage zu stärken.

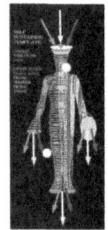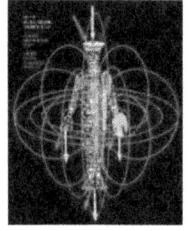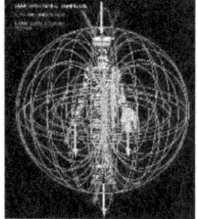

Abbildung 12–15

Einfache Darstellungen der Erzeugung der autonomen Schablone

GEP-Technik 26:
Die Erschaffung einer autonomen Schablone

- ∞ Setze dich in Meditation und stimme dich mit dem Liebesatem ein.
- ∞ Atme, bis du dein DOW fühlen kannst und sage dann: »Ich bitte mein DOW, mir jetzt bei der Schaffung der perfekten autonomen Schablone zu helfen.«
- ∞ Stell dir im Geiste eine Schablone vor, ein Gewebe wie ein Körper aus pulsierenden, feinen Lichtlinien, wie ein Kokon. Stell dir vor, dass diese Schablone ganz neu, perfekt verkabelt, stark und vital ist, eine Matrix aus reinem Licht wie ein Biocomputer, der darauf wartet, programmiert zu werden.
- ∞ Stell dir dies als ein neues Gitternetz vor, das an einen höchst intelligenten und bedingungslos liebenden kosmischen Computer angeschlossen ist, der die Schablone ständig mit grenzenloser Liebe, Weisheit und Kraft auflädt, die diese nach Bedarf verwenden kann.
- ∞ Stell dir vor, dass du in diese Schablone eintrittst und sie mit dir verschmilzt, indem sie sich in deinem Chakra- und Meridiansystem verankert.
- ∞ Stell dir die Elemente Erde, Luft, Wasser und Feuer vor, wie sie sich um deinen Körper verdichten, um Moleküle und Atome anzusammeln und einen neuen Biokörper um diese Schablone herum zu bilden.
- ∞ Stell dir eine neue Form vor, die alterslos, autonom und selbstregenerierend ist.
- ∞ Stell dir ein holographisches Bild deines perfekten Selbst vor, wie es aus dieser Schablone herausstrahlt: vollkommen, ganz, gesund, glücklich und erfüllt – alterslos, strahlend und selbstversorgend.

∞ Weise dein DOW an: »Ich bitte mein DOW, jetzt die Zeitlinien zu durchqueren und alle Lernprozesse von all meinen emotionalen Erfahrungen, durch alle Zeiten, alle Liebe, alles Mitgefühl, alle Barmherzigkeit, Weisheit, Ehre, Empathie, Freude, Weisheit und Kraft zu sammeln, die ich brauche, um eine emotional ausgeglichene, gesunde und kräftige Schablone zu schaffen.«

∞ Während du siehst, wie sich dein Körper innerlich verjüngt, weise dein DOW an: »Meine Biokörper-Schablone soll das Alter von … (Alter nach Wunsch) haben!« Singe mit dem Bild dieser neuen Schablone vor dem geistigen Auge dreimal »Biokörper 25, Biokörper 25, Biokörper 25« bzw. das Alter, für das du dich entschieden hast. Visualisiere deinen Körper, der von dieser neuen, inneren Schablone geprägt ist und von deinem neuen Lebensstil unterstützt wird, und sieh zu, wie er beginnt, jünger zu werden und sich von innen heraus zu regenerieren.

Wenn diese Schablone verankert und aktiviert werden soll, dürfen wir nicht daran zweifeln, dass es möglich ist, den Alterungsprozess zu stoppen und eine Regeneration zu erleben. Wenn die Schablone erschaffen und in unserem Lichtkörper und unserem Bioschild verankert ist, können wir uns entspannen und in unserem Leben voller Vertrauen fortfahren, dass die Schablone zu dem für uns perfekten Zeitpunkt aktiviert werden wird. Die Schablone wird sich automatisch selbst aktivieren, wenn wir durch den *Köstlichen Lebensstil* ein Elemente-Gleichgewicht erreicht haben, wenn wir bewusst und positiv denken, makellos handeln und ein reines Herz haben.

Weitere Informationen und Techniken

Es gibt inzwischen auch andere Techniken, um unsere Gehirn-wellenmuster zu beeinflussen. In Untersuchungen mit dem Gerät »Zirbeldrüsen-Trainer« von Paul Louis Laussac wurde festgestellt, dass bei einem Gehirnwellenmuster im Theta-/Delta-Bereich folgende Merkmale auftreten:

- ∞ Veränderungen im metabolischen Rhythmus
- ∞ Veränderungen im Atemrhythmus
- ∞ Veränderung des Hautwiderstands
- ∞ Biochemische Veränderungen
- ∞ Synchronizität der Gehirnwellenmuster
- ∞ Synchronizität der elektrischen Aktivität der Hemisphären
- ∞ Geringere galvanische Hautreaktionen bei Stress-Stimuli
- ∞ Weniger Herzschläge pro Minute
- ∞ Weniger Atemzüge pro Minute
- ∞ Niedrigerer Blutdruck bei sehr angespannten Menschen
- ∞ Verstärkung der Persönlichkeit
- ∞ Verringerung der Anspannung
- ∞ Stärkung der psychologischen Gesundheit
- ∞ Stärkung der Selbsterkenntnis
- ∞ Stärkung der Wahrnehmungsfähigkeit
- ∞ Schnellere Reaktionszeiten
- ∞ Besseres Kurz- und Langzeitgedächtnis
- ∞ Weniger Alkohol- und Nikotingenuss
- ∞ Weniger spontane galvanische Hautreaktionen
- ∞ Hohe akademische Entwicklung
- ∞ Berufliche Verbesserungen durch neue Ideen und Konzepte

Geräte wie der Zirbeldrüsen-Trainer operieren genauso wie unsere dimensionalen Biofeld-Techniken durch ein System des Biofeedback-Looping. Nach Untersuchungen der Primal Foundation verfügt das Gehirn über die Fähigkeit, seine Resonanz auf natürliche Art und Weise mit dem dominanten Feld in Harmonie zu bringen (www.primaltherapy.com). Wenn wir unser Gehirn und unsere Körperflüssigkeiten daher mit Musik und Mantras fluten, führt das zu interessanten Veränderungen in unserem Feld, unseren Übertragungssignalen und demzufolge unseren Lebenserfahrungen. Die Primal Foundation hat auch die Amplitude, die Spitzenfrequenzen und die Verteilung der Gehirnwellenmuster in Beta, Alpha, Theta und Delta aufgezeichnet und die Ergebnisse zur Unterstützung emotionaler Therapien eingesetzt. Sie sprechen über »Tore«, durch die primäre Energie freigesetzt oder zurückgehalten wird, unsere Bewusstseinsbänder getrennt und unsere emotionalen Zustände kontrolliert werden.

Die Untersuchungen haben bestätigt, dass wir durch eine Veränderung unserer Gehirnwellenmuster unsere Lebenserfahrungen beeinflussen und unsere Einstellung damit von einer Opfermentalität zur Haltung eines Meisters verändern können.

Die Chi-Maschine

Ich ziehe es eigentlich vor, unabhängig von Maschinen zu leben, da der vollkommenste und komplexeste Computer, der uns zur Verfügung steht, ohnehin das menschliche Biosystem ist. Durch Veränderungen in der Lebensführung unsere Gehirnwellenmuster zu beeinflussen und damit seine Möglichkeiten zu erkunden, erscheint mir immer als die gesündere und freiere Entscheidung. Diese Einstellung geht wahrscheinlich auf meine yogische Ausbildung zurück, die empfiehlt, nie von etwas außerhalb unserer selbst abhängig zu sein. Das war für mich immer eine gute Richtlinie, da unsere wahre Kraftquelle in unserem DOW liegt.

Vor diesem Hintergrund möchte ich jedoch auf ein Gerät hinweisen, das ich als äußerst hilfreich im Zusammenhang mit meinen Programmen und Untersuchungen empfinde. Die Vorstellung, dass wir unsere Körperflüssigkeiten umprogrammieren können, wird unterstützt durch die Arbeiten über das Bewusstsein des Wassers von Masaru Emoto. Da unser Körper zu siebzig Prozent aus Wasser besteht und wir wissen, dass Wasser auf Worte und Musik reagiert, kann man viel durch ein Einstimmen und Programmieren unserer Körperflüssigkeiten bewirken.

Die Chi-Maschine wiegt den Körper sanft hin und her. Die Füße ruhen dabei auf einem schwingenden Block, während unser Körper am Boden liegt. Am Ende der Behandlung fließt ein Strom von Chi-Energie den Körper hinauf und durchflutet das Biosystem mit reinem Prana. Während dieses Strömens können wir mit dem Programm »perfekte Gesundheit, perfekte Balance, perfekte Figur und perfektes Aussehen« arbeiten. Wenn wir es zusätzlich mit bestimmten Mudras (Fingerhaltungen) begleiten, geht die Programmierung bis tief in unsere Zellen und Neutrinos hinein.

Beachte dabei jedoch, dass dieses Programm nur funktioniert, wenn du es aus der Haltung heraus sagst, dass du Gott in einem Körper bist, allmächtig, allwissend und allliebend, dessen physischer, emotionaler und mentaler Körper nur dem Zweck dient, dein göttliches Selbst hier auf Erden zu manifestieren. Beachte auch, dass wir von einem intelligenten Universum umgeben sind, welches uns als Götter in Form betrachtet und ständig aus unserem Biofeld abliest, was unsere dominanten Gedanken und Programme sind und uns das dann prompt liefert. Experimentiere hier im Zusammenhang mit der Chi-Maschine und stelle fest, welchen Unterschied sie für dich macht.

Zeitplanung

Nimm dir Zeit, einen zwei-, drei- oder fünf-Jahresplan der physischen und sozialen Vorbereitung aufzustellen. Beispiel: In drei Jahren werde ich nur von Prana leben. Wende dann die oben beschriebenen Punkte mit Sorgfalt und Vernunft an. Es gibt keinen Grund zur Eile, denn es kann mehrere Jahrzehnte oder gar Leben dauern, bis jemand sein Biosystem für diese Erfahrung vorbereitet hat. Wie schnell es geht, hängt einzig und allein von deiner Frequenz ab, und die kannst du kontrollieren und verändern.

3. Verantwortungsvolle Öffentlichkeitsarbeit

Wenn es deiner Blaupause entspricht, mit deiner Entscheidung an die Öffentlichkeit zu gehen, dann lies bitte folgende Richtlinien für verantwortungsvolles berichten.

Ich wurde dazu angeleitet, diesen Artikel zu schreiben, nachdem ich mich nach meiner Entscheidung, nur von Prana zu leben, den Medien gestellt habe. Ich wurde mit einem Berg von Kritik überhäuft. Von dieser Rolle habe ich mich glücklicherweise zurückgezogen. Ich genieße es jetzt eher, Anfragen abzuweisen, vor allem von den Mainstream-Medien, und ich fühle mich immer mehr wie Greta Garbo, die zu sagen pflegte: »I want to be alone« (Lasst mich in Ruhe) – zumindest was die allgemeine Presse betrifft. Ich habe es genossen, die Worte eines bekannten New Yorker Journalisten zu lesen: »Der australische Alpha-Guru Jasmuheen lehnte ein Interview ab.«

In Bezug auf dieses so umstrittene Thema der Macht des Prana ist die Stille für mich zur größten Kraft geworden. Alle Daten und Informationen sind jetzt gesammelt worden und warten nur noch auf respektvolle Akzeptanz. Die Zeit arbeitet für uns.

Nachdem ich mich sieben Jahre lang den Zeitungen, Magazinen, Radio- und Fernsehsendungen zur Verfügung gestellt habe, ist es ein gutes Gefühl, meine Aufgabe in diesem Bereich beendet zu haben und in eine Art Ruhestand zu gehen. Ende 1999 entschied ich mich, nicht mehr mit den Print-Medien zu arbeiten und nur noch Live-Interviews in Radio und Fernsehen zu geben, da ich es leid war, den Zirkus weiter mitzumachen, der um etwas gemacht wurde, was aus einer sehr heiligen Einweihung hervorgegangen war. Ich war es auch leid, die Missverständnisse und frechen Fehldarstellungen richtigzustellen, die in den Mainstream-Medien üblich sind. Der letzte Tropfen, der das Fass zum Überlaufen brachte, war ein zweistündiges Interview mit einer intelligenten Reporterin, der ich tiefgründiges Material geliefert hatte und der gegenüber ich sehr darauf geachtet hatte, wirklich alle Bereiche abzudecken – um dann in ihrem Artikel mehr als zwanzig Fehler feststellen zu müssen. Ich erinnere mich noch, wie ich dachte: »Ich weiß, dass sie nicht dumm ist«, deshalb konnte ich also nur den Schluss ziehen, dass sie die Öffentlichkeit absichtlich falsch informierte. So beschloss ich, diese Art der Fehlinformation nicht mehr zu unterstützen. Ich beschränkte meine Öffentlichkeitsarbeit auf Journalisten, die der Metaphysik gegenüber offen waren und auf höheren Ebenen der Integrität lebten. Ihnen allen gilt mein herzlicher Dank.

Nach ungefähr tausend Interviews und nachdem ich seit 1996 ungefähr 800 Millionen Menschen erreicht habe, halte ich mich für informiert genug, ein paar Ratschläge erteilen zu können. Ich tue dies, weil ich weiß, dass die ganzheitliche Bildung und Erziehung zu unseren Aufgaben als Metaphysiker gehört. Wir wissen alle, dass Angst durch Unwissenheit entsteht und dass es für einige von uns zur Lebensaufgabe gehört, diese Unwissenheit zu vertreiben. Das kann bedeuten, dass man Zeit mit den großen Medien verbringen muss.

Nachfolgend findest du eine Checkliste, die ich für die Arbeit mit den Medien als nützlich erachte.

1. Den mehr esoterisch Verbundenen empfehle ich, ein Engel-Marketing- und Medien-Team anzustellen, welches zusam-

men mit einem Heiligen ihre Medienverbindungen über-
wacht. Das ist auch wunderbar für ihr Zeit-Management
und vermeidet fehlgeleitete Energien. Mein PR-Agent ist
St. Germain, der sich damit einverstanden erklärt hat, mir
nur eingestimmte Reporter zu schicken. (Leider habe ich
vergessen, auch um eingestimmte Redakteure zu bitten –
siehe Punkt 2.)

2. Achte auf die zerstörerische Mentalität, die in der Main-
stream-Presse verbreitet ist. Das bedeutet, dass du eine
wunderbare Zeit mit einem aufmerksamen Journalisten
verbringen kannst, der auch einen harmonischen, gut re-
cherchierten Artikel schreibt. Dieser Artikel wird jedoch
von seinem Redakteur in Stücke gerissen und aufreiße-
risch umgeschrieben, so dass deine Aussagen unzusam-
menhängend oder unverständlich erscheinen. Journalistische Integrität ist in diesen Kreisen leider wenig verbreitet.

3. Sei dir bewusst, dass Zeitungen, die einen Artikel einkaufen, die darin enthaltenen Informationen nicht unbedingt
überprüfen. Ich habe es erlebt, dass führende Magazine
schlecht recherchierte und sogar falsche Artikel von der
Regenbogenpresse eingekauft und gedruckt haben. In der
Regenbogenpresse sind Tatsachen oft nicht so wichtig wie
der Sensationswert einer Geschichte oder die Verkaufs-
zahlen.

4. Ich empfehle dir: Lasse die Finger von der Regenbogenpresse! Bevor du dich auf ein Interview einlässt, informiere
dich über die journalistische Integrität und Glaubwürdigkeit deines Gegenübers.

5. Mit einem kontroversen Thema an die globalen Mainstream-Medien zu gehen ist nichts für schwache Herzen.
Es kann sehr verwirrend sein und einem das Herz brechen,
wenn ein angeblich wohlwollender Sender oder ein Maga-
zin die Tatsachen doch in ihrem Sinne zurechtbiegen.

6. Überprüfe auch deine eigene Integrität. Warum willst du mit den Medien zu tun haben? Hegst du einen heimlichen Wunsch nach Ruhm? Wie gut kennst du dich auf deinem Gebiet aus? Lebst du das, was du lehrst? Beruht deine Erfahrung zu hundert Prozent auf der Wahrheit? Viele Journalisten sind dafür ausgebildet, dich aufs Glatteis zu führen. Sie suchen nach Widersprüchen und verborgenen Motiven wie zum Beispiel dem Streben nach öffentlicher Anerkennung. Es ist unbedingt notwendig, dass du aufrecht und integer handelst und zu hundert Prozent an dich glaubst und an das, was du vertrittst oder vorschlägst. Jeder Widerspruch kann bloßgestellt und manipuliert werden.

7. Wenn du es mit weniger freundlichen Medienvertretern zu tun hast, begegne niemals Aggression mit Aggression, denn das wirkt nur abschreckend. In der Zeit, als ich die göttliche Kraft und ihre Fähigkeit, unsere Zellen und Seelen zu nähren, auf der globalen Bühne vertrat, begegnete ich zahllosen ärgerlichen und aggressiven Medizinern, Psychiatern, Ernährungswissenschaftlern und sogar Metaphysikern. Sie gingen in Angriffshaltung, lehnten sich nach vorne, erhoben anschuldigend die Finger, schüttelten die Fäuste und erhoben ihre Stimme. Es wird immer zu deinen Gunsten ausgehen, wenn du dich ihnen gegenüber ruhig verhältst, Beschuldigungen mit liebevoller Geduld begegnest und gut begründete Fakten präsentierst. Das Publikum wird von deiner Gelassenheit angesichts solcher Feindseligkeit beeindruckt sein, vor allem, wenn du geübt hast, so viel Liebe auszustrahlen, dass es auch die Leute zuhause vor den Bildschirmen spüren. Die Leute lernen nur zu 7 Prozent aus dem, was du sagst und zu 93 Prozent aus dem Ton deiner Stimme, aus deinen Bewegungen und deiner Körpersprache.

8. Stelle sicher, dass du gut an die göttlichen Kanäle angeschlossen bist und in allen Situationen die perfekte Intensität von Liebe und Weisheit ausstrahlst. Verhalte dich immer
   wie ein wahrer Meister mit Intelligenz, Respekt und Ehr-
   erbietung, egal wie dein Gesprächspartner dich und dein
   Thema behandelt. Das verlangt einiges an Übung, und hier
   hilft dir die Meditation dabei, zu agieren statt zu reagieren.

9. Wenn du für eine Veranstaltung werben willst, integriere
   auch immer etwas Lehrreiches, zum Beispiel eine Meditation oder einige Fakten, die dem Publikum nützlich sein
   können. Stelle sicher, dass das Interview auch vor der Veranstaltung veröffentlicht wird.

10. Wenn es möglich ist, bitte darum, den Artikel gegenzule-
    sen, um alles zu überprüfen, bevor es gedruckt wird. Meis-
    tens wird dir dieses Recht nicht zugestanden.

11. Sei dir der Wirkung deiner Medienarbeit im globalen
    Spiel bewusst. Wenn du die oben genannten Punkte nicht
    befolgst, könntest du die glaubwürdige Arbeit deiner Kol-
    legen unterminieren, die diese Punkte vielleicht jahrelang
    befolgt haben. Das ist besonders bei solchen kontroversen
    Themen wie Prana-Heilung und Lichtnahrung wichtig,
    da hier die konventionellen Überzeugungen herausgefor-
    dert werden. Viele von uns haben Jahre damit verbracht,
    spezielle Bildungssysteme zu entwickeln, um die metaphy-
    sische und die »normale« Welt miteinander zu verbinden.
    Du unterstützt diese Arbeit, indem du dir dessen bewusst
    bist, was hier besprochen wurde.

12. Sei dir bewusst, dass deine Arbeit jene bedroht, die den
    Gott des Geldes verehren. So kann es passieren, dass du in
    ein negatives Licht gestellt wirst, selbst wenn du alle oben
    genannten Punkte befolgst. Ein Lebensstil, der Krank-
    heiten vorbeugt, entzieht den Medizinern auf Dauer ihre
    Lebensgrundlage, genauso wie die Freiheit von der phy-

sischen Nahrungsaufnahme die Nahrungsmittelindustrie beeinträchtigt. Wenn wir nicht mehr krank werden, wirkt sich das auf die medizinische und die pharmazeutische Industrie aus.

13. Daher kannst du manchmal im Umgang mit den großen Medien nicht mehr erwarten, als ein paar Samenkörner zu pflanzen. Je glaubwürdiger du auftrittst, desto besser. Mache dich vom Ergebnis deiner ganzheitlichen Bildungsarbeit nicht abhängig. Die Richtigen werden sich zu dir hingezogen fühlen, und die bereit sind zu hören, werden zuhören. Wer dir nicht zuhört, ist entweder noch nicht bereit oder nicht Teil deines Arbeitsstroms.

14. Denke daran, dass der göttliche Geist, die Macht des DOW und das C.N.N. immer dafür sorgen, dass die Botschaft durch die richtigen Kanäle fließt. Das Internet ist unbestechlich, also nutze es.

15. Erweise denjenigen Ehre, denen Ehre gebührt. Wenn du deine Fähigkeiten entwickelt hast, indem du bei jemandem gelernt hast und seine Techniken einsetzt, dann erwähne ihn und ehre ihn. Auf dem Gebiet der heiligen Sexualität und der taoistischen Praktiken gehört Mantak Chia zu den weltweit führenden Spezialisten, im Bereich der Pranaheilung ist es Choa Kok Sui, auf dem Gebiet der tiefgreifenden Erforschung der phänomenalen Fähigkeiten des menschlichen Körpers gebührt die Ehre Michael Murphy mit seinem Buch »The Future of the Body«. Gleichermaßen ist Deepak Chopra die führende Kapazität im Bereich der Verbindung zwischen Geist und Körper.

16. Auch wenn dir jemand eine wichtige Information liefert, die deine Arbeit unterstützt: Weise darauf hin und danke ihm auf angemessene Weise. Gegenseitige Unterstützung und Anerkennung gehören zum neuen Spiel der Einheit und müssen als göttliche Umgangsform gefördert werden.

17. Wähle die Medien aus, die dein Produkt oder deine Vorschläge am besten fördern. Spirituell oder ganzheitlich
orientierte Medien haben weniger Vorurteile und sind
offener, auch wenn sie manchmal professionelle Journalisten engagieren, um glaubwürdiger zu wirken. So lassen
sich sowohl die Mainstream- als auch die esoterischen
Magazine oft von Medizinern und Ernährungsspezialisten
in Bezug auf die Lichtnahrung beraten, was in der Regel
Zeitverschwendung ist, wenn sich die Fachleute nicht mit
Chi oder Prana-Arbeit auskennen. Alle traditionellen Er-
nährungswissenschaften beziehen sich auf Menschen, die
in der Beta- und Alpha-Frequenz verankert sind und ihre
Vertreter verstehen die Art von Energien nicht, zu denen
Meditierende der Theta-/Delta-Frequenz Zugang haben.

18. Sei gut vorbereitet und gut informiert. Lebe dein Leben
als Meister. Verhalte dich immer makellos. Lüge niemals
und biege auch nicht die Wahrheit zurecht. Halte dein
Gewissen immer rein, egal was andere sagen oder tun.

19. Denk daran, nicht jeder wird über das jubeln, was du
entdeckt hast, vor allem nicht jene, die etwas dadurch zu
verlieren haben. Nicht jeder hier will eine Welt erschaffen,
in der die Götter des Geldes, des Ruhms, des Sex und
der Macht auf ihren angemessenen Platz zurückgedrängt
werden, einen Planeten, auf dem die Macht wieder bei
den Völkern liegt. Die Aussage, dass Gott überall ist, auch
in uns und dass wir durch die Kanäle der inneren Ebenen eine direkte Erfahrung Gottes machen können, bedroht die Hierarchie der Priester und die Grundlage vieler
Kirchen, genauso wie neue Quellen erneuerbarer, billiger
Energie die existierenden Energiebarone bedrohen.

20. Nicht jeder in dieser Welt hat lautere Absichten. Auch
wenn wir Gott in allen Dingen sehen, wäre es naiv zu
glauben, dass wir eine neue, bessere Art zu leben anbieten

können, ohne auf Widerstand zu stoßen, vor allem, wenn wir uns damit an die Öffentlichkeit begeben.

21. Bevor du einen Vertrag unterschreibst, lasse ihn von einem Anwalt prüfen, ob er dem entspricht, was du abgesprochen hast. Triff keine übereilten Entscheidungen, frage immer bei deinen Engeln nach und überprüfe alle deine Möglichkeiten.

22. Mein letzter Rat für alle, die im globalen Medienspiel mitspielen wollen, lautet daher: Lass die Finger davon, wenn du keine guten Informationen, nicht genügend Mut und nicht ein sehr, sehr reines Herz hast.

Nach der Umstellung: Und jetzt?

Nach meinem ersten Buch über die Ernährung der Stufe 3 und das göttliche Ernährungsprogramm sagten viele Menschen, ich hätte nicht genug über das geschrieben, was danach kommt. »Nun lebe ich nur von Prana – und jetzt?« oder »Wie kann ich mit den Reaktionen meiner Umwelt umgehen und mich gesellschaftlich wieder integrieren?«

Dazu kann ich fast keine Führung anbieten, weil wir alle so unterschiedlich auf diese Welt reagieren. Es hängt auch von unserer inneren Blaupause ab.

Es ist sehr viel leichter, sich gesellschaftlich anzupassen, wenn wir uns auf die 3. Ernährungsstufe erfolgreich umgestellt haben und dies weitgehend für uns behalten. Wenn es jedoch unserer Bestimmung entspricht, uns damit an die Öffentlichkeit zu begeben, dann ist es sehr hilfreich, sich an die zuvor genannten Richtlinien zu halten.

- ✑ Reagieren die Menschen skeptisch? Auf jeden Fall.
- ✑ Reagieren sie manchmal verärgert und sogar feindselig? Sicherlich.
- ✑ Werden sie sich manchmal über dich lächerlich machen und wirst du dich manchmal isoliert fühlen? Unbedingt.
- ✑ Wird es im Laufe der Zeit leichter werden? Ja.
- ✑ Braucht man Stärke und Mut, um auf der 3. Ernährungsstufe zu leben? Unbedingt.
- ✑ Der Erfolg unseres Lebens nach der Umstellung bleibt offen – das Leben muss gelebt werden und wir müssen in jedem Augenblick damit umgehen. Und wenn wir voll im Einklang mit unserem Dow sind und uns von ihm führen lassen, wird es leichter!

4. Häufig gestellte Fragen

Frage: Kann eine Frau nur von Prana leben und ein gesundes Kind zur Welt bringen?

Ja, in Deutschland, der Schweiz und in Brasilien ist es bereits geschehen. Ich habe in meinen anderen Büchern bereits erklärt, dass ein Körper keinerlei physische Probleme hat, solange er gut ernährt wird. Das Feld der *Madonna-Frequenz* ist frei von Pestiziden und Konservierungsstoffen und kann auch nicht genetisch manipuliert werden. Es ist also eine reinere Nahrungsquelle als physisches Essen, auch weil unser Körper es nicht aufbrechen, die Nährstoffe absorbieren und den Rest ausscheiden muss.

Frage: Wie stillt diese Mutter dann ihr Kind?

Manche dieser Mütter stillen ihr Kind mit Muttermilch, andere geben ihm andere Arten von Milch. Sie tun dies, bis das Baby nach anderen Arten von Nahrung verlangt. Das ist ein sehr interessantes Thema, denn manche dieser neuen Kinder sind bereits auf die *Madonna-Frequenz* eingeschwungen, doch ihre angemessene Ernährung hängt zunächst von den Menschen in ihrer Umgebung ab.

Es gibt zum Beispiel eine Frau in Brasilien, die von Lichtnahrung lebt und deren Kind alle drei bis vier Tage trinkt. Es nimmt zu und scheint gesund zu sein. Doch die Mutter jener Frau, ihre Schwiegermutter und ihre Freunde machen sich Sorgen darüber, wie wenig sie das Kind füttert und projizieren ständig ihre Ängste in das Feld der Mutter und des Kindes. Das kann den nährenden Fluss der göttlichen Liebe stören, von dem das Kind jetzt lebt, und damit genau das manifestieren, was sie befürchten. Wir müssen mit der Ernährung dieser Kinder äußerst vorsichtig und verantwortungsbewusst umgehen. Wir empfehlen regelmäßige Untersuchungen, doch wenn das Kind wächst und gedeiht, obwohl es sehr wenig isst, könnte es sich um ein Kind der *Madonna-Frequenz* handeln.

Ich erinnere mich noch daran, wie schwierig es für meine vegetarisch lebenden Kinder vor zwanzig Jahren in der Schule war. Stell dir vor, was für ein Durcheinander ein Kind in der Schule und bei seinen Freunden auslösen würde, das nur von Prana lebt. Doch diese Kleinen sind mit sehr viel Liebe und Bewusstsein hierher gekommen. Sie haben zweifellos auch den Mut mitgebracht, den sie brauchen, wenn sie den Status quo in Frage stellen. Vor dreißig Jahren war es schwierig für uns, als Vegetarier anerkannt zu werden, heute ist es sozial inakzeptabel, nur von Prana zu leben, doch die Geschichte zeigt, dass sich so etwas verändern kann.

Frage: Muss man alle in diesem Buch empfohlenen Techniken praktizieren, um sich von der Notwendigkeit der physischen Nahrungsaufnahme zu befreien? Das könnte vielleicht etwas kompliziert werden.

Nein. Ich bin vielen Menschen begegnet, denen der Übergang beinahe unmittelbar gelungen ist. Es hängt von der persönlichen Schwingung ab. Wenn du bereits einen Lebensstil hast, der dich physisch, emotional, mental und spirituell fit hält und dann die Information erhältst und verstehst, dass die göttliche Nahrung, die ohnehin ständig in dich einströmt, nur darauf wartet, dich voll zu versorgen, dann kann der Übergang sehr schnell geschehen.

Durch unsere Medienarbeit, mit der ich über 800 Millionen Menschen von der nährenden Kraft des DOW erzählt habe, ist die Realität jetzt fest im morphogenetischen Feld verankert, so dass sich immer mehr Menschen mit scheinbar geringer Vorbereitung in die göttliche Ernährung einklinken können. Das kann geschehen, wenn dein bisheriger Lebensstil dich bereits mit dem Theta-Frequenzband in Verbindung gebracht hat und deine innere Einstellung diese Möglichkeit zulässt.

Es ist nichts Ungewöhnliches mehr, dass ich ein paar Stunden mit jemandem über dieses Thema rede und er oder sie fast unmittelbar mit dem Essen aufhört. Die andere Reaktion ist, dass die Person erst mal nach Hause geht und ein paar Tage oder Wochen lang alles in sich hineinstopft, was sie nur finden kann. In diesem Fall fängt das innere Kind an, sich mit seiner emotionalen Abhängigkeit von Essen auseinanderzusetzen und sich auf dieses neue Paradigma einzustellen.

Frage: Du hast den Prozess des »Abstreifens« und »Wiederauf- schichtens« erwähnt, der in einem Biosystem stattfindet, wenn die Person sich in dieses Paradigma hinein und wieder heraus begibt. Was meinst du damit?

Zu dem Ersten, was ich in der Arbeit mit feinstofflichen Energien wie zum Beispiel beim Meditieren beobachtet habe, gehört die Tatsache, dass wir die daraus hervorgehenden Veränderungen oft erst bemerken, wenn die sie verursachende Aktivität beendet ist. Da wir es mit feinstofflichen Energien zu tun haben, sind auch die Veränderungen in unserem Biosystem und Bewusstsein fein. Auch in unseren Vorbereitungen auf die Lichtnahrungs-Wirklichkeit geht unser Biosystem durch einen graduellen Prozess des Abstreifens, da unsere dichten Energien verfeinert werden. Dieses »Abstreifen« bemerkst du jedoch erst, wenn du dich entscheidest, dich wieder auf dichtere Energien einzuschwingen und in den Prozess des »Wiederaufschichtens« kommst.

Ich entdeckte dieses Phänomen, nachdem ich zwei Jahre lang nicht gegessen hatte und dann weitere fünf Jahre von weniger als 300 Kalorien pro Tag lebte (das war die Sojamilch und der Zucker, die ich in meinen Ingwertee tat und ab und zu ein Stückchen Schokolade oder Kürbissuppe). Nach einem Jahr, in dem ich nur eine leichte Mahlzeit pro Woche aß, beschloss ich, mir ein Jahr frei zu nehmen und zu versuchen, meinen Stoffwechsel wieder in Gang zu bringen und meine Frequenzen zu verdichten, um mich wieder mehr in die Gesellschaft zu integrieren. In dieser Zeit hatte ich das Gefühl, als würde die Unterseite meiner Haut von einer lichten durchscheinenden Substanz wieder in eine dichtere Form verwandelt. Es fühlte sich wirklich so an, als sei ich freigelegt gewesen. Ich war so licht, kaum da, und dann durchlief ich durch meine eigene Entscheidung eine Art energetischer Wiederaufschichtung. Interessanterweise waren die einzigen Substanzen, zu deren Verzehr ich in dieser Zeit geführt wurde, Ingwer und Kürbis. Beides gilt als Stimulanz für die Produktion von Chemikalien, die unser Gehirn im Theta-Bereich halten.

Die Idee des Abstreifens und Wiederaufschichtens sollte medizinisch untersucht werden, doch leider haben wir noch keine Möglichkeit, die Erweiterung des Bewusstseins zu messen, außer durch die persönlichen Vorzüge, die wir dabei erleben, und vielleicht eine Veränderung der Gehirnwellenmuster.

Frage: Das ultimative Ziel vieler Yogis, Schamanen und Metaphysiker besteht darin, die Ekstase der Erleuchtung zu erfahren. Wie

unterstützt die göttliche Nahrung dies und kann der Zugang zur
Nahrung der Götter diesen ersehnten Zustand bewirken?

Im Bereich der dimensionalen Biofeld-Wissenschaft stellt dies eine interessante Herausforderung dar. Die Abbildung zeigt ein klassisches Bild einer Person, die in der dichten materiellen Realität dieser Wirklichkeit lebt und sich vom höheren göttlichen Sein führen lässt.

In diesem Zusammenhang stellen sich folgende Fragen:

1. Wenn dies unserer gegenwärtigen esoterischen Realität entspricht, dann geht es darum, unser DOW auf diese physische Ebene zu holen und unser Christus- oder Buddha-Bewusstsein zu manifestieren. Doch wie kann ein vorwiegend Theta-/Delta-Feld-Wesen in einem Beta-/Alpha-Feld existieren? Ist das nicht, als ob man Öl und Wasser zusammengießen würde, eine energetische Unverträglichkeit?
2. Was ist denn mit der Realität, dass Gott überall ist und in allem: Sind wir dann nicht bereits erleuchtet?
3. Wie kann die Feld-Dynamik so verändert werden, dass sie den Abstieg unseres DOW auf die physische Ebene unterstützt?

Jeder Esoteriker wird irgendwann mit diesen Fragen konfrontiert, vor allem, wenn er sich mit Feld-Wissenschaften befasst. Die Antworten sind jedoch einfach. Zunächst stimmt es, dass wir es zu diesem Zeitpunkt der menschlichen Evolution mehr mit einer Gruppenaufstiegs-Dynamik zu tun haben als mit einem individuellen Aufstieg. Zurzeit geht beides Hand in Hand.

Ein Mensch, der von Lichtnahrung lebt, muss eine sehr hohe Empfindsamkeit entwickeln, um Zugang zur Nahrung der

Götter zu haben. Da wird es zur Herausforderung, in einer vorwiegend beta-alphadominanten Welt zu leben. Wir können dem mit Bioschilden begegnen, die von violettem Licht erfüllt wie ein kosmisches Hotel unserem DOW einen verträglichen Aufenthaltsort bieten.

Der Abstieg unseres DOW

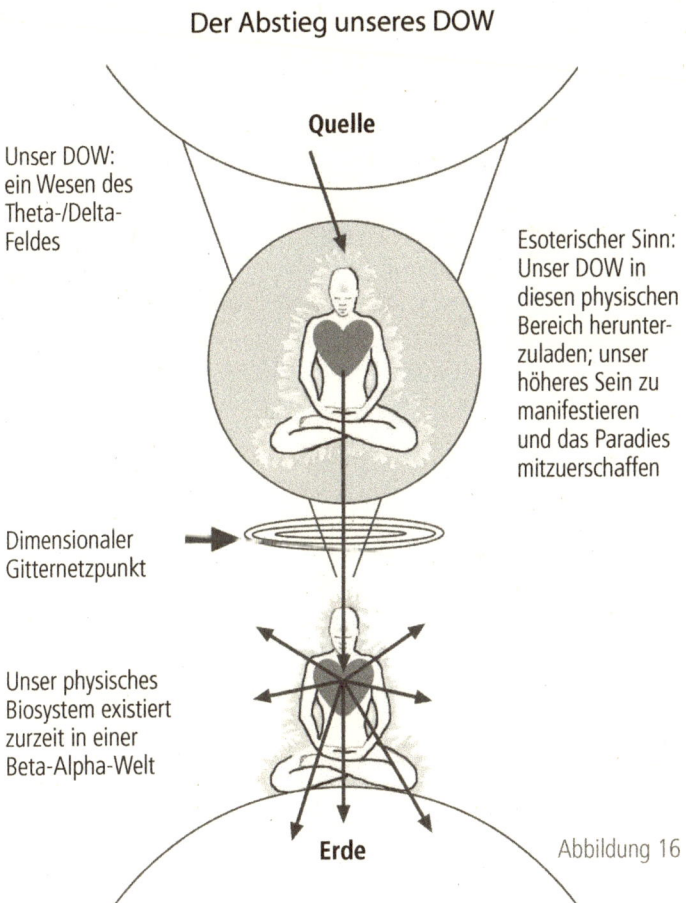

Quelle

Unser DOW:
ein Wesen des
Theta-/Delta-
Feldes

Esoterischer Sinn:
Unser DOW in
diesen physischen
Bereich herunter-
zuladen; unser
höheres Sein zu
manifestieren
und das Paradies
mitzuerschaffen

Dimensionaler
Gitternetzpunkt

Unser physisches
Biosystem existiert
zurzeit in einer
Beta-Alpha-Welt

Erde

Abbildung 16

Zusammen mit der Haltung des Ausstrahlens statt Absorbierens, dem Anschluss an eine unendliche Quelle der Liebe und des Lichts mit Hilfe der kosmischen Kabel und der inneren Verpflichtung, sich immer tadellos zu verhalten, um entsprechende Kräfte anzuziehen, können wir uns durch diese Welt bewegen. So sind wir gut verbunden und in der Lage, unser DOW in diese Welt zu ziehen und auch hier zu halten.

Erleuchtet zu sein bedeutet, von Licht erfüllt zu sein. Also lautet die Antwort Ja. Der Kanal der göttlichen Nahrung der Liebe und des Lichts unterstützt das. Da es auch dem allgemeinen esoterischen Verständnis entspricht, dass das, worauf wir uns konzentrieren gestärkt wird, werden wir mit einer Haltung, dass wir auf dem Weg zur Erleuchtung sind, nie dort ankommen – denn wir sind ja *auf dem Weg*. Wenn wir uns allerdings so verhalten, als wären wir bereits erleuchtet, wird es das Universum auch geschehen lassen. Die alten esoterischen Lehren bestätigen weiterhin, dass die Versorgung der Seele mit Theta-/Delta-Wellen in einem Menschen einen Zustand der Erleuchtung hervorbringen kann.

Frage: Du hast über das violette Licht und seine Verbindungen mit der taoistischen Tradition gesprochen. Sie haben es als die wahre Quelle der Lichtnahrung bezeichnet, da es das Biosystem mit all der Liebe, Weisheit und Kraft erfüllen kann, die es braucht, um sich selbst zu erhalten. Wie steht das in Bezug zu der dreifaltigen Flamme des St. Germain und dem Malteserkreuz?

Schon seit Langem ist St. Germain ein Meister der höchsten Alchemie, denn sein Fokus gilt – genau wie meiner – der Freiheit. Es geht um die Freiheit der Menschheit, es geht darum ihre Göttlichkeit zum Ausdruck zu bringen und so das Paradies auf Erden wieder herzustellen. Eines seiner Werkzeuge war die violette Flamme der Freiheit. In der Tat ist dies das gleiche Licht, welches wir für unsere Ernährung verwenden. Man sagt, dass diese Flamme im Herzen eines jeden Menschen lebt und uns mit der Liebe, Weisheit und Kraft versorgt, die wir brauchen, um in Einklang mit unserem göttlichen Sein zu kommen. Je mehr wir uns darauf konzentrieren, desto mehr seiner Gaben können wir nutzen.

Das Malteserkreuz ist ein Symbol von St. Germain. Es ist ein kosmischer Generator der großen, von Gott kontrollierten Macht. Wir können das Malteserkreuz in der Mitte unseres Herzens visualisieren, von wo es folgende Energien durch unser Biosystem hinaus in die Welt strahlt:

- Die Energien des Geistes strömen durch den nördlichen, weißen Bereich des Kreuzes. Sie repräsentieren die Tugenden unserer Christus- oder Buddha-Identität und das heilige Feuer der Transmutation.
- Durch den linken Bereich strömt die blaue Energie der göttlichen Kraft, genau wie bei der violetten Flamme. Er steht auch für den Westen und das Negative, den Minus-Pol der Dreifaltigkeit in Form. Er repräsentiert die Körperlichkeit des Menschen als einen Schmelztiegel, in welchen das Licht der göttlichen Kraft gegossen wird.
- Der rechte Bereich steht für den Osten und den positiven Pol der Dreifaltigkeit. Er strahlt im rosafarbenen Licht der göttlichen Liebe, die freigesetzt wird, wenn wir mit den Herausforderungen des linken Bereichs angemessen umgehen.
- Der südliche Bereich des Kreuzes überträgt die Energien der göttlichen Weisheit, die goldene Flamme der Erleuchtung, welche dem rechten und dem linken Bereich Richtung und Sinn verleiht.

Der Strahl des violetten Lichts ist der siebte Strahl der spirituellen Freiheit, der sich in die drei Strahlen des blauen, rosa und goldenen Lichts aufteilt. Das Kreuz symbolisiert auch die vollkommene Integration von Gott, Mensch und Freiheit, die wir erfahren, wenn wir die Energien dieser Dreifaltigkeit in uns freisetzen und sie durch uns hindurch in die Welt hinein erstrahlen lassen. Falls du dich zu diesem Kreuz hingezogen fühlst, kannst du die nachfolgende Technik anwenden.

GEP-Technik 27: Meditation mit dem Malteserkreuz

- Nimm deine Meditationshaltung ein und arbeite mit dem Liebesatem, um dich in der Liebesenergie zu zentrieren.
- Fülle dich mit Hilfe der drei kosmischen Kabel mit violettem Licht.
- Stelle dir das Malteserkreuz vor und erfülle es mit den oben genannten Qualitäten – mit Kraft und Stärke, um das zu tun, wofür du hierher gekommen bist. Mit Weisheit, um zum Wohle aller zu wirken und mit Liebe, um die Dinge liebevoll zu tun.
- Stelle dir dein Herzchakra als eine Kugel strahlenden Lichts vor. Diese Kugel steht mit all deinen anderen Chakras in Verbindung, die sich jetzt wie eine Säule drehen.
- Stelle dir jetzt in der Mitte deines Herzchakras entweder das Malteserkreuz oder die dreifaltige Flamme der Freiheit und Wahrheit vor.
- Programmiere: »Dieses Symbol der göttlichen Freiheit soll jetzt dauerhaft durch mein Herzchakra die Energien der göttlichen Liebe, der göttlichen Weisheit und der göttli-

chen Kraft in die Welt hinausstrahlen, auf dass sie uns alle nähren.«

Frage: Wie erklärst du die Tatsache, dass Lichtnahrung aus der Sicht der dimensionalen Biofeld-Wissenschaft möglich ist?

Als ich mir kürzlich ansah, wie die Götter in der Geschichte zu Göttern gemacht werden, erkannte ich, dass jeder Gott ein Gitternetzpunkt in einem kosmischen Chakra-System ist, welches unser eigenes Chakra-System spiegelt, und dass jeder Gitternetzpunkt ein in einem spezifischen Rhythmus pulsierendes Tor ist. Manche dieser Gitternetzpunkte pulsieren dabei stärker als andere und reichen daher tiefer in die Felder hinein.

Ich erkannte den Grund dafür, dass die Sonne alles Leben nähren kann: Auch die Sonne ist ein Gott, der göttliche Kraft anzieht und ausstrahlt. Die Anbetung der Sonne kann also Feld-Nahrung und pranisches Licht anziehen.

Im Zusammenhang mit der göttlichen Nahrung als einem Anschluss an eine Quelle kosmischer Elektrizität sprechen wir hier über Gitternetze, Kabel, Matrizen und Antriebskräfte. Metaphysiker wissen, dass unsere Sonne ihre Kraft aus der Zentralsonne im Zehner-Rhythmus bezieht, den sie in einen Siebener-Rhythmus aufbricht, um damit das Leben auf der Erde zu nähren. Wir wissen auch, dass die Zentralsonne, deren Strahl nährender Liebe und Weisheit in das Herz unserer physischen Sonne fließt, ihre Kraft aus dem kosmischen Computer mit einem Puls von 33 bezieht, welchen sie in einem Zwölfer-Rhythmus an unsere physische Sonne weitergibt. Jede Sonne ist wie ein Speicher mit einem Unterbrecher, ein Gitternetz, welches Licht empfängt, aufbricht und weitergibt, um das Leben auf jeder dimensionalen Stufe zu nähren. Das ist immer noch metaphysische Theorie.

Das erklärt auch, wie wir von Licht leben können, denn je lichterfüllter und stärker das Gitternetz ist, desto feinere Wirklichkeiten kann jeder Gitternetzpunkt ausstrahlen. Größere Komplexität = größere Feinheit, mehr Subtilität = mehr Tiefe, mehr Tore = mehr Möglichkeiten. 33 ist eine komplexere Zahl als 7, jener Rhythmus, in dem unsere Erde schwingt, um das Leben in der dritten Dimension aufrechtzuerhalten. Ein weiterer wichtiger Gitternetzpunkt ist unser menschliches Biosystem mit seinen sieben wichtigen Energiezentren oder Chakras. Unser Biosystem ist der komplexeste Computer, den wir kennen. Eine Veränderung unseres Lebensstils kann unsere Gehirnwellenmuster ändern, was uns Zugang zu Lichtenergiestrahlen und zu unseren inneren und äußeren Gitternetzen verschafft. Diese Idee ist gar nicht so kompliziert, genauso wenig wie die Vorstellung, dass jede Sonne als Gott und als Gitternetz ein Tor zu einer anderen Dimension ist.

Ein dimensionaler Biofeld-Techniker kann das mühelos verstehen, weil jedes Biosystem auf einer Matrix beruht, die auch Gitternetzpunkte hat. Diese inneren Gitternetzpunkte sind Akupunkturpunkte unseres Meridian-Systems, welche ein universelles Muster widerspiegeln, eine Verkabelung unserer inneren Ebenen, die wie ein Spinngewebe aus Licht aussieht. Dieses Gewebe besteht aus mehreren Schichten von Licht und Klang, an die wir uns anschließen können, je nachdem wo unsere Gehirnwellenmuster verankert sind. Unser Siebener-System repräsentiert das Beta-Feld, das Zehner das Alpha-Feld, 12 steht für Theta und 33 für Delta. Um Zugang zum Kosmischen Computer oder Schöpfergott zu bekommen, müssen wir uns seinem Rhythmus anpassen. Natürlich hat ein Mensch, der im Beta-Feld verankert ist, eine beschränkte Wahrnehmung der Tugenden und Begabungen, über die er verfügt und die ihm im Alpha- oder Theta-Bereich offenbar werden können. Begabungen wie Telepathie und andere außergewöhnliche Fähigkeiten werden Wirklichkeit und entfalten sich, wenn wir uns als die Meister, die wir sind, einem tugendhaften Leben widmen.

Wünschenswerte Forschungsthemen

Je mehr Menschen sich auf den Kanal der göttlichen Nahrung einschwingen und auf die dritte Ernährungsstufe begeben, desto neugieriger sehen wir weiteren Untersuchungen entgegen. Einerseits können wir Erfahrungen machen und Hypothesen aufstellen – doch andererseits sollten sie auch wissenschaftlich erklärt werden können.

Wir haben in diesem Buch bereits die Theorie erläutert, dass Wunder geschehen können, wenn ein Mensch seine Gehirn- wellenmuster durch seinen Lebensstil auf den Theta-/Delta- Bereich einstellt. Etliche Forscher sind der Meinung, dass die göttliche Ernährung mit ihrer Freiheit von der Notwendigkeit der physischen Nahrungsaufnahme so möglich ist. Im Laufe meiner eigenen Untersuchungen in den letzten zehn Jahren habe ich vieles erlebt, worauf ich noch nach Antworten suche und ich möchte deshalb meine Erfahrungen für wissenschaftliche Untersuchungen anbieten, denn auch andere Lichtesser haben ähnliche oder gleiche Erfahrungen gemacht.

Wir wissen, dass das Energiefeld der Lichtnahrung sehr kraft- voll, aber auch sehr subtil ist und dass es von dichteren Feldern überlagert werden kann, was dann seine nährenden Eigenschaften beeinträchtigt. Die Themen Bioschilde, Feld-Weben und der Feld-Dynamik sollten weiter untersucht werden.

Interessant wären auch weitere Untersuchungen zur Programmierung des Körpergewichts. Wie stark ist sie von unserem Lebensstil oder den Zellerinnerungen aus vergangenen Leben abhängig? Warum funktioniert sie nicht für jeden? Warum nimmt unser Gewicht rasant zu, wenn wir nach der Etablierung des Pranaflusses wieder anfangen zu essen? Welchen Einfluss hat das globale morphogenetische Feld auf das Biofeld des Einzelnen?

Wenn wir nur von göttlicher Nahrung leben, sind wir gesünder und kräftiger und wachsamer und kreativer. Das scheint ein natürliches Nebenprodukt der Verankerung im Theta-Feld zu sein. Weil wir dadurch weniger Schlaf brauchen, sollte untersucht werden, ob sich die verkürzte Zeit zum Träumen und für REM-Phasen auf uns ungünstig auswirkt.

Wir wissen auch, dass die Zirbeldrüse unseren Körper-Thermostat reguliert und dass Menschen, die von Prana leben, leichter frieren als andere. Besteht hier ein Zusammenhang?

Stellen wir uns doch einmal vor, wie es wäre, wenn die oben genannten Fragen weiter erforscht und unsere Ärzte und Wissenschaftler auf der zweiten Ernährungsstufe leben würden, auf der sie ihr Bewusstsein im Alpha-, Theta- und Delta-Bereich erweitern könnten. Auf diese Weise könnten wir noch viel mehr entdecken …

5. Das Weben der Felder

Für Menschen, die erfolgreich auf der 3. Ernährungsstufe leben wollen, kann es hilfreich sein, etwas von der alchemistischen Kunst des Felder-Webens und Felder-Beeinflussens zu verstehen, denn das entsprechende Feld kann uns stärken oder schwächen. Durch unsere Reaktionen in jedem Augenblick unseres Lebens definieren wir ständig unsere inneren Energiefelder, unser persönliches Biofeld, das uns umgebende Aura-Feld und auch das Biofeld der Gemeinschaft, in der wir leben. Wir wissen, dass jeder Gedanke, jedes Wort und jede Handlung Eindrücke in diesen Feldern hinterlässt und dass ihre Summe auch einen Eindruck in den planetarischen Feldern hinterlässt. Uns ist bekannt, dass wir bereits durch unsere Existenz diese Felder beeinflussen.

Das Errichten von Feldern oder die Feinabstimmung eines bereits existierenden Feldes erfordert, dass wir uns klar darüber werden, wie wir diese Felder beeinflussen wollen und welches Ergebnis wir uns davon erhoffen. Das erste Gesetz des alchemistischen Handelns fordert von uns Klarheit, was wir in einem Feld verändern wollen und warum. Manchmal kann das die Erschaffung eines neuen Feldes bedeuten und manchmal die Veränderung eines bereits vorhandenen. Ich persönlich halte das für wichtig, weil es den von Lichtnahrung lebenden Menschen erlaubt, jedes Feld in ein sie nährendes Feld zu verwandeln und damit weniger abhängig von den Bioschilden zu sein.

Das Errichten eines Feldes

Wenn wir uns entschieden haben, dass wir ein Feld neu weben wollen und uns über seinen Zweck im Klaren sind, kommen wir zum nächsten Schritt – dem Weben des Feldes. Dies beginnt mit einer Energie-Matrix, deren Erzeugung nur einen Augenblick, Jahre oder Lebenszeiten dauern kann. Der Schlüssel zu den subtilen Aspekten der Felder liegt in der Sensibilität. Die Sensibilität unseres Feldes wird durch unseren Lebensstil bestimmt. Die Kraft, mit der wir Felder beeinflussen können, und unsere Fähigkeit, unsere eigene Kraft und Position in einem Feld zu halten, wird dadurch bestimmt, wie wir jeden Augenblick verbringen.

Die Manipulation von Feldern ist also sowohl eine Gabe, die es mit Integrität zu benutzen gilt, als auch eine Kunst, denn das Ergebnis kann schnell offensichtlich werden. Wir weben alchemistische Felder neu, weil wir eine persönliche und globale nährendere Umgebung schaffen wollen. Das erfolgreiche Weben eines Feldes erfordert viele Tugenden und Qualitäten. Um einen vollständigen Einfluss auf ein Feld zu nehmen, müssen wir mit uns selbst vollkommen im Einklang sein, mit perfekten Programmen und einem perfekten Handlungsplan, um perfekte Ergebnisse zu erzielen. Der nächste Schritt beim Felderweben verlangt, dass wir uns bewusst einschwingen, denn unser Biosystem ist ständig damit beschäftigt, die Felder umzuweben.

GEP-Technik 28:
Das persönliche Einschwingen

1. Zuerst müssen wir uns in die endlose Kraftquelle einklinken, damit wir zu allem, was wir brauchen, Zugang bekommen, um die perfekte Nahrung in alle Felder auszustrahlen.

2. Als Nächstes überlassen wir die Kontrolle über das Weben und Beeinflussen der Felder unserem DOW, dem wahren Chef unseres Seins. Wir empfehlen folgende Programmierung, die ernst und aufrichtig gesprochen werden sollte: »Ich überlasse jetzt jede Zelle, jedes Atom meines Seins meinem göttlichen Selbst und bitte darum, dass ich auf allen Ebenen genährt werde, jetzt und immerdar. Dies soll in vollkommener Übereinstimmung mit dem göttlichen Selbst und dem höchsten Sein aller Wesen dieser Welt geschehen, auf dass wir alle als ein Volk in Frieden hier auf diesem Planeten zusammenleben können. So sei es. So sei es. So sei es.«

3. Beginne dich nun auf den göttlichen Nahrungskanal einzuschwingen, indem du mit Hilfe der in diesem Buch beschriebenen Techniken und dem *Köstlichen Lebensstil* deine eigenen Ebenen der Empfindsamkeit entwickelst. Je stärker dein Biosystem auf den göttlichen Kanal von Liebe und Weisheit eingeschwungen ist, desto leichter wird es, die Felder um dich herum einzuschwingen und desto stärker wirst du dabei unterstützt.

4. Verwende die inneren Reiche der Liebe, des Lichts, des Klangs und der kreativen Visualisierung sowie deinen Willen und deine Absicht, um dein inneres Feld zu erschaffen, zu aktivieren und zu verfeinern. Das bedeutet, dass du jetzt die Kontrolle über dein Leben übernimmst, um dich auf eine andere Ebene der Meisterschaft zu begeben und dass

du die entsprechenden Techniken zur Erlangung von Gesundheit, Glück, Frieden und Wohlstand anwendest.

5. Wenn ein Feld erst einmal errichtet wurde und funktioniert, dann gilt es nur noch sich zu entspannen und das Spiel zu genießen. Halte das gewünschte Ergebnis mit der Absicht in deinem Fokus, dass es Spaß machen wird. Nimm auch die Haltung des maximalen Erfolgs mit minimalem Einsatz an. Das dazugehörige Mantra lautet: »Ich reite auf der Welle der Gnade.« Begreife, dass das Ergebnis garantiert ist, sobald die Felder erschaffen, aktiviert, aufgeladen und an die nährendste aller Kraftquellen angeschlossen und programmiert sind. Du brauchst nur Konzentrationskraft und je mehr du übst, desto schneller verwirklicht es sich innerhalb des Status quo, denn allein diese innere Haltung kann schon die Felder beeinflussen. Wenn diese Energie von einem Menschen ausgeht, der gut auf den göttlichen Nahrungskanal eingeschwungen ist, hat sie eine noch stärkere Wirkung, denn die Alchemie kann sowohl unsere positiven wie auch unsere negativen Aspekte verstärken.

Die effektivste Art, Felder zu weben oder zu beeinflussen, erfolgt durch unsere Präsenz und die Energie, die wir ausstrahlen. So können wir die uns umgebenden Felder ständig auf einen Rhythmus einschwingen, der uns alle spiegelt und nährt. Die oben genannten Schritte erlauben es uns, mehr Liebe auszustrahlen und damit die anderen anzuregen, mehr Liebe auszustrahlen.

Das Einschwingen der Welt auf die Felder der Harmonie, des Friedens und der Liebe

Die nächste Frage könnte lauten: Warum ist es so schwierig, als Ein Volk in Harmonie auf Einem Planeten zu leben? Die Antwort lautet: Es ist nicht schwierig. Es ist sogar ganz einfach. Wir brauchen nur die richtige Ernährung für unser Volk auf allen Ebenen unseres Seins. Die Götter-Speise stellt uns das zur Verfügung. Die Resonanz des zugrunde liegenden Feldes der göttlichen Liebe, der göttlichen Weisheit und der göttlichen Kraft stellt unser Ergebnis sicher. Auch durch die Reinheit unseres Herzens und die Absicht der Schöpfer, Manipulatoren und Unterstützer dieses Feldes wird das Ergebnis gesichert. Für das Neuweben von Feldern ist es gut, mindestens die 2. Ernährungsstufe erreicht zu haben, doch es kann uns auch gleichzeitig helfen, diese Stufe zu erreichen und zu halten.

Wenn wir also mit unseren drei kosmischen Kabeln und unserem Lebensstil in das Feld der göttlichen Liebe eingeklinkt sind, erfolgt als Nächstes das globale Einschwingen. Hierbei geht es darum, zu erkennen, dass wir in Kontakt gehen müssen. Wir sind keine Inseln, sondern wir sind alle Zellen im menschlichen Feld des Göttlichen, wir sind die Atome Gottes, lebendig durch seinen Willen und zu seinem Vergnügen. Wir können diesen Gott erkennen, und er atmet uns. Je mehr wir ihn erkennen und je mehr uns klar wird, dass wir alle miteinander verbunden sind, desto stärker werden wir. Je mehr wir ihn ignorieren, desto schwächer und kränker werden wir.

Um in Kontakt zu gehen, müssen wir uns zuerst dessen bewusst werden, was uns umgibt, was wir durch das Gesetz der Resonanz in unser Feld gezogen haben. Es gilt also, eine ehrliche Bestandsaufnahme unseres Lebens zu machen, denn darin spiegelt sich alles. Wie wir es sehen und uns darauf beziehen, ist ein Spiegel unseres eigenen Bewusstseins. Nun fragen wir uns:

- ∞ Sieht unsere persönliche Welt so aus, wie wir es uns wünschen?
- ∞ Wenn nicht, warum?
- ∞ Wie passen wir in das planetarische Spiel?
- ∞ Wie sehen wir die Welt?
- ∞ Was wünschen wir uns für die Menschheit?
- ∞ Was wünschen wir uns für unsere Kinder, unsere Zukunft?

Die Klarheit, die wir durch die Beantwortung dieser Fragen gewinnen, erlaubt es der uns umgebenden universellen Intelligenz, uns leichter zu unterstützen. Dann identifizieren wir unser Zielobjekt.

Als ich den inneren Ruf erhielt, mich in ein Apartment am Strand zurückzuziehen, beauftragte ich die Engel, mir den perfekten Ort dafür zu zeigen. Ich gab ihnen eine detaillierte Liste meiner Anforderungen – und sie fanden es in zwei Wochen. Offensichtlich war der Umzug dringend. Nachdem ich umgezogen war und ein neues lebendiges Feld sichergestellt hatte, fing ich mit den Feld-Erweiterungen und Vorbereitungen an. In diesem Fall bestand mein Ziel darin, mein neues Apartment auf ein unterstützendes, nährendes Feld einzuschwingen.

Für ein globales Feld gelten die gleichen Prinzipien – zum Beispiel für ein Feld der Liebe, aus dem sich die ganze Menschheit ernähren kann. Schreibe eine Liste der Dinge, die du dir für diese Welt wünschst – zum Beispiel mehr Liebe und mehr Licht, um die Ausstrahlung des DOW in allen zu stimulieren. Stell dir vor, wie jeder glücklich und freundlich und hilfsbereit ist. Vielleicht ist das Ziel deines Webens auch dein Arbeitsplatz oder ein Regierungssitz.

Wenn du dir über dein Zielobjekt im Klaren bist, denke darüber nach, was das neue Feld bewirken soll. Ist dein Zielobjekt zum Beispiel ein Regierungssitz, dann möchtest du vielleicht so viel violettes Licht in das neue Feld einspeisen, bis die Institution all das verstärkt fördert, was für die Ernährung der 2. Stufe nötig ist und Frieden, Gesundheit, Glück und Wohlstand für alle bringt. Wenn dein Ziel zum Beispiel das Zuhause deiner Familie ist, dann möchtest du das neue Feld vielleicht so beeinflussen, dass dort alle liebevoller miteinander umgehen und sich mehr unterstützen, vor allem, wenn jemand sich für die 3. Ernährungsstufe entscheidet.

Felderweiterungen

Dein gegenwärtiges Zuhause ist die stärkste Ausgangsbasis für neue Gitternetze. Ich bin zwar zu einer Weltbürgerin geworden, doch mein Zuhause ist sehr stark angeschlossen und eingeschwungen. Vielleicht stellt es schon für sich genommen einen wertvollen Beitrag für das globale Feld dar. Es strahlt bestimmte Frequenzen aus, die auf bestimmte Ziele und Wirkungen ausgerichtet sind. Es strahlt auch eine bestimmte Frequenz für die Menschen, die darin leben, aus, so dass sie geliebt, unterstützt und mit allem genährt werden, was sie brauchen.

GEP-Technik 29:
Felderweiterungen

- ✍ Visualisiere zuerst das jetzige Feld deines Zuhauses.

- ✍ Wenn du ein starkes inneres Bild davon hast, stell dir vor, wie es von einem Bioschild aus Licht und Liebe umgeben wird – wie von einem Kokon, der an den Kosmos angeschlossen ist, aus dem er sich nährt. Der Kokon wird ständig aus dieser Ebene mit violettem Licht versorgt und ist dadurch von deiner persönlichen Gegenwart zuhause unabhängig. Du kannst das Feld deines Zuhauses jedoch immer mehr ausdehnen, indem du es durch deine persönliche Präsenz nährst.

- ✍ Stell dir dann einen rosa Lichtstrahl vor, der direkt von deinem Zuhause zu deinem neuen Zuhause geht. In meinem Fall war es mein Apartment am Strand. Für andere mag dieses neue »Zuhause« die von Liebe erfüllte Welt sein. Visualisiere einen Strahl der Liebe, der von deinem jetzigen Zuhause ausgehend über deiner Nachbarschaft erstrahlt, sich dann über dein ganzes Land verteilt und schließlich den gesamten Planeten umfasst. Versorge immer zuerst dein eigenes Zuhause mit einem Feld, bevor du dein Feld auf dein Büro oder deinen Zweitwohnsitz ausdehnst, auf ein Regierungsgebäude, ein Krankenhaus oder irgendeinen anderen Ort, der deiner Meinung nach von einem Liebesfeld profitieren würde.

- ✍ Visualisiere dein Zuhause dabei, wie es einen wunderschönen rosa Lichtstrahl der Liebe aussendet. Beobachte, wie sich dieses Licht um das neue Zielobjekt legt und es mit Liebe einhüllt. Visualisiere einen perfekten Kokon aus rosa Licht um dieses neue Feld herum. Stelle dir den Vorgang so vor, als ob eine Schnur um einen Ball gewickelt wird. Diese erste Lichtebene ist reine göttliche Liebe, die direkt aus dem Herzen des Mutter-Vater-Gottes strömt.

∞ Visualisiere als Nächstes einen goldenen Lichtstrahl, der von deinem Zuhause ausgeht und sich von dort aus um das neue Feld legt. Wickle ihn wieder wie eine Schnur in alle Richtungen darum herum – horizontal, vertikal, diagonal usw. So entsteht die nächste weißgoldene Ebene um dieses Feld, die göttliche Weisheit. Stell dir alle Weisheit vor, alles Wissen und alle Intelligenz, alles Mitgefühl, allen Erfindungsreichtum und alle Lösungsfindungskraft – alles, was dein neues Zuhause braucht, um gut zu funktionieren oder was dein neues Biofeld benötigt, um das gewünschte Ergebnis zu bringen.

∞ Beobachte vor deinem inneren Auge, wie das rosafarbene und das weißgoldene Feld sich jetzt mischen und aufleuchten. Als nächste Ebene visualisiere einen blauen Strahl, der sich um das neue Feld herumwickelt. Stell dir vor, wie sich die blaue Energie horizontal, vertikal und diagonal um das neue Feld wickelt und durch dieses erweiterte Feld allen Mut, alle Kraft und alle Überzeugungen webt, alles, was für das gewünschte Ergebnis notwendig ist. Vielleicht möchtest du ja ein Feld um das Weiße Haus weben, mit der Absicht, dass dem Präsidenten und seiner Regierung so viel Liebe und Weisheit zufließen, dass sie ihre Entscheidungen zum Wohle des ganzen Planeten fällen.

∞ Visualisiere als Nächstes, wie dieses erweiterte Feld jetzt mit rosafarbenem, goldenem und blauem Licht pulsiert. Alle Lichter verschmelzen nun miteinander und bilden einen Kokon aus violettem Licht.

∞ Stell dir vor, dass dieser Kokon nun seine eigenen drei Anschlusskabel hat, die ihn mit der göttlichen Liebe, der göttlichen Weisheit und der göttlichen Kraft der unendlichen Quelle verbinden.

Wie ein Feld nach Errichtung der Gitternetze erzeugt wird

Wenn das grundlegende Gitternetz errichtet wurde, musst du dir überlegen, was du in diesem Feld benötigst. Welche Qualitäten soll dieses Feld in die Welt ausstrahlen? Welches Ergebnis soll deine Bemühung haben? Spüre jetzt die gewünschten Ergebnisse.

Emotionale Programmierung des Feldes

Jede Feld-Erweiterung kann ausschließlich auf den inneren Ebenen existieren, doch ist sie noch wirkungsvoller, wenn sie auch physisch in dieser Wirklichkeit verankert ist. Dafür muss das neue Feld mit Emotionen aufgeladen werden. Bei meinem neuen Zuhause am Meer sollte mein neues Feld mir ein spiritueller Rückzugsort sein, mit dessen Hilfe ich mich auf das Programm von Gesundheit, Glück, Frieden und Wohlstand mit Freude, Leichtigkeit und Gnade einstimmen wollte. Nachdem ich also die Gitternetze errichtet hatte, setzte ich dieses Programm mit Absicht, Gefühlen und Gedanken in das neue Feld. Ich verwendete eine Art heiligen yogischen Tanz, ich sang und tanzte und meine Hoffungen, Wünsche und Gebete flossen voller Liebe aus meinem Herzen und versahen das neue Feld mit ihrem Abdruck.

Wenn wir keinen »trockenen« Raum erleben wollen, können wir ein Feld nicht einfach den zufälligen Emotionen überlassen. Ich persönlich halte mich am liebsten in Feldern auf, die warm und einladend sind, wo sich auch andere Menschen wohl und genährt, geliebt und umsorgt fühlen.

Die Yogis unter den Biofeld-Technikern wissen, dass der wahre Rückzugsort in uns selbst liegt. Wenn wir uns einfach in Stille nach innen wenden, haben wir Zugang zu einer Insel tiefen, nährenden Friedens. Die Schamanen wissen, wie wichtig es ist, Einfluss auf die uns umgebenden Felder zu nehmen. Das emotionale Programmieren kann ein Feld liebevoll stimulieren, so dass seine Bewegungen und sein Rhythmus das gewünschte Ergebnis fördern. Liebevolle Stimulation ist Nahrung für die Seele des Bio-Mechanismus. Sie verhilft dem Bio-System zu emotionaler Sensitivität und verleiht dem Leben dadurch eine andere Tiefe.

Bio-Diversität und gegenseitige Abhängigkeit der Felder

Wenn ein Feld etabliert ist und funktioniert, kann es zur Unterstützung eines neuen Feldes herangezogen werden. So wie wir von unserem Zuhause aus einen anderen Wohnort unterstützen können. Das Verschmelzen und das Teilen von Feldern ist die Grundlage der Arbeit mit Gitternetzen. Ich schätze es dabei, wenn der Status des Feldes eine positive und nährende Ausstrahlung hat, da alle Felder so besser funktionieren. *Es ist wichtig, dass wir gegenseitig die Einzigartigkeit unserer Felder und die Vorzüge der Bio-Diversität erkennen, ohne zu versuchen, andere Felder zu dominieren oder zu kontrollieren.* Wir können gar nicht genug betonen, dass diese Art von Feld-Techniken viel effektiver sind und erstaunliche Ergebnisse zeigen, wenn sie mit der Liebe und Integrität der Menschen angewendet werden, die sich zu einem untadeligen Lebensstil verpflichtet haben. Damit alle Felder in gegenseitiger Harmonie funktionieren, müssen wir sicherstellen, dass alle Felderweiterungen ihren eigenen Anschluss an die endlose Quelle des göttlichen violetten Lichts haben. Eine Basis kann so viele Erweiterungen haben, wie du willst, solange sie genug Kraft erzeugt, um ihre eigene Energie aufrechtzuerhalten. Eine Art dafür zu sorgen sind die Naturgeisterbrücken.

Der DOW-Match-Kode

Als Nächstes brauchen wir die Kraft des DOW und die Paradies-Kodes. Der DOW-Match-Kode hilft uns, mit allen, denen wir im Feld begegnen, auf der Ebene von DOW zu DOW zu operieren. Um sich auf diese Ebene einzuklinken, genügt es, wenn wir jedem, mit dem wir in Verbindung treten, einen Strahl reiner Herzensliebe senden und dabei drei Mal mit Bestimmtheit »DOW-Match« singen.

Wenn die Felder gewoben und aktiviert sind, können sie durch Brücken miteinander verknüpft werden. Die treibende Kraft ist dabei die Magnetisierung der verschiedenen Felder durch die energetische Anziehungskraft gleicher Gesinnung und gleichen Lebensstils, manchmal auch gleicher vergangener Leben. Es gibt viele Gründe, warum Felder sich scheinbar magisch anziehen. Meistens steht dahinter jedoch einfach das mathematische Prinzip »Gleiches zieht Gleiches an«.

Naturgeisterbrücken

Ein Aspekt des neuen Feldes kann auch darin bestehen, dass es unsichtbar ist. Ich brauchte das zum Beispiel, weil ich in meinem neuen Zuhause am Strand im dortigen gesellschaftlichen Feld nur wenig auffallen wollte. Ich wünschte mir, dass sich mein neues Feld friedlich in die vorhandene Umgebung einfügen würde, anstatt meine Präsenz deutlich werden zu lassen. Gleichzeitig wollte ich jedoch die umgebenden Felder auch in einer harmonischen Weise beeinflussen. Dafür setzte ich die Naturgeisterbrücke ein.

Die Naturgeister repräsentieren eine spezifische molekulare Kombination der elementaren Götter. Das Biosystem des Menschen tut das auch, nur dass wir ein anderes Muster aufweisen als die Energiefelder der Deva-Welt. Devas gehören zu den Engelwesen. Sie dienen den elementaren Kräften der Natur und halten die Matrix des irdischen Christus-Bewusstseins zwischen Mensch und Naturreichen aufrecht.

Wenn du zum Beispiel so wie ich in deinem Basis-Feld einen riesigen Baum stehen hast, kannst du damit kommunizieren. Du kannst mit dem Baumgeist in Verbindung treten und ein System gegenseitiger Unterstützung aufbauen. Wir können unser eigenes Feld mit dem des Baumes so verschmelzen lassen, dass der Baum dominiert und unser eigenes Feld verbirgt. So können wir uns unsichtbar machen, uns sozusagen im größeren Feld verstecken. Manchmal ist es sehr passend, unsichtbar zu sein. Für uns Reisende ist es eine großartige Sache. Ich habe mich auf meinen Reisen oft von meinen Naturgeisterbrücken genährt, auch wenn ich in Städten gelebt habe, denn die Naturgeisterbrücken wirken auf der ätherischen Ebene und unterliegen keinen Beschränkungen von Zeit und Materie.

Eine Brücke zu einem Baumgeist zu schlagen und damit zu verschmelzen bedeutet zum Beispiel, dass wir unser Feld öffnen und von der Deva-Energie durchfluten lassen. Die Essenz des Baumes ist im Vergleich zu unserer eigenen physischen Form so groß, dass wir leicht darin verschwinden können und dann nicht mehr sind als ein Blatt an seinen Zweigen. So können wir leicht übersehen werden, wenn andere Techniker das Feld durchleuchten.

Ein Teil des Programms für ein neues Feld kann es sein, dass die Naturgeister dich loslassen, wenn es gut für dich ist, gesehen zu werden. Dann trennen sich die Felder und pulsieren wieder in unterschiedlichen Frequenzen. Unsichtbarkeit erfordert auch die Fähigkeit, Beobachter zu sein und sich fast spurlos durch ein Feld hindurchzubewegen, denn das alleinige Betrachten kann ein Feld bereits verändern. Ich dachte immer, dass Unsichtbarmachen eine Dematerialisierung der Molekularstruktur bedeutet – was unsere physische Struktur für die physischen Augen eines anderen Menschen unsichtbar machen würde. Doch inzwischen habe ich gelernt, dass es die Feldkontrolle erlaubt, uns mit einem anderen Feld zu verschmelzen und davon überschattet zu werden, so dass wir dicht neben jemandem stehen können, ohne dass er uns sieht, spürt oder erkennt.

Bevor ich fortfahre, möchte ich noch ein Beispiel dazu erzählen. Vor ein paar Jahren befand ich mich an einem Ort, wo es nicht nur weder Essen noch Wasser gab, sondern auch die Luft so von Abgasen erfüllt war, dass es mein System langsam überwältigte und vergiftete. Nach einigen Tagen in dieser Umgebung gelang es mir, mich mit einem großen Baum zu verbinden. Ich klinkte mich durch einen Strahl der Herzensliebe und telepathisch von Intelligenz zu Intelligenz in seinen Kern ein und bat den Deva, das Gift aus meinem Körper zu ziehen und seine nährende Energie als Sauerstoff zurück in mein Feld fließen zu lassen. Dadurch entstand ein gegenseitiger Energieaustausch, der für beide Seiten so lohnend war, dass der Baumgeist mir innerlich die Naturgeisterbrücken zeigte und erklärte, wie wir uns in dominanten Feldern verstecken können. Die Schamanen unter euch wissen, dass diese Art der Kommunikation und Feld-Sensibilität im Theta-Feld üblich ist, da wir dort erleben, dass alles Eins ist. Diese Möglichkeiten werden uns durch ein sanftes und liebevolles Kommunizieren mit der Natur zuteil, als wäre sie genauso ein Teil von uns wie wir ein Teil von Gott sind.

Einklinken in das Kosmische Nirvana-Netzwerk

Ich persönlich bin der Ansicht, dass es auch notwendig ist, unser Bioschild an das C.N.N., das Kosmische Nirvana-Netzwerk anzuschließen. Genauso wie unser DOW ist es ein unbestechliches Netzwerk, welches auf das Paradies für alle abzielt. Der Zugang dazu ist ganz einfach: Stell dir einfach dieses innere Netzwerk vor und bitte dein DOW, dich in einer Art zu verbinden, die zum Wohle aller ist.

Zusätzliche Feldprogrammierungen

Als Nächstes sollte ein Feld meiner Meinung nach auf Wunsch auf das Erfolg-und-Fülle-Programm eingeschwungen werden, damit die Ressourcen der Weisheit, Liebe, Klarheit, Disziplin, Glauben, Finanzen, Erd- und Kosmos-Zusammenarbeit und Ströme der Gnade und des Chi zu einer Erfolgs-Formel zusammenfließen können. Wie wir immer wieder betont haben, müssen Felder erschaffen und programmiert werden, um bestimmte Ergebnisse zu erzielen. Dadurch erhalten wir mit größerer Leichtigkeit Ergebnisse.

Bevor wir dieses Kapitel abschließen, möchte ich noch eine Antwort auf eine Frage geben, die mir häufig gestellt wird.

Frage: Bist du der Meinung, dass ein Mensch, der die verschiedenen Techniken in diesem Buch anwendet, Zugang zu so viel Kraft gewinnen kann, dass er den Verlauf der Weltgeschichte ändern und die Welt transformieren kann?

Es mag naiv klingen, aber die Antwort lautet: Ja. Ich höre immer wieder die Worte Jesu, der gesagt hat, dass wir alles tun können, was er getan hat, und noch mehr, und dass er und der Vater Eins sind. Ich glaube ihnen. Ich glaube ihnen, weil ich genug über die Quantenwissenschaften weiß, genügend Erfahrungen in der dimensionalen Biofeld-Wissenschaft gesammelt habe und genug meditiert habe, um zu wissen, dass sie wahr sind.

Ich entscheide mich dafür, zu glauben, dass wir Götter sind, die Gestalt angenommen haben, dass wir hier sind, um unsere schöpferischen Muskeln zu trainieren und dass wir jetzt die Gelegenheit haben, eine Welt zu erschaffen, auf die wir stolz sein können. Das ist das größte Geschenk der göttlichen Nahrung, dass sie uns durch das DOW die Kraft gibt, dies zu tun.

Die persönlichen und globalen Vorzüge der Ernährung aus dem Theta- und Delta-Feld sind revolutionär. Wenn sie voll verstanden und angewendet werden, wird daraus eine ungeheuer kraftvolle wirtschaftliche, gesellschaftliche und ökologische Transformation hervorgehen. Vielleicht ist unsere gegenwärtige Welt dafür noch nicht bereit. Glücklicherweise sind viele Schritte nötig, um dies geschehen zu lassen, und jeder Schritt bringt eine allmähliche Transformation mit sich, ohne allzu viel Durcheinander anzurichten. Der erste Schritt besteht in der Umverteilung der Ressourcen dieser Welt, wie wir das im »Planetarischen Friedens-Programm der *Madonna-Frequenz*« bereits dargestellt haben. Dem wird das globale Vegetariertum folgen.

Bei der globalen Erleuchtung geht es um den Fortschritt des menschlichen Massen-Bewusstseins. Dies kann man heutzutage durch die Schumann-Resonanz messen, die zurzeit bei 7,4 Hertz liegt. Das bedeutet, dass das lebendige Energiefeld der Erde selbst, Gaia, sich bereits im Grenzbereich von Alpha-/Theta befindet. Jetzt braucht das menschliche Bewusstsein nur nachzuziehen und der Übergang ist perfekt. Deshalb fühlen sich so viele Menschen zurzeit angeregt, mehr zu erkennen, echte spirituelle Erfahrungen zu suchen und eine Verbindung mit ihrem göttlichen Ursprung zu erleben. Wir sind alle so hungrig, weil wir den spirituellen Essens-Gong gehört haben und unser göttlicher Appetit nach Sättigung ruft.

Hier sind noch zwei weitere Übungen, die ich dir und der Welt schenken möchte:

GEP-Technik 30: Feld-Neuordnung

Übung: Überprüfung des persönlichen Strahlungsniveaus

- ∞ Schaue in den Spiegel. Hast du eine leuchtende Ausstrahlung?
- ∞ Wie stark leuchtet dein DOW mit seinem Lebensfunken und seiner Begeisterung aus deinen Augen?
- ∞ Wie strahlend, wie erfüllt, wie anmutig und wie liebevoll fühlst du dich? Erinnere dich daran, dass du durch deinen

Lebensstil die Menge von Liebe bestimmen kannst, die du in deinem Leben erfährst!

∽ Wenn dein Licht nicht leuchtet und dein Herz nicht singt, arbeite mit den Werkzeugen und Techniken dieses Buches.

Ich persönlich möchte gerne in der 33er Theta-/Delta-Welt mitspielen, denn dort fühle ich mich vollständig genährt. In der 7er Beta-Welt rutsche ich immer wieder in eine Opferrolle, denn das Leben dort ist hart und unsere Entscheidungsmöglichkeiten sind begrenzt. Dort erkenne ich nicht, dass ich die Welt nur so zu sehen und so in ihr zu leben brauche, dass sie mich nährt, deswegen hungere ich immer nach mehr.

Dieser ständige Hunger inspiriert den Eingeweihten, sich auf die Reise durch die Felder zu machen und Anpassungen vorzunehmen. Die Felder reagieren auf dich, du antwortest darauf, ich antworte darauf und die Dinge verändern sich. Wir sind 6 Milliarden Feld-Spieler, und das Spiel hat bereits begonnen. Doch mit einem anderen Fokus, einem klaren Verlangen, einem gemeinsamen Ziel und ein paar guten Einstimmungstechniken können wir ein anderes Ergebnis erzielen.

Es gefällt mir, dass meine Arbeit mit den grundlegenden Gitternetzen zu tun hat, denn um als Nationen wirklich Eins werden zu können, brauchen wir ein ausgeglichenes Spielfeld. Es ist nicht leicht, eine intelligente Diskussion in Bezug auf respektvolle Unterstützung zu führen, wenn immer noch so viele Menschen auf der Erde hungern und die für eine gesunde Existenz notwendigen Grundrechte immer noch ignoriert werden.

Unsere politischen Zielsetzungen müssen sich vom Krieg abwenden und sich auf die Beseitigung unseres Hungers konzentrieren, denn nur dann werden wir Frieden finden. Unser Massenverhalten ist ein Symbol für den aktuellen Zustand unserer emotionalen, mentalen und spirituellen Evolution. Unseren physischen Fortschritt kann jeder selbst erkennen. Unsere örtlichen und globalen Zustände zeigen, wo wir uns als Art befinden. Doch es ist zu einfach, zurückzuschauen und uns dann zu verurteilen, zu geißeln und zu kritisieren. Manchmal tun wir das, um daraus zu lernen, doch wir wiederholen ständig Muster, die uns keinen dauerhaften Frieden bringen und verschwenden damit unsere Zeit. Wir müssen viel mehr tun.

Wenn wir wieder mit unserem DOW verschmelzen, sind wir an eine Quelle der Reinheit und Kraft angeschlossen, die uns alle zutiefst transformieren wird, moralisch, politisch, voller Mitgefühl und von Dauer. Vor Kurzem wurde mir klar, dass es noch etwas gibt, was ich tun kann, um eine unmittelbare Veränderung in meiner Zukunft sicherzustellen. Diese Möglichkeit ist so einfach, dass wir sie leicht übersehen können, aber wollen wir sie trotzdem nutzen.

GEP-Technik 31:
Unsere Zukunft verändern

- ✎ Schaue zurück auf dein Leben und auf die Gaben und Geschenke, die dir übergeben wurden. Betrachte jeden größeren Eindruck, jede lebensverändernde Situation und achte darauf, was du gelernt hast: Leiden oder Freude.
- ✎ Welche Momente haben dir das größte Verständnis vermittelt, die Klarheit oder die Einsichten, die du brauchtest?
- ✎ Welche Ereignisse haben in dir das Gefühl ausgelöst, dass in deinem Leben alles in Ordnung ist?

- Wann empfandest du zum ersten Mal Ekstase? Und wann erlebtest du zum ersten Mal eine Welle der Gnade?

- Wann erlebtest du Augenblicke, in denen einfach alles im Fluss war, sich in Harmonie und in einem eigenen, anmutigen Rhythmus abspielte?

- Dann danke allen Erfahrungen und segne die Felder des Lebens dafür, dass sie so zusammengekommen sind, dass du darin spielen und lernen konntest. Nimm alles an, genieße es und klopfe dir auf die Schulter im Sinne von: Gut gemacht, ich habe so viel gelernt, so bin ich und das ist auch in Ordnung so.

- Gib dir folgendes Versprechen: Von diesem Augenblick an werde ich so gut sein, wie es mir möglich ist.

- Programmiere dann kraftvoll: »DOW, übernimm mein Leben und stimme mein Biosystem durch die Beta-Alpha-Theta-Delta-Felder so ein, dass ich mein persönliches Paradies erleben kann und Gesundheit, Freude, Frieden und Wohlstand für alle manifestiere.«

- Unterstütze das, indem du dein DOW erkennst und liebst.

- Mache dir dein DOW in seiner Göttlichkeit und mit seinem Platz auf dem Thron zu eigen – im Wissen, dass es einen direkten Draht zum Herzen der göttlichen Mutter hat.

- Übe den Liebesatem so lange, bis du deine Liebe durch alle Felder pulsieren fühlst und sicher bist, dass dein Herz ein Spiegel des Herzens der göttlichen Mutter ist.

- Halte dann die Absicht aufrecht, dass wir alle fröhlich lachend auf einer Welle der Gnade durchs Leben reiten werden. Und zu guter Letzt: Wenn du bei deinem Gang durchs Leben in allem nach Gott Ausschau hältst, dann wird Gott sich dir zeigen.

6. Das größte Geschenk

Im Laufe der letzten 33 Jahre meiner bewussten Erforschung der Alpha-/Theta-/Delta-Felder wurde mir viel geschenkt. Ich kam mit einem immensen Hunger zur Welt, der mit einem Leben in der Beta-Welt einfach nicht zufriedenzustellen war, da ich immer wusste, dass es noch so viel mehr gab, was ich erfahren und erforschen konnte. Jeder von uns wird mit einem Samen göttlichen Wachstums geboren, einem Potenzial, welches uns die Tore zu unserer paradiesgewohnten Seele öffnet, wenn wir es nur nähren. Diese Samen keimen – durch die Zeit, die wir in allen Feldern verbringen. Das Beta-Feld ist der Boden, das Alpha-Feld das Wasser, das Theta-Feld die Sonne und das Delta-Feld versorgt den Samen mit der Liebe zum Blühen und offenbart die Schönheit von allem. In diesen Feldern sehen wir mit dem inneren Auge, wir hören mit dem inneren Ohr und spüren mit unseren Sinnen, die wir über viele Leben hinweg entwickelt haben. Diese Entwicklung hat uns ein Wissen vermittelt, welches nicht in Worte zu fassen ist.

Es ist richtig, dass wir unser Biosystem mit so viel göttlicher Nahrung durchfluten können, dass alle unsere Fragen verschwinden. Es ist wie ein Wunder, über diese Erde zu wandeln, ohne suchen zu müssen, denn dann können wir wirklich das Jetzt genießen.

Es ist richtig, dass uns durch das Eintauchen in die Theta-Felder so tiefe Einblicke in die Mechanismen und Wunder der Schöpfung zuteil werden, dass wir in ständiges Erstaunen versetzt werden, auf unerklärliche Weise berührt sind und nur sprachlos die Vollkommenheit von allem bewundern können.

Es ist richtig, dass wir mit den großen Heiligen in all ihrer Liebe und Weisheit zusammentreffen und mit ihnen in einem Zustand von Verzückung durch die inneren Ebenen des Paradieses wandeln können.

Es ist richtig, dass in uns ein heiliges Wesen wohnt, das wir »das Göttliche Eine in uns« nennen können, das DOW, ein Wesen von grenzenloser Freiheit, dessen größte Freude darin besteht, uns zu atmen, uns zu lieben und uns zu nähren, während wir danach streben, aufzuwachen und uns zu erinnern, wer wir sind.

Es ist richtig, dass uns eines der größten Geschenke unseres DOW zuteil wird, während wir uns daran erinnern, wer wir sind – die erleuchtete Erfahrung des Aufstiegs, eine Erfahrung des Erfülltseins von Licht und das unauslöschliche Wissen um das Sein von allen Dingen – die Freude, sich in der Gegenwart des höchsten Glanzes befunden zu haben und es immer noch zu spüren. In diesem Zustand sehen wir alles aus einer göttlich inspirierten Perspektive und alles hat einen Rhythmus, besitzt einen Lebenssinn und ist vollkommen. In diesem Bewusstseinszustand können wir den größeren Zusammenhang und die Zyklen des Lebens erkennen, wie sie sich natürlich entfalten, angetrieben von der göttlichen DNA, welche die Evolution des Lebens bestimmt.

Doch die Erfahrung des Aufstiegs ist nicht das größte Geschenk, welches die göttliche Nahrung mit sich bringt, denn der Aufstieg ist eine nie endende Erfahrung. Er ist eine Reise, kein Ziel, denn unsere Erfahrungen in der Delta-Welt des Aufstiegs sind immer davon abhängig, wie stark wir die Frequenzen unseres DOW ausstrahlen können. Selbst Christus, Buddha und Mohammed werden immer weiter erleuchtet, während sie liebend durch die Felder reisen und gleichzeitig von unserer Liebe und Dankbarkeit genährt werden. Andere Geschenke der göttlichen Nahrung sind die Offenbarungen und Einsichten, die uns im Theta-/Delta-Feld zuteil werden. Viele haben in diesen Bereichen ganz klare Informationen darüber erhalten, wie wir unseren Planeten in einen erleuchteteren Seins-Zustand versetzen können.

Es ist richtig, dass die Möglichkeit und die Gelegenheit besteht, dass die Erde in ein Zeitalter großen Friedens eintritt, und viele Metaphysiker haben nicht nur den Auftrag erhalten, Himmel und Erde miteinander zu verbinden, sondern auch die Beta- und Alpha-Felder mit den Tugenden und Qualitäten der Theta-/Delta-Felder zu durchfluten. Daneben gibt es noch die Scha-manen, die auch die Vorzüge der Theta-/Delta-Welten entdeckt und erforscht haben und jetzt als Brücken zwischen Himmel und Erde wirken. Das erlaubt unserem Biosystem, als göttliche Übertragungsstation zu funktionieren, das violette Licht zu halten und auszustrahlen und dabei selbst transformiert zu werden.

Es ist richtig, dass Menschen, die sich von violettem Licht ernähren, Zugang zu erstaunlichen Ebenen der Kreativität und Ausdauer erhalten. Diese treiben uns an, erweitern uns und lassen uns auf Arten und Weisen wachsen und ausweiten, die sich keiner vorstellen kann. Es ist, als ob wir von allen Illusi-onen der Großartigkeit befreit werden und vom Wissen erfüllt sind, dass die Dinge zwar perfekt sind, doch auch ein wenig anders eingeschwungen werden können, damit alle davon pro-fitieren können.

Vielleicht liegt der eigentliche Sinn des Lebens auf der Erde in der Erfahrung, die wir durch die Entwicklung unseres Mitge-fühls erleben können. Das Spektrum der göttlichen Mutterliebe nährt uns mit einer unglaublichen Bandbreite an Erfahrungen. Doch wir wissen, dass es nicht länger genügt, nur uns selbst zu nähren, denn wir sind in einer Zeit gekommen, in der unsere Präsenz auch andere nähren muss. Sich dem zu entziehen bedeutet, die Heiligkeit unserer Seele zu leugnen und immer hungrig zu bleiben.

Ich möchte dieses Buch so beenden, wie ich es begonnen habe: mit der Akzeptanz und dem Wissen, dass das nährende Feld der göttlichen Liebe das größte Geschenk der göttlichen Nahrung ist.

Omraan Mikhael Aivanhov hat einmal gesagt:
»Weisheit besteht in der Erkenntnis, dass die Liebe wichtiger ist als irgendetwas anderes. ... Eine Intelligenz, der die Tatsache entgeht, dass die Liebe höchste Priorität verdient, dass sich alles mit Liebe und wegen der Liebe um die Liebe drehen muss, ist eigentliche keine Intelligenz. ... Liebe ist das Herz von allem und wenn die Liebe in jedem Aspekt des Lebens zu der einen motivierenden Kraft wird, dann wird die glühende Hitze dieser Liebe zu einem strahlenden Licht transformiert werden und die Intelligenz der Menschheit erleuchten. Erleuchtung kann nur aus Liebe entstehen.«

In der dimensionalen Biofeld-Wissenschaft ist alles vorübergehend, vergänglich, von Energiefeldern getragen, die ständig miteinander verschmelzen, tanzen und in ihrem eigenen Rhythmus pulsieren, um Welten zu formen. Die Grundlage des Gitternetzes, welches all dies trägt, ist die Liebe.

Für viele ist daher die Entdeckung, das Spüren und wahre Erkennen der Tiefe und Weite der Liebe das größte Geschenk dieser Reise durch die Felder, denn wir sind dazu geboren, uns über den Kanal der göttlichen Nahrung zu laben. Von dieser Präsenz zu wissen und sie zu ignorieren ist, als ob man mit einer lebendigen Zeitbombe lebt, denn die DOW-Kraft ist ein Liebes-Such-Geschoss, welches anerkannt werden will. Der Schlüssel zu seiner magischen Kraft liegt in der Reinheit des Herzens. Denen, die reinen Herzens sind, sind alle Reiche gegeben.

Die Liebe kann nie eine intellektuelle Angelegenheit sein. Es genügt auch nicht, unserer Welt die Nahrung zu geben, die sie braucht, sondern wir brauchen dazu die Gefährten der Liebe – Weisheit und Mitgefühl. Diese Gaben ruhen im Herzen jedes Wesens, bereit zu keimen und zu wachsen, sobald wir zu dem nährenden Feld der Liebe zurückkehren. Und die Wissenschaft der Liebe besteht darin, sie zu SEIN.

Die Vergöttlichung unseres DOW

Wochenlang saß ich an meinem Lieblingsstrand, dachte über die Nahrung der Götter nach und wartete darauf, dass sich mir der Schluss dieses Buches offenbaren würde. Ich habe die Symbolik durchaus verstanden, dass ich zuerst in mein Zuhause in der Stadt zurückkehren musste. Ich erkannte den Sinn von allem, als ich mit meinem geliebten Mann auf dem Sofa saß. Die Zeit in meinem Strand-Ashram hat mich gestärkt, mir Zeit zur Reflektion gegeben und mich einige Schmerzen des Wieder-Einschwingens durchleben lassen. Doch eine riesige Dosis *Surya-Yoga* hat meine Felder wieder aufgeladen und mehr Licht in die tieferen, dunkleren Bereiche meines Seins eindringen lassen. Der Druck der ständigen Herausforderung des Status quo hatte mich belastet und ich fühlte mich oft wie Mohammed Ali im Boxring des Lebens.

Wochenlang hatte ich versucht, dieses letzte Kapitel zu schreiben, denn ich bin der Ansicht, dass wir über solche Aussagen wie »All we need is Love« und »Lasst uns weise und mitfühlend miteinander umgehen« hinausgehen müssen. Ich glaube nicht, dass solche verbalen Plattitüden uns eine tragfähige Grundlage bieten. Wir brauchen mehr. Wir brauchen Anweisungen, Rezepte, schnelle Lösungen – die es wirklich gibt – und ganz viel Vertrauen. Wir brauchen auch Inspiration und eine bessere Nahrung für unser DOW, damit es wachsen und gedeihen kann. Alle Techniken, Werkzeuge, Programme und Instrumente in diesem Buch dienen nur einem einzigen Ziel: der Vergöttlichung unseres eigenen DOW. Und wenn uns das DOW vereinigt, wird das der Welt dauerhaften Frieden bringen.

Ich glaube, die Welt zeigt uns deutlich genug, dass es Zeit für einen anderen Rhythmus ist, denn Kriege und Gewalt haben unser Verlangen nach etwas anderem genährt. Viele fragen heutzutage: Was ist nötig, um ein Feld auf dauerhaften Frieden und Harmonie einzuschwingen? Was ist nötig, um ein menschliches Herz zurück in die Felder der Liebe und des Mitgefühls zu locken? Wonach hungern wir wirklich und wo kann wahre Nahrung herkommen?

Die Lehren von Buddha, Mohammed, Christus und all den Heiligen sind durch Fäden gemeinsamer Wahrheiten miteinander verwoben, denn wir sind tatsächlich alle Eins. Je geläuterter wir sind, desto leichter verstehen wir die Essenz von allem. Auch sind wir dafür ausgerüstet, Meister zu sein. Die Entscheidung liegt bei uns, das auch zu zeigen. Vieles von dem, was die Heiligen uns mitgeteilt haben, bringt mein inneres Sein zum Klingen.

Wenn wir schon jemanden vergöttlichen, seien es Götter, Gurus, Präsidenten oder Heilige, dann wenigstens deshalb, weil wir in ihnen ein Licht erkennen, Liebe und Weisheit und ein gütiges, mitfühlendes Herz. Wir wollen sie wegen ihrer Taten lieben und in ihren Augen das Leuchten sehen – doch wir können in anderen nur das erkennen, was wir in uns selbst tragen, denn diejenigen, die reinen Herzens sind, kann man immer an ihrem inneren Licht erkennen.

Meine persönliche Reise durch die Felder geht weiter wie ein Tanz, in dem ich ständig neue Schritte lerne, denn die Felder des Lebens verändern sich ständig, weil wir im Spiel des Lebens ständig neue Ebenen entwickeln. Alles läuft in Zyklen weiter – und dadurch werden wir ständig neu geboren.

Ich sitze bei meinem Vater und halte seine kühle, dünne Hand. Ich sehe das Licht in seinen tiefen, blauen Augen. Seine Haut wird immer durchsichtiger, während er sein Leben langsam loslässt. Jeder Tag ist kostbar geworden, denn wir beide wissen, dass es nur noch wenige Tage geben wird. Doch ich weiß, dass wir auch nach seinem Dahinscheiden einander rufen können – über die Gitternetzlinien der Liebe, die unsere Herzen immer verbinden werden.

Namaste
Jasmuheen

*Ich widme dieses Buch
dem Licht, welches in den Augen
meines himmlischen Vaters leuchtet.*

Widmung und Danksagung

Konrad Halbig und seiner Frau Karin werde ich für ihre Entscheidung, das erste Buch aus dieser Reihe zu verlegen und später alle dadurch ausgelösten Diskussionen zu begleiten, auf ewig dankbar sein.

Ich danke auch allen Menschen in Deutschland, die sich von meinen frühen Forschungen genug berühren ließen, um diesen Weg mit mir gemeinsam zu gehen und dann mit ihrer eigenen Erfahrung bestätigen konnten, dass das, was ich als wahr empfand, auch für sie wahr war. Ich danke auch all den Millionen von Menschen, die mir vorausgegangen sind oder mit mir gemeinsam gehen – sie haben den Weg für uns alle leichter gemacht.

Meinen Verlegern in Deutschland, Italien, Kroatien, Frankreich, Spanien, Brasilien, Belgien, Schweden, Ungarn, Rumänien, Polen, Russland und Japan danke ich für ihren Mut, ein solch kontroverses Thema zu veröffentlichen und damit die Fakten tiefer im globalen Bewusstsein zu verankern. Die Evolution weiß sich Unterstützung zu verschaffen, egal wie wir mit dem umgehen können, was unser bisheriges Verständnis in Frage stellt.

Ich möchte auch all denen danken, die mir bei der Beschaffung und Sammlung der Informationen über Qi Gong und Netzwerke der Pranaheilung geholfen haben. Ich danke Deepak Chopra für seine geduldigen Bemühungen, die Welten der alten und der neuen Medizin miteinander zu verbinden; ich danke Dr. Sudhir Shah für seine bereitwillig geteilten Forschungsergebnisse über solare Nahrung und ich danke Dr. Karl Graninger dafür, dass er zwanzig Jahre seines Lebens dem Studium der Inedia gewidmet hat. Das Werk dieser Menschen und all der anderen, die ich in meinem Buch »Licht-Botschafter« gewürdigt habe, erleichterten mir die Reise und ich bin ihnen für ihren Beitrag unendlich dankbar. Dank geht auch an Dr. Masaru Emoto und seine Forschungsarbeiten über »Die Botschaft des Wassers«, die unserer Arbeit eine weitere Ebene der Glaubwürdigkeit verliehen hat. Auch möchte ich mich bei Meister Mantak Chia für seine Bereitschaft bedanken, mir seine Forschungsergebnisse und sein Lebenswerk zu vermitteln und ich danke ihm auch für seine bezaubernde Präsenz in dieser Welt.

Ich möchte auch all denen danken, die wissen, dass es nicht die chemische Reaktion von Nahrungsmitteln ist, die uns wirklich nährt, sondern die innere Präsenz einer Intelligenz, die so weise und liebevoll ist, dass in unserem Verschmelzen mit ihr alle unsere Arten von Hunger gestillt werden. Mögen wir diese Quelle weiterhin würdigen und von ihr genährt werden.

Ich danke auch meiner Familie für ihre Unterstützung in all den Jahren, in denen ich meinen physischen Körper und mein Biosystem durch allerhand Extreme getrieben habe, um meine Grenzen zu erkunden. Ich danke ihnen auch für die würdevolle Art, wie sie mit den Auseinandersetzungen umgegangen sind, die meine frühen Veröffentlichungen auf den Plan riefen. Ich liebe euch alle sehr.

Zu guter Letzt danke ich meinen Organisatoren, die mich ungeachtet aller Kontroversen Jahr um Jahr in ihre Länder geholt haben, damit unsere Forschungsergebnisse weiter verbreitet werden.

Und nochmal: Ich liebe euch alle. Auch euch, die ihr dieses Werk (und mich) durch eure Gebete am Leben erhalten habt. Ohne euch wären wir niemals so weit gekommen! Danke, dass ihr mich mit eurer Liebe und Unterstützung genährt habt.

Übersicht der GEP-Techniken